成都市哲学社会科学研究基地——成渝地区双城经济圈与成都都市圈建设研究中心2023年度项目（项目名称：全面注册制改革下川渝"专精特新"信息披露监管优化研究；项目编号：CYSC23B003）

共有股东对信息披露质量的影响研究

杨姗姗　　著

西南财经大学出版社

中国·成都

图书在版编目(CIP)数据

共有股东对信息披露质量的影响研究/杨姗姗著.—成都:西南财经大学出版社,2023.8
ISBN 978-7-5504-5862-8

Ⅰ.①共… Ⅱ.①杨… Ⅲ.①上市公司—会计信息—研究—中国 Ⅳ.①F279.246

中国国家版本馆 CIP 数据核字(2023)第 135417 号

共有股东对信息披露质量的影响研究

GONGYOU GUDONG DUI XINXI PILU ZHILIANG DE YINGXIANG YANJIU

杨姗姗　著

策划编辑:王　琳
责任编辑:刘佳庆
责任校对:植　苗
封面设计:张姗姗
责任印制:朱曼丽

出版发行	西南财经大学出版社(四川省成都市光华村街 55 号)
网　　址	http://cbs.swufe.edu.cn
电子邮件	bookcj@swufe.edu.cn
邮政编码	610074
电　　话	028-87353785
照　　排	四川胜翔数码印务设计有限公司
印　　刷	四川五洲彩印有限责任公司
成品尺寸	170mm×240mm
印　　张	14.75
字　　数	369 千字
版　　次	2023 年 8 月第 1 版
印　　次	2023 年 8 月第 1 次印刷
书　　号	ISBN 978-7-5504-5862-8
定　　价	78.00 元

前言

　　机构投资者在我国已经历了 40 年发展，规模不断发展壮大，迅速跃升为资本市场中资本构成的核心组成部分。与资本市场机构投资者迅猛发展相吻合的是，机构共有投资逐渐成为全球资本市场上日益壮大的一种机构持股形式，即机构投资者在同一行业持有两家以上企业大额股份。其具体特征表现为机构投资者同时持有同一行业竞争性企业股份而形成横向经济关联。本书简称共有股东。随着共有股东数量日益增多，在业界，美国反垄断部门已意识到共有股东对市场竞争的干扰，并制定相关法律避免其推动行业垄断。在学界，现有文献将单一机构投资者参股单一企业作为研究对象已无法准确地衡量其对企业行为特征产生的影响。换言之，共有股东导致的股权结构变化是否影响并如何影响企业目标、企业行为以及均衡产出是机构投资者公司治理研究框架中的一个亟待解决的问题。

　　机构投资者在某一行业持有多家竞争性企业的大额股份使得被持股企业之间产生了横向的战略性互联。国外将机构在同行业间横向持股这一独特的股权结构称为 common ownership；国内学界将这种现象描述为机构共同持股（杜勇，马文龙，2021）、共有股东（严苏艳，2019，2021）、共同机构所有权（杜勇，孙帆，邓旭，2021）、连锁股东（潘越，等，2020）。本书采取直译法，统一将其称为共有股东。由古诺模型推导，行业横向持股导致股东在制定公司战略时会考虑其投资组合中所有其他公司的价值（portfolio value maximization），而非单一企业价值最大化。根据 LLSV 系列论文得知，股东影响管理层的行为决策。因而，作为投资组合重要纽带，共有股东出于最大化投资组合价值目的，其对企业管理目标及行为决策等方面将产生重要影响。现有对共有股东的研究主要集中于企业竞争（Jose Azar et al.，2018；Azar & Vives，2021；Elhauge，2020；Jack & Jiekun，2017）、信息披露（Jung，2013；Park et al.，2019）、投资效率（Chen et al.，2019）、创新（Anton et al.，2021；C. H. Chiao et al.，2021；Lopez & Vives，2019；严苏艳，2019）、公司内部或外部治理（Edmans et al.，2018；He et al.，2019）、盈余管理（严苏艳，2021）、股票市场反应（周冬华，周思阳，2022）等多方面的影响。信息披露对于向外部利益相关者传达公司活动至关重要，而信息披露质量决定其有效性。机构投资者影响披露决策（Abramova et al.，2018；Bird & Karolyi，2016；Boone & White，2015；Schoenfeld，2017）。即使被动机构投资者也能够通过大型投票利益集团影响公司治理和决策选择（Ian et al.，2016）。共有股东不仅是大额股份持有者，也是特殊的机构投资者，其至少从如下几点对管理层的信息披露决策产生影响：其一，共有股东导致市场竞争减少，可能放松专有信息限制，从而提升管理者披露激励。其二，共有股东利用行业管理经验和信息集成优势使得监督成本降低，促使企业管理层做到高质量信息披露；抑或，机构的短视主义使其选择与持股企业合谋舞弊获取私利，从而减少高质量的公开信息披露。目前，对共有股东如何影响信息披露质量及其动机的研究尚无清晰定论，存在较多不足。因此，本书探讨在同行业持股多家竞争性企业的共有股东对企业信息披露质量的影响，不仅丰富了信息披露质量影响因素这一研究分支的文献，而且进一步拓宽了对共有股东如何影响企业目标及企业行为决策这一研究框架的认识和理解，也为政府及监管机构制定相应法律法规以制约、披露、规范共有股东的持股行为提供具有参考价值的建议。

本书首先对共有股东与信息披露质量概念进行界定，并梳理了当前国内外研究对这些概念衡量与检验的主流方式。其次，本书对国内外关于共有股东的基础理论及实证检验进行了分类梳理。现阶段，国内外关于共有股东对企业发展的影响的相关基础理论文献存在"效率化"和"非效率化"的意见分歧。前者引入治理监督效应、信息集成优势、私人信息优势以及信息溢出效应等相关理论；后者引入反竞争垄断效应、投资分散化、股东短视主义等相关理论，为后文共有股东如何影响企业信息披露质量的理论分析及提出竞争性假设奠定了坚实的基础。接着，本书将机构投资者、共有股东、财务信息披露质量、业绩预告信息披露质量以及管理层讨论与分析（Management Discussion and Analysis，简称MD&A）、文本可读性信息披露质量等信息披露质量特性纳入文献回顾框架，并对其相关基础理论及实证检验的文献按照驱动因素、经济后果、影响机理等框架分类进行细致而系统的梳理、回顾及述评。接着，本书在第3章、第4章及第5章分别用理论分析并实证检验了共有股东对财务信息披露质量、业绩预告信息披露质量以及文本可读性信息质量等信息披露质量方面的影响。最后，本书得出相应的研究结论，并指出了本书研究的局限以及政策启示。

本书的研究发现与结果如下：第 ，以KV指数作为整体度量财务信息披露质量的代理变量，共有股东对财务信息披露质量的影响体现为"竞争合谋"，导致对财务信息披露质量具有负向影响。在采用工具变量2SLS和GMM回归、赫克曼（Heckman）二阶段回归、倾向得分匹配（PSM）等内生性方法检验后以及在通过替换解释变量和被解释变量指标和安慰剂检验等一系列稳健性检验后，结论依然稳健。垄断加大了共有股东对财务信息披露质量的负向影响，为"合谋舞弊"假说提供了证据。共有股东与企业财务报表信息披露质量的负向关系主要存在于公司治理水平低、非国有产权、低融资约束、短期机构投资者的公司中。本书发现共有股东通过弱化财务信息披露质量导致市场流动性减弱。第二，以业绩预告精确度作为业绩预告信息披露质量的代理变量，共有股东的影响体现出"缓解竞争""治理监督"职能，其对业绩预告精确度具有正向影响。在采用赫克曼二阶段回归和工具变量回归等内生性方法检验后以及在通过替换解释变量和被解释变量指标及子样本回归等一系列稳健性检验后，结论依然稳健。进一步研究发现，发布好消息与共有股东对业绩预告质量的正向影响存在替代效应；而当企业盈余管理程度极高时，共有股东可能降低业绩预告质量。异质性影响分析发现，在非国有产权性质、产品市场竞争弱、乐观预期下，共有股东对业绩预告信息披露质量正向影响更加明显，同时发现共有股东通过提升业绩预告精确度得到了深交所评级认可及审计费用降低的经济后果。第三，共有股东对 MD&A 可读性具有正向影响，表现为"有效监督"效应，改善了上市公司 MD&A 可读性文本质量。本书在采用赫克曼二阶段回归、倾向得分匹配等内生性方法检验后以及在通过一系列稳健性检验后，结论依然成立。进一步研究发现，在代理成本高的公司，共有股东对 MD&A 可读性的弱化作用更明显，而卖空机制加强了机构监督治理效应。异质性影响分析发现，共有股东对改善 MD&A 可读性的协同治理效应在市场化水平较高、管理层发布坏消息的样本中更为明显，同时发现共有股东通过提高 MD&A 文本质量从而提升了企业价值。

本书的创新之处主要体现在以下几个方面：其一，研究视角新颖。现有关于机构投资者对信息环境治理的驱动影响因素的研究主要集中关注单一机构投资者所具备的资金优势、专业优势和信息解读优势对信息环境的改善，鲜有研究讨论机构横向持股与公司信息环境之间的关系。当前学术界关于行业共有机构所有权的行为特征及其对管理层的行为决策影响的动机激励、机制影响、市场反应等方面的研究尚无清晰定论。因此，本书从行业共有机构投资者的视角出发，探究行业共有机构投资者对在强制披露和自愿披露相结合的监管背景下的不同类型信息披露质量会产生不同的影响。研究结论对进一步完善资本市场信息披露制度和充分发挥机构投资者参与公司治理的作用具有一定启示，是对股权结构与信息披露质量驱动因素相关研究的有益补充。第二，研究设计完善。较高的会计信息披露质量有助于缓解投融资双方信息不对称冲突，有利于降低企业的代理成本和资金成本。我国上市公司将信息披露划分为财务信息和非财务信息。财务信息广泛来源于公司管理层、媒体、券商分析；非财务信息广泛来源于MD&A、董事会报告。本书主要研究共有股东对管理层披露行为的影响。因此，本书选取的是公司内部信息。财务报告、业绩预告和MD&A是公司管理层内部发布的十分重要的三种信息披露报告形式。因此，本书将财务信息披露质量、业绩预告信息披露质量以及MD&A文本信息披露质量统一到信息披露质量总体框架下，依次体现了从财务信息披露到非财务信息披露、强制性披露到自愿性披露、数据披露到文本披露、历史信息披露到前瞻信息披露，构建了一个整体而全面的资本市场信息环境研究分析框架，理论分析并实证检验共有股东对不同类型的信息披露质量所产生的不同影响。同时，财务信息披露质量、业绩预告信息披露质量以及MD&A文本信息披露质量还依次体现了真实性、相关性和可理解性三个重要的会计信息质量特性。第三，研究数据多元化。传统的分析方法以结构化的财务数据分析为主，随着计算机科学在财务学中的普遍应用，非结构化的文本数据分析逐渐受到重视。MD&A披露的文本信息能为财务信息披露提供增量信息，对广大的利益相关者具有重要的信息揭示和预测作用，是财务报告体系中"可读性"的重要组成部分。基于此，本书的第3章和第4章为实证研究部分，以管理层内部定期披露中财务数据分析为主，第5章以MD&A中非财务信息披露文本质量特征分析为主，将结构化的财务数据和非结构化的文本数据相结合，对整个资本市场信息环境的分析更加全面。通过传统的数字性财务数据和前瞻的文本性非财务数据相结合的研究方式，更加全面地考虑和解析了共同机构投资者对信息披露质量的影响，形成了更为丰富的研究方法和研究结构。

本书的研究结论为全面探析新兴市场经济转轨时期企业间的复杂股权结构对信息披露的影响提供了理论支撑和实证经验。一方面拓展了共有机构投资者对企业信息披露环境影响的研究分析框架；另一方面对上市公司及相关监管机构正确认识与理解共有股东竞争偏好及其对管理层的信息披露决策的影响均具有重要的理论、实践及政策参考意义。

杨姗姗

2023 年 1 月

目录

1 绪论

1.1 研究背景

我国实行改革开放 40 多年来，资本市场及其参与主体作为连接实体经济和金融体系的重要枢纽与支柱，在结构优化、产业升级和经济发展中促进优胜劣汰。不论西方发达资本市场还是转型经济中新兴资本市场，资本市场的提升与金融体系的优化离不开机构投资者。与全球资本市场上机构投资者迅猛发展相吻合的是，机构投资者规模增长较快，持股比例逐步加大，持股对象逐渐分散化。从国际视角看，自 20 世纪 90 年代伊始，一些机构投资者开始关注行业整体发展，将同行业的多个有发展前景的企业组成投资组合进行整体投资，而非仅仅投资于某行业的单一公司，相当于"不把鸡蛋放到一个篮子里"的分散投资。在 20 世纪 80 年代的美国资本市场，同行业中被同一机构所拥有的公司比例还不到 10%，而 2015 年该比例已接近 70%。据美国标普（Compustat）数据库显示，在 2015 年黑石基金（BlackRock）是 61% 以上美国上市公司的前五大股东；先锋基金（Vanguard）是 53% 以上美国上市公司的前五大股东（Antón et al., 2016; Park et al., 2019）。在过去几十年中，同时持有同行业美国上市公司至少 5% 股份的机构投资者比例从 1980 年的不到 10% 增加到 2014 年的 60%（Jack & Jiekun, 2017）。近年来，我国被动机构投资者也经历了较快的增长，其中，指数型基金参股公司截止到 2016 年达到 2 211 家，其管理的公司市值占比于 2017 年达到 8%（杨青，吉赟，2019）①。

---

① 杨青，吉赟. 被动机构投资者损害了公司绩效吗？：基于指数断点的证据 [J]. 世界经济文汇，2019（4）：35-50.

最初为了合理分散风险，机构投资者的投资标的呈现多元化特征。这种分散投资行为在同行业企业间形成横向利益，继而形成一种独特的所有权结构——行业共同机构所有权，指同行业存在竞争的公司被机构投资者共同持股。国外学界将这种现象称为 common ownership（Jose Azar et al.，2018；José Azar et al.，2018；Azar & Vives，2019；Edmans et al.，2018；Gilje et al.，2020）、cross-ownership（Chen et al.，2019；Chen et al.，2021；He et al.，2019；Jack & Jiekun，2017）、common institutional ownership（Healey & Mintz，2021；S. Ramalingegowda et al.，2021；Wang et al.）。国内学界将这种现象称为机构共同持股（杜勇，马文龙，2021；杜勇，胡红燕，2022）①、共有股东（严苏艳，2019，2021；周冬华，周思阳，2022）②、共同机构所有权（杜勇，孙帆，邓旭，2021；周冬华，黄沁雪，2021；杜勇，孙帆，胡红燕，2022）③、连锁股东（潘越，等，2020；杨兴全，张记元，2022a，2022b；杨兴全，赵锐，2022）④。本书选取简洁明了的英文直译法，统一简称共有股东。共有股东包括投资经理、企业集团控股公司、养老金和对冲基金等，广泛投资于科技业、制药业、银行业和航空业等行业的多家企业，在上述行业中形成横向重叠的金融联系（Bayona1CA1 et al.，2022）。

机构在行业间共同持股的比例增加，有至少三个原因：①从单一目标向投资组合转变以分散风险；②基金机构行业发展日渐壮大，机构干预力

① 杜勇，马文龙. 机构共同持股与企业全要素生产率 [J]. 上海财经大学学报，2021，23（5）：81-95.

杜勇，胡红燕. 机构共同持股与企业财务重述 [J]. 证券市场导报，2022（2）：67-79.

② 严苏艳. 共有股东与企业创新投入 [J]. 审计与经济研究，2019，34（5）：85-95.

周冬华，周思阳. 共有股东有利于稳定资本市场吗？：基于股价崩盘风险的视角 [J]. 安徽大学学报（哲学社会科学版），2022，46（2）：99-111.

③ 杜勇，孙帆，邓旭. 共同机构所有权与企业盈余管理 [J]. 中国工业经济，2021（6）：155-173.

周冬华，黄沁雪. 共同所有权与会计信息可比性：来自中国资本市场的经验证据 [J]. 会计与经济研究，2021，35（4）：3-22 杜勇，孙帆，胡红燕. 共同机构所有权与企业产能利用率 [J]. 财经研究，2022：1-18.

④ 潘越，汤旭东，宁博，等. 连锁股东与企业投资效率：治理协同还是竞争合谋 [J]. 中国工业经济，2020（2）：136-164.

杨兴全，张记元. 连锁股东与企业多元化经营：加速扩张还是聚焦主业 [J]. 现代财经（天津财经大学学报），2022，42（5）：36-55.

杨兴全，张记元. 连锁股东与企业金融化：抑制还是促进 [J]. 中南财经政法大学学报，2022（2）：27-40.

杨兴全，赵锐. 连锁股东如何影响企业现金持有？[J]. 会计与经济研究，2022，36（2）：3-21.

度逐步增强；③资产管理行业自身整合与合并不断深化（Anton & Polk，2014；Antón et al., 2016）。因此，共有股东形成的经济关联对公司行为和管理目标至少引发以下几个方面转变：①引发股东利益偏好转变。经所有权调整后的行业集中度是传统集中度水平的两倍，而此前，绝大多数文献将机构所有权视为独立同质无重叠假设来研究机构投资者对公司治理、产品市场竞争所发挥的作用（Anton & Polk，2014；Antón et al., 2016；吴晓晖，郭晓冬，乔政，2019①）。当机构投资者偏向于向行业组合索取整体收益，而非某个别公司利润时（Park et al., 2019），对产品市场竞争将产生怎样的影响？②引发股东与管理层目标代理冲突转变。股东利益偏好转变如何向管理层传递，从而消除代理问题，使得对于单个公司管理目标、经营绩效、行为决策及治理水平会产生怎样影响？由于股东竞争偏好转变，公司对信息披露动机意愿是否改变？如果有，是不是因为被机构共同持股后专有信息成本降低使得管理层更容易"张口说话"？抑或，因同业竞争加剧使得业绩压力倍增造成管理层"避而不谈"？信息披露质量如何？③引发机构参与公司治理动机和能力转变。根据现有关于机构分散投资策略的文献，一方面，分散投资有利于行业信息集成，积累监管经验，更容易甄别公司绩效好坏，公司治理能力随之提升；另一方面，分散投资容易导致股东被动主义行为，推高有效监督成本，扮演"搭便车"角色，有损机构外部监督能力，继而损害公司价值。

鉴于机构投资者行业共同持股在发达和新兴经济的发展趋势中越来越具有普遍性，深入理解和探索共有股东对企业管理目标与财务行为的影响、作用机制和经济后果等方面的研究至关重要。信息不对称是制约资本市场效率的基本问题，缓解逆向选择是公司信息披露的基本治理目标（逯东，孙岩，杨丹，2012②）。为满足日益庞大的信息使用者对公开信息披露的需求，投资者及其他利益相关者对"上市公司应当充分提供和生成高质量的信息披露内容和形式，将企业信息披露质量作为会计信息质量的一个至关重要的衡量指标，以此维护利益相关者合法权益"已达成共识（胡元木，

---

① 吴晓晖，郭晓冬，乔政. 机构投资者抱团与股价崩盘风险 [J]. 中国工业经济，2019（2）：117-135.

② 逯东，孙岩，杨丹. 会计信息与资源配置效率研究述评 [J]. 会计研究，2012（6）：19-24，92.

谭有超，2013)①。因此，本书研究内容是机构投资者在同一行业中拥有大量竞争性公司股份所引发的对公司管理层不同信息披露质量的影响。本书的整体思考逻辑框架路径见图1-1。

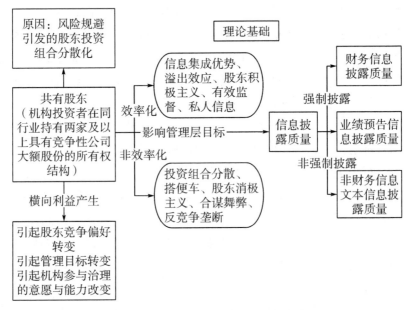

图1-1　本书整体思考逻辑框架路径示意图

1.2　研究意义

1.2.1　理论意义

本书以同一行业持股多家企业这一基本行为特征使得共有股东在经济关联中产生了效率化与非效率化两大分歧效应，将财务信息披露质量、业绩预告信息披露质量以及文本可读性信息披露质量等信息披露质量特性纳入研究框架，经过理论分析、实证检验，总结得出：共有股东对强制性财务信息披露质量有负向影响；而共有股东对半强制性披露的业绩预告信息披露质量和自愿性披露的 MD&A 文本信息披露质量有正向影响。

---

① 胡元木，谭有超. 非财务信息披露：文献综述以及未来展望 [J]. 会计研究，2013 (3)：20-26，95.

首先，本书的研究结论丰富了共有股东经济后果相关文献，为全面探析新兴市场经济转轨时期企业间的这一独特而复杂的股权关系提供了更多的理论支撑和实证经验。其次，本书的研究结论丰富了信息披露质量相关文献，不仅拓展了共有股东如何影响企业信息环境治理的研究分析框架，还让广大信息使用者正确认识与理解了共有股东对管理层不同类型的信息披露行为特征及质量特性的异质影响，对相关监管机构针对不同性质的会计信息制定有针对性的披露制度具有重要的实践及政策参考意义。

1.2.2 现实意义

本书对探讨如何进一步完善我国信息披露制度做出了贡献。本书在文献回顾和探寻原因的基础上，尝试从宏观、中观和微观三个层面提出一系列针对性检验去探讨共有股东对上市公司各个维度的信息披露质量的影响，如财务信息和非财务信息、历史信息和前瞻信息、强制披露信息和自愿披露信息、数据信息和文本信息等，通过理论分析、实证检验并总结得出：共有股东对强制性财务信息披露质量有负向影响；而共有股东对业绩预测信息披露质量、MD&A 中非财务文本信息披露质量有正向影响，对上市公司、监管部门和利益相关者及信息使用者都具有一定的借鉴参考意义。此外，本书还有助于讨论上市企业是否及如何披露被机构共同持股方面的信息，为是否应限制机构共同所有权垄断行为的争论做出贡献。随着我国资产管理与基金行业合并及自身迅猛发展，结合我国资本市场独特的制度背景和市场环境，本书深入探讨了机构参股竞争性企业所产生的横向利益对企业信息环境的影响。一方面，肯定了共有股东发挥监督治理效应，强化了非强制性信息披露质量，从而最大化股东利益；另一方面，由于资本联合股权削减产品市场竞争，导致股东竞争偏好转变，共有股东降低了强制性财务信息披露质量，从而削减利益相关者福利。机构投资者为攫取短期利益与大股东及管理层自利性合谋，以损害公司长期利益为代价。共有股东是否具有垄断风险，是否值得反垄断机构等相关部门密切关注，是否有必要制定相关的法律法规对机构共有股东进行规制，继而更好地指导机构良性发展和持有某些行业重大股份的能力的限制；故而，本书有助于为是否限制共有股东的争论做出贡献。

1.3 研究内容与思路

以风险分担引发股东投资多元化导致机构共同持股的横向利益（即机构在同一行业持有两家及以上具有竞争性公司大额股份）产生为出发点，本书尝试从效率化理论研究、非效率化理论研究两种具有冲突和分歧的理论来推导并研究这一特殊的所有权结构对上市公司信息披露质量管理目标及行为特征的影响效应。本书主要借鉴了共有机构投资者与信息披露质量有关方面的文献，并在此基础上做出有益补充。

企业信息披露环境是指投资者及利益相关者对企业信息披露的获得、理解和传播的程度。投资者通过目标企业披露的信息能够加深对目标企业经营状况的了解，从而支撑其做投资决策——那么，意味着企业信息披露环境好。信息披露数量和信息披露质量会对信息披露环境产生很大的影响（谢志华和崔学刚，2005）[①]。当前，上市公司基本能够按照监管机构要求的格式与形式编制信息披露，即达到了信息披露数量的要求。因此，信息披露质量决定了信息披露的环境，从而影响投资者乃至利益相关者理解和使用信息并做出相应决策。本书将信息披露质量置于信息环境中，来研究共同机构投资者能否影响企业信息披露质量，从而能否改善信息环境。

会计信息质量是指会计信息能满足会计信息使用者需求的程度，是使得财务报告对利益相关者的决策有用应具备的基本特征。美国财务会计准则委员会（FASB）和国际会计准则理事会（IASB）于2006年、2010年发布联合概念框架指明，会计信息质量特征在服从决策有用性的约束条件下应具备相关性、如实反映、可比性、可理解性、可验证性与及时性。这一时期也是我国对会计信息质量特征研究的兴起时期，主要体现在《企业会计准则》一般性原则和《企业会计制度》中提出的八项会计信息质量要求，其中着重注重如实反映（真实性）、相关性、可理解性和重要性。相关性要求会计信息应当与利益相关者的经济决策相关，具备预测价值、反

---

① 谢志华，崔学刚. 信息披露水平：市场推动与政府监管：基于中国上市公司数据的研究 [J]. 审计研究，2005（4）：39-45.

馈价值和及时性。真实性要求会计信息以实际发生的交易和事项为依据，具备中立性、完整性和可验证性（葛家澍，张金若，2007）①。可理解性要求报告清晰表达、易于理解，其表现方式及术语要为人所理解和使用。重要性原则是指根据职业判断如果会计信息遗漏或错误披露而影响了信息使用者做出正确的经济决策，该信息具备重要性。因此，为保障重要性原则，财务会计信息应做到充分披露、全面反映。

越来越多的经验研究将会计信息披露质量与会计要素的确认与计量相关的信息质量独立出来。良好的会计信息披露质量有助于缓解投融资双方信息不对称冲突，有利于降低企业的代理成本和资金成本。我国上市公司将信息披露划分为财务信息和非财务信息。财务信息是以货币为计量单位的数据信息，用来反映公司拥有的经济资源的存量和流量以及当前经营成果，主要是历史信息的数字反映（胡元木，谭有超，2013）②，广泛来源于上市公司管理层、媒体、分析师等（Aleksanyan，2004）。非财务信息是指除财务信息以外的以非货币为计量单位的其他信息，包括公司基本信息、战略信息和其他非财务信息（张学勇，廖理，2010）③。就财务信息而言，本书的研究对象主要是共有股东对管理层的行为决策的影响。因此，诸如媒体和分析师的外部信息披露来源不在本书研究范围内。

财务信息内部来源主要是通过管理层发布的财务报表、业绩预告和业绩快报三种形式信息披露。财务报告强制程度最高、涵盖范围最全、信息质量高，体现会计信息质量的真实性；业绩预告是半自愿半强制的信息披露方式，灵活性较高，体现会计信息质量的相关性，具有预测价值，同时也能反映管理层在披露行为中自由裁量权。业绩快报数据一般未经最终审核且保证程度较低。因此，本书基于强制披露到半强制性披露的信息披露政策中选择必须强制披露的财务信息质量和可以自愿披露的业绩预告质量作为研究对象。

---

① 葛家澍，张金若. FASB 与 IASB 联合趋同框架（初步意见）的评介 [J]. 会计研究，2007（2）：3-10，91.

② 胡元木，谭有超. 非财务信息披露：文献综述以及未来展望 [J]. 会计研究，2013（3）：20-26，95.

③ 张学勇，廖理. 股权分置改革、自愿性信息披露与公司治理 [J]. 经济研究，2010，45（4）：28-39，53.

非财务信息是指那些对企业有价值但不符合准则确认条件的要素的信息（董江春，陈智，孙维章，2022）①。其来源多见于管理层讨论与分析（MD&A）、社会责任报告、董事长致辞、季度收益电话会议纪要、纳税注释等（张秀敏，刘星辰，汪瑾，2017；张志红，李红梅，宋艺，2022）②。随着近年来非财务信息披露占对外信息披露的比重不断攀升，值得提出的是，其披露风格及语言特征日趋复杂化，逐渐受到监管层和学界的重视（王嘉鑫，陈今，史亚雅，2022）③。可读性在 MD&A 是管理层对过去经营状况总结及对未来经营前景的判断和预期，具备预测性和叙述性，相比财务报告中的数字信息以及财务附注中对财务数据的阐释等，其披露的主观性和灵活性更强，是会计信息质量中可理解性的一个反映。MD&A 作为自愿性信息披露的重要报告，其涵盖的可读性信息十分丰富。

综上，本书选择财务报告信息披露质量、业绩预告信息披露质量，以及 MD&A 中文本信息披露质量作为企业信息披露质量的具体研究对象，从财务信息披露到非财务信息披露、从强制性披露到自愿性披露、从数据信息披露到文本信息披露、从历史信息到前瞻信息披露，以此构建了一个整体而全面的企业信息环境分析框架。同时，这三个信息披露质量的衡量分别反映了会计信息质量特征中三个重要的质量特性：真实性、相关性和可理解性。

在当前国内外现有研究中，以财务报告为代表的强制性信息披露有相对明确、硬性的披露法律规制，不涉及披露意愿，以保护投资者利益、缓解信息不对称为宗旨。交易量波动依存法（KV 指数）主要反映市场对交易量信息的依赖程度，直观、整体地衡量了公司财务信息披露质量。因此，考查以财务报告为代表的强制性披露方式的信息披露质量主要从 KV 指数法的角度进行深入挖掘。对以业绩预告为代表的半强制性信息披露方

---

① 董江春，陈智，孙维章.《财务信息与非财务信息互连》述评及对 ESG 标准制定的启示 [J]. 财会月刊，2022（14）：104-109.

② 张秀敏，刘星辰，汪瑾. 阅读难易程度与信息披露质量：基于易读衡量和关联因素视角的分析 [J]. 当代经济管理，2017，39（6）：64-69.

张志红，李红梅，宋艺. 审计委员会财务专长对管理层策略性披露行为的治理效应：基于"管理层讨论与分析"的证据 [J]. 审计与经济研究，2022，37（2）：34-45.

③ 王嘉鑫，陈今，史亚雅. 年报非财务信息的文本披露语言特征会影响股价崩盘风险吗？[J]. 北京工商大学学报（社会科学版），2022，37（3）：98-112.

式普遍通过考查业绩预告披露的意愿、乐观偏差、准确性、精确性和及时性等方式对信息披露质量进行深入衡量、检验和探究。管理层在披露业绩预测区间方面具有较高的自由意志和选择，能直观体现出半强制性规则下业绩预告信息披露质量。在讨论以"管理层预测与分析"（MD&A）为代表的半自愿性信息披露方式的非财务信息文本信息质量时，一般会重点讨论文本可读性、文本语气语调等文本信息质量。本书对资本市场信息披露的研究内容分解及各部分具体研究对象如图1-2所示。

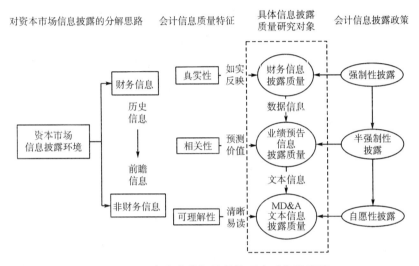

图 1-2　研究内容分解及具体研究对象示意图

1.4　研究方法与技术路线

1.4.1　研究方法

本书立足经济学、管理学、财务学和会计学经典理论，同时博纳社会学、伦理学、法学、语言学及计算机科学等其他学科成果和技术，将规范研究和经验研究等方法有机结合。具体研究方法如下：

规范分析法。主要用于梳理本书研究所涉及的概念与理论，综合采用归纳和演绎等一般性规范分析法梳理国内外在这一领域的相关文献，以此勾勒出本书的主要研究对象及其逻辑框架。在此基础上，尝试对共有股东与信息披露质量之间的关系进行理论分析和假说提出，进一步构建本书的理论研究模型。本书在研究背景、概念界定、逻辑框架、文献回顾、理论基础、假设提出以及研究设计的部分均运用了此方法。

实证研究法。在前人研究的基础上，基于他们提出的理论模型和定性分析的结论，运用计量分析思想和方法，构建共有股东影响信息披露质量的实证模型。本书主要在定量分析部分运用此研究方法，为考察共有股东对财务信息披露质量、业绩预告信息披露质量和非财务信息披露质量的影响，利用国泰君安、万德、文构财经平台等数据库的数据，通过描述性统计、差异性分析、OLS 最小二乘法、两阶段 IV-PROBIT 回归法、固定效应等统计回归方法，对本书的研究内容进行大样本的实证检验，目的在于使用数据揭示客观现象的内在逻辑。

1.4.2　技术路线

本书研究的技术路线如下：核心概念的界定→理论基础与文献回顾→理论推导与假设提出→研究设计、模型与数据来源→统计结果与分析→内生性、稳健性检验→进一步分析→章节小结→研究结论、研究启示、研究局限与展望。具体的逻辑路线整理如下：

核心概念的界定。基于国内外研究现状及文献依据，分别总结、界定、厘清了本书的核心概念并总结了本书核心概念主要的衡量方式。本书参考现有文献的做法进行归纳和演绎，主要包括：共有股东、财务信息披露质量、业绩预告信息披露质量和 MD&A 文本信息披露质量，以期为后续的研究开展厘清研究对象。

理论基础与文献回顾。详细地梳理、总结、归纳了本书的理论基础，将现有国内外研究共有股东理论及实证检验的文献按照"效率化"理论、"非效率化"理论两种具有冲突和分歧的分类方式进行归纳。在文献回顾方面，详细地梳理并总结国内外学者在相关领域的文献，主要包括机构、共有股东、财务信息披露质量、业绩预告信息披露质量、MD&A 文本信息披露质量等内容。通过上述工作，为其后的理论分析、假设提出、模型建立、数据来源与统计分析等夯实基础。

理论推导与假设提出。在前述工作的基础上，利用已有的理论、文献和规范分析法，对本书所要研究的内容进行详细的论证和分析，主要包括：公司战略与信息披露质量之间的关系论证、公司战略与财务重述之间的关系论证、公司战略与信息披露违规之间的关系论证、公司战略与年报可读性之间的关系论证，进一步提出本书的研究假设，以期构建本书的理论分析框架。

实证结果与分析。通过使用模型设立、变量构建、描述性分析、单变量差异分析、相关性分析、普通最小二乘法回归分析等方法，对本书的研究内容进行数据统计分析和实证检验。共有股东驱动管理层信息披露行为的影响因素、调节机制和异质性行为特征及其经济后果是融合在一起的，相关各方的利益决定其是否存在影响信息披露的动机，而这些动机又共同决定了特定的信息披露行为。因此，本书按照以下思路开展企业共有股东对不同类型信息披露质量的衡量与检验（本书第 3、4、5 章）：首先是共有股东改变信息披露质量的激励动因的研究，即"共有股东影响上市公司信息披露质量了吗"；其次是改变信息披露质量的异质特征、作用机理及调节效应研究，分情景做出可检验的预测，从而间接证明相应假说，即"为何及怎样引发或改变上市公司信息披露质量"；最后是共有股东引发信息披露质量改变后的市场表现或经济后果问题，即"信息披露改变后有什么结果"，检验这一举动是否有信息含量。比如，尝试研究共有股东影响信息质量行为是否能够增强流动性、是否能够降低权益融资成本、是否能够得到评级机构认可等。

研究结论、启示、局限与展望。总结并分析基于中国制度背景的共有股东影响信息披露质量的行为分析框架，并结合中国证券市场的特征和内外部环境，为上市公司、监管层、反垄断机构、外部机构投资者及利益相关者提供建议。本书各章节之间的技术路线框架结构见图 1-3。

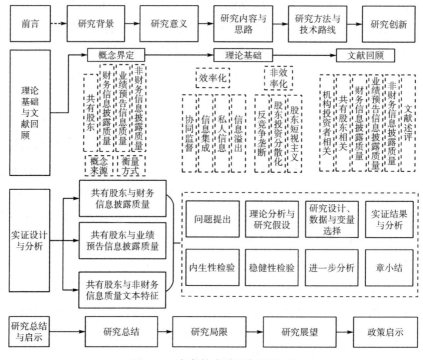

图 1-3　本书技术路线框架结构

1.5　研究创新

信息披露对于向外部利益相关者传达公司活动至关重要，而信息披露质量决定其有效性。机构投资者能够影响披露决策（Abramova et al., 2018; Bird & Karolyi, 2016; Boone & White, 2015; Schoenfeld, 2017）。即使被动机构投资者也能够通过大型投票利益集团影响公司治理和决策选择（Ian et al., 2016）。共有股东作为特殊的机构投资者，一方面，共有股东导致的市场竞争减弱可能改变管理者披露激励，从而提高信息披露质量；另一方面，机构投资者作为大额股东有能力获取足够的私人信息；抑或，机构的短视主义与持股企业合谋舞弊，都有可能减少高质量的公开信息披露。目前，对共有股东如何影响信息披露质量及其动机的研究仍有较多不足；因此，本书探讨在同行业持股多家竞争性企业的共有股东对企业信息披露质量的影响，不仅拓展并丰富了信息披露质量影响因素这一研究分支的文献，而且进一步拓宽了对共有股东如何影响企业目标及企业行为决策这一研究框架的认识和理解，也为政府及监管机构制定相应法律法规以制约、披露、规范共有股东的持股行为提供具有政策参考价值的建议。

本书的创新之处主要体现在以下几个方面：其一，研究视角新颖。现有关于机构投资者对信息环境治理的驱动影响因素相关研究主要集中关注单一机构投资者所具备的资金优势、专业优势和信息解读优势对信息环境的改善，鲜有研究讨论机构横向持股与公司信息环境之间的关系。当前学术界关于行业共有机构所有权的行为特征及其对管理层的行为决策影响的动机激励、机制影响、市场反应等方面的研究尚无清晰定论；因此，本书从行业共有机构投资者的视角出发，研究发现行业共有机构投资者对在强制披露和自愿披露相结合的监管背景下的不同类型信息披露质量会产生不同的影响。研究结论对进一步完善资本市场信息披露制度和充分发挥机构投资者参与公司治理的作用具有一定启示，这是对股权结构与信息披露质量驱动因素相关研究的有益补充。其二，研究设计完善。良好的会计信息披露质量有助于缓解投融资双方信息不对称冲突，有利于降低企业的代理成本和资金成本。我国上市公司将信息划分为财务信息和非财务信息。财务信息广泛来源于公司管理层、媒体、券商分析；非财务信息广泛来源于MD&A、董事会报告。本书主要研究共有股东对管理层披露行为的影响。因此，本书选取的是公司内部信息。财务报告、业绩预告和MD&A是从公司管理层内部发布的十分重要的三种信息披露报告形式。因此，本书将财务信息披露质量、业绩预告信息披露质量以及MD&A文本信息披露质量统一到信息披露质量总体框架下，依次体现了从财务信息披露到非财务信息披露、强制性披露到自愿性披露、数据披露到文本披露、历史信息披露到前瞻信息披露，构建了一个整体而全面的资本市场信息环境研究分析框架，理论分析并实证检验共有股东对不同类型的信息披露质量所产生的不同影响。同时，财务信息披露质量、业绩预告信息披露质量以及MD&A文本信息披露质量还依次体现了真实性、相关性和可理解性三个重要的会计信息质量特性。其三，研究数据多样。传统的分析方法以结构化的财务数据分析为主，随着计算机科学在财务学中应用的兴起，非结构化的文本数据分析逐渐受到重视。MD&A披露的文本信息能为财务信息披露提供增量信息，对广大的利益相关者具有重要的信息揭示和预测作用，是财务报告体系中"可读性"的重要组成部分。基于此，本书实证研究部分的第3章和第 4 章以管理层内部定期披露中财务数据分析为主。第 5 章以 MD&A 中非财务信息披露文本质量特征分析为主，将结构化的财务数据和非结构化的文本数据相结合，对整个资本市场信息环境的分析更加全面。通过传统的数字性财务数据和前瞻的文本性非财务数据相结合的研究方式，更加全面地考虑和解析了共同机构投资者对信息披露质量的影响，形成了更为丰富的研究内容和更为多样的数据结构。

　　本书的研究结论为全面探析新兴市场经济转轨时期企业间的复杂股权结构的影响提供了理论支撑和实证经验。一方面拓展了共有机构投资者对企业信息披露环境影响的研究分析框架；另一方面对上市公司及相关监管机构正确认识与理解共有股东竞争偏好及其对管理层的信息披露决策的影响均具有重要的理论、实践及政策参考意义。

2　理论基础与文献回顾

2.1　相关概念的界定

2.1.1　共有股东

中国资本市场上市公司普遍存在一股独大、股权集中现象（朱武祥，2002a，2002b）①。非控股股东"股少言轻"往往缺乏直接参与公司治理的动机和能力（何慧华，方军雄，2021）②。机构投资者凭借其行业专长和雄厚的资金实力，被誉为资本市场中的知情交易者。机构投资者越来越多地在同一个行业中持有互相存在竞争的上市企业股份（如航空业、金融业、影视行业等）。国外学界将这种现象称为 common ownership（Antón et al.，2016；Azar et al.，2017；Azar et al.，2014；Jose Azar et al.，2018；Cheng et al.，2022；C. H. Chiao et al.，2021）、cross-ownership（Chen et al.，2019；Chen ct al.，2021；He et al.，2019；Jack & Jiekun，2017）、common institutional ownership（Santhosh Ramalingegowda et al.，2021；Wang et al.，2022）、co-owned firms（Massa & Aldokas，2017）。国内学界将这种现象称为机构共同持股（杜勇，马文龙，2021；杜勇，胡红燕，2022）③、共有股东（严

---

①　朱武祥.股权结构与公司治理：对"一股独大"与股权多元化观点的评析［J］.证券市场导报，2002（1）：56-62.

朱武祥.一股独大与股权多元化［J］.科学决策，2002（3）：16-22.

②　何慧华，方军雄.监管型小股东的治理效应：基于财务重述的证据［J］.管理世界，2021，37（12）：176-195.

③　杜勇，马文龙.机构共同持股与企业全要素生产率［J］.上海财经大学学报，2021，23（5）：81-95.

杜勇，胡红燕.机构共同持股与企业财务重述［J］.证券市场导报，2022（2）：67-79.

苏艳，2019，2021；周冬华，周思阳，2022)①、共同机构所有权（杜勇，孙帆，邓旭，2021；周冬华，黄沁雪，2021；杜勇，孙帆，胡红燕，2022)②、连锁股东（潘越，等，2020；杨兴全，张记元，2022a，2022b；杨兴全，赵锐，2022)③。本书选择使用 common ownership 英文直译法，统一简称共有股东，简洁明了。共有股东是指某机构在同一行业持有多家上市公司的股份，而这种持股行为使得该机构成为同一行业中众多上市公司的共有股东（Jack & Jiekun，2017）。Backus et al.（2021）记录了自 1980年以来标准普尔 500 公司的机构共有股东的增加，并表明这是由大型资产管理公司规模的增加和机构投资者多样化的增加所驱动的。

共有股东具备机构投资者的基本职能，能够凭借投票权、直接沟通、退出威胁等方式直接参与公司治理。同行业企业具有相同的运营环境、行业信息，共有股东将积累的行业专长和管理经验应用于持股网络内其他企业，形成的信息规模效应、信息溢出效应、信息集成优势，使得边际监管成本大幅降低，协同效应整体提升。因此，共有股东在专业技能、行业经验和信息解析等方面相比单一机构投资者具有更为明显的优势。共有股东的投资目标不是单个企业价值最大化，而是整个投资组合价值最大化。在组合价值最大化目标的驱使下，可能造成行业内企业的竞争偏好会因此发生变化。

现有研究在衡量共有股东时所采用的方法主要包括以下几种：

---

① 严苏艳. 共有股东与企业创新投入 [J]. 审计与经济研究，2019，34（5）：85-95.

严苏艳. 共有股东与盈余持续性 [J]. 当代财经，2021（12）：137-148.

周冬华，周思阳. 共有股东有利于稳定资本市场吗?：基于股价崩盘风险的视角 [J]. 安徽大学学报（哲学社会科学版），2022，46（2）：99-111.

② 杜勇，孙帆，邓旭. 共同机构所有权与企业盈余管理 [J]. 中国工业经济，2021（6）：155-173.

周冬华，黄沁雪. 共同所有权与会计信息可比性：来自中国资本市场的经验证据 [J]. 会计与经济研究，2021，35（4）：3-22.

杜勇，孙帆，胡红燕. 共同机构所有权与企业产能利用率 [J]. 财经研究，2022：1-18

③ 潘越，汤旭东，宁博，等. 连锁股东与企业投资效率：治理协同还是竞争合谋 [J]. 中国工业经济，2020（2）：136-164.

杨兴全，张记元. 连锁股东与企业多元化经营：加速扩张还是聚焦主业 [J]. 现代财经（天津财经大学学报），2022，42（5）：36-55.

杨兴全，张记元. 连锁股东与企业金融化：抑制还是促进 [J]. 中南财经政法大学学报，2022（2）：27-40.

杨兴全，赵锐. 连锁股东如何影响企业现金持有? [J]. 会计与经济研究，2022，36（2）：3-21.

第一，在前十大股东的基础上构建共有股东指标（严苏艳，2019；周冬华，黄沁雪，2021）①。①是否存在共有股东虚拟变量。在年度数据基础上，当企业的某股东同时作为行业内两家或以上相互竞争企业的前十大股东出现，则将其界定为存在共有股东，取值为1，否则为0。②上市公司前十大股东中共有股东个数。③共有股东联结程度。上市公司通过前十大股东中共有股东联结同行业其他上市公司数量。④上市公司前十大股东中共有股东平均联结同行业其他上市公司数量。这种衡量方式的缺陷在于国内上市公司中前十大股东的持股比例可能未及5%，按照国际惯例和我国证券法相关规定（Beatty et al., 2013；杜勇，马文龙，2021）②，持股5%是重大股权的警示门槛，更有可能对公司施以影响，而前十大股东持股未及5%的部分股东则可能并不能对公司行为决策起到重大影响。

第二，参考已有文献（Chen et al., 2021；潘越等，2020；杜勇，马文龙，2021；杜勇，孙帆，邓旭，2021；杜勇，胡红燕，2022；杜勇，孙帆，胡红燕，2022；杨兴全，张记元，2022a，2022b；杨兴全，赵锐，2022）③。利用季度数据保留持股比例5%以上（包含5%）的机构投资者，若样本中机构投资者在同一季度、同一行业其他公司持股也不低于5%，则说明存在共有股东。选择机构投资者持股比例为5%作为门槛，是因为持股5%以上的股东更有可能干预公司的治理、对公司经营决策实施重大影响（Beatty et al., 2013；Bharath et al., 2013），同时，中国相关证券法律法规

① 严苏艳. 共有股东与企业创新投入 [J]. 审计与经济研究，2019，34（5）：85-95.

周冬华，黄沁雪. 共同所有权与会计信息可比性：来自中国资本市场的经验证据 [J]. 会计与经济研究，2021，35（4）：3-22.

② 杜勇，马文龙. 机构共同持股与企业全要素生产率 [J]. 上海财经大学学报，2021，23（5）：81-95.

③ 潘越，汤旭东，宁博，等. 连锁股东与企业投资效率：治理协同还是竞争合谋 [J]. 中国工业经济，2020（2）：136-164.

杜勇，马文龙. 机构共同持股与企业全要素生产率 [J]. 上海财经大学学报，2021，23（5）：81-95.

杜勇，孙帆，邓旭. 共同机构所有权与企业盈余管理 [J]. 中国工业经济，2021（6）：155-173.

杜勇，胡红燕. 机构共同持股与企业财务重述 [J]. 证券市场导报，2022（2）：67-79.

杜勇，孙帆，胡红燕. 共同机构所有权与企业产能利用率 [J]. 财经研究，2022：1-18.

杨兴全，张记元. 连锁股东与企业多元化经营：加速扩张还是聚焦主业 [J]. 现代财经（天津财经大学学报），2022，42（5）：36-55.

杨兴全，张记元. 连锁股东与企业金融化：抑制还是促进 [J]. 中南财经政法大学学报，2022（2）：27-40.

杨兴全，赵锐. 连锁股东如何影响企业现金持有？[J]. 会计与经济研究，2022，36（2）：3-21.

也规定持股 5% 的门槛是重大股权的警示线。为此，本书从四个维度构建反映上市公司被共有股东持股的指标：①是否存在共有股东哑变量：季度上，是否当年有共有股东持股该上市公司。②共有股东数量：季度上，上市公司共被几家共有股东持有，再求这一数值的年度均值。③共有股东联结程度：季度上，每个公司所有共有股东平均持有同行业公司的个数。④共有股东持股比例。在具体计算时，解释变量基于季度数据计算，意味着如果公司在年度任一季度被共有股东持有股份，则年度上被判定为存在共有股东。

第三，Svetoslav（2017）使用美国所有上市公司及其所有者的数据，构建了一个特定于公司并基于竞争对手之间机构所有权网络的市场集中度——修正的"赫芬达尔-赫希曼指数"（MHHID）。

现有文献主要证明共有股东对企业竞争（Azar et al.，2017；Jose Azar et al.，2018；Elhauge，2020；Jack & Jiekun，2017；José et al.，2017；Koch，Panayides & Schwert，2021）、信息披露及市场反应（Jang et al.，2022；Jung，2013；Park et al.，2019；Pawliczek et al.，2018）、投资活动及效率（Chen et al.，2021；Jang et al.，2022）、创新（Anton et al.，2021；C. H. Chiao et al.，2021；Lopez & Vives，2019；严苏艳，2019）①、公司内部或外部治理（Edmans et al.，2018；He et al.，2019）、盈余管理（严苏艳，2021）②、股票市场反应（周冬华，周思阳，2022）③ 等多方面的影响。此外，也有学者提出反对意见，Lewellen（2021）认为没有强有力的证据表明共同机构所有权影响企业行为。目前学术界关注共有股东对信息披露质量的影响还较少，也尚未结合信息披露异质性进行分类研究，诸如强制披露与自愿披露、财务信息披露与非财务信息披露、数据信息披露与文本信息披露、历史信息披露与前瞻性信息披露等。

2.1.2　财务信息披露质量

根据 IASB 和 FASB 定义，财务报告等同于财务报表、报表附注、其他

①　严苏艳. 共有股东与企业创新投入 [J]. 审计与经济研究，2019，34（5）：85-95.
②　严苏艳. 共有股东与盈余持续性 [J]. 当代财经，2021（12）：137-148.
③　周冬华，周思阳. 共有股东有利于稳定资本市场吗?：基于股价崩盘风险的视角 [J]. 安徽大学学报（哲学社会科学版），2022，46（2）：99-111.

财务报告（李燕媛，2018）①。其他财务报告包含了管理层讨论与分析（MD&A）、社会责任报告、职工报告等多种形式。财务信息是指直接受现行国际财务报告准则（IFRS）或 FASB 准则影响的部分，因此，财务信息披露于财务报表、报表附注。然而，会计准则（如 IFRS）限制了那些对企业有价值但不符合准则确认条件的要素，而这种局限性促使企业有必要出具另外的信息——非财务信息（董江春，陈智，孙维章，2022）②。MD&A 不属于财务报表范畴，其披露的信息属于非财务信息。而当前中国资本市场的公开信息披露主要以财务信息披露为主，非财务信息披露为辅（李翔，冯峥，2006）③。

会计信息是对经济事项和交易进行确认、计量、记录和报告，其质量应是能够满足信息使用者需求的特征综合。但从外部人角度，我们并不了解会计信息生产者，因此只能采取间接性指标来评价其符合会计准则及制度的程度。学者们在度量财务信息披露质量这一指标时，具备多种观点和衡量方式，各自都具有其科学性和合理性。现有研究在衡量财务信息披露质量所采用的方法主要包括以下几种方式：

第一种，自行赋值构建信息披露指标。张学勇和廖里（2010）④ 将自愿性信息披露作为信息披露质量的度量方式，通过阅读年报选取某些项目，再根据是否披露这些项目进行赋值打分，最后建立一个信息披露综合指数。德里克（Drake et al.，2009）建立了分析师对信息披露评价指数。这些自行赋值的评分体系一般比较全面，不力之处在于评分依据以及打分时主观性。

第二种，采取某一权威机构定期发布的信息披露考评。如深圳证券交易所自 2001 年起依据《深圳证券交易所信息披露考评办法》对深交所上

---

① 李燕媛.上市公司管理层讨论与分析信息披露问题研究［M］.北京：中国社会科学出版社，2018.

② 董江春，陈智，孙维章.《财务信息与非财务信息互连》述评及对 ESG 标准制定的启示［J］.财会月刊，2022（14）：104-109.

③ 李翔，冯峥.会计信息披露需求：来自证券研究机构的分析［J］.会计研究，2006（3）：63-68，10，95.

④ 张学勇，廖理.股权分置改革、自愿性信息披露与公司治理［J］.经济研究，2010，45（4）：28-39，53.

市公司的信息披露的合法性、及时性、完整性和准确性进行综合评级，考核结果分为优秀、良好、合格、不合格四个等级，并对其公开发布。国内诸多学者采用过这一考量方式——将这四个等级赋值进行 logit 或者 ologit 回归，以此开展有关信息披露质量影响因素的研究（张宗新，杨飞，袁庆海，2007；王斌，梁欣欣，2008；王雄元，刘焱，全怡，2009；伊志宏，姜付秀，秦义虎，2010；徐寿福，2013）①。但这一方式由于缺少上海证券交易所上市公司数据，存在样本不完整的问题。

第三种，使用盈余管理度量上市公司信息披露质量。德乔等（Dechow et al.，2002）通过模型计算盈余质量，把盈余质量的计算结果作为信息披露质量的代理变量。盈余管理分为真实盈余管理（real earnings management）、应计盈余管理（accrual earnings management）、归类变更盈余管理（classification shifting）（Dechow & Dichev，2002；Mcvay，2006）。应计盈余管理通过会计估计变更等方式将未来业绩向当期转移以提振当期业绩，存在反转效应。真实盈余管理则是通过对公司实际经营活动进行操纵，进而对企业基本面造成实质性损害，容易导致公司偏离企业战略和使命。归类变更盈余管理是指管理层"故意"将报表的项目错误地分类。随着法治化程度进一步提升，出于各种动机和意图，企业管理层逐步降低采纳传统盈余管理的意愿，而更多转向运用归类变更盈余管理。国内诸多学者采用过盈余质量这一衡量方式开展有关信息质量研究（张宗新，杨飞，袁庆海，2007；陆正飞，祝继高，孙便霞，2008；申景奇，伊志宏，2010；周夏飞，

———————————

① 张宗新，杨飞，袁庆海.上市公司信息披露质量提升能否改进公司绩效?：基于 2002—2005 年深市上市公司的经验证据［J］.会计研究，2007（10）：16-23，95.

王斌，梁欣欣.公司治理、财务状况与信息披露质量：来自深交所的经验证据［J］.会计研究，2008（2）：31-38，95.

王斌，梁欣欣.公司治理、财务状况与信息披露质量：来自深交所的经验证据［J］.会计研究，2008（2）：31-38，95.

王雄元，刘焱，全怡.产品市场竞争、信息透明度与公司价值：来自 2005 年深市上市公司的经验数据［J］.财贸经济，2009（10）：30-36.

伊志宏，姜付秀，秦义虎.产品市场竞争、公司治理与信息披露质量［J］.管理世界，2010（1）：133-141，161，188.

徐寿福.信息披露、公司治理与现金股利政策：来自深市 A 股上市公司的经验证据［J］.证券市场导报，2013（1）：29-36.

周强龙，2014；何威风，2015)①。然而，盈余质量和披露质量是会计信息质量特征中的两个典型代表（魏明海，2005)②，越来越多的经验研究将会计信息披露质量和与会计要素确认与计量相关的信息质量独立出来。盈余质量更多反映了会计确认与计量，在实证文献中用以反映会计信息透明度，而信息披露质量高低除了受会计准则影响，还受到证券监管规则等影响（魏明海，2005)③。因此，高质量的确认与计量所反映出的高盈余质量，尚不能完全代表信息披露质量。盈余信息也无法反映年报是否存在会计差错、违规以及是否具备可靠性、相关性、可理解性等。特别是在表外粉饰的情况下，这一方法的科学性有待考证。

第四种，结合自身研究需要，通过阅读年报并从财务报表中自行选取一项具有代表性的、能代理研究对象的相关指标来衡量信息披露质量，例如"支付的其他与经营活动有关的现金余额"涉及的具体项目、项数、总额（罗炜，朱春艳，2010；牛建波，吴超，李胜楠，2013)④。这种衡量信息披露质量的方法不仅可以为资本市场定价目的服务，也满足了业绩评价功能（罗炜，朱春艳，2010)⑤。

第五种，交易量波动依存法（KV 指数）。该方法度量财务信息披露质量的逻辑是：上市公司的信息披露越充分，投资者对股票交易量信息的依赖程度越低。因此，收益率对交易量的斜率系数会随之减小。这个斜率系数反映了市场对交易量信息的依赖程度，也反映了公司的信息披露程度，与信息披露质量成反比（Kim & Verrecchia，1991；Verrecchia，2001；周开

① 张宗新，杨飞，袁庆海.上市公司信息披露质量提升能否改进公司绩效？：基于2002—2005年深市上市公司的经验证据 [J].会计研究，2007 (10)：16-23，95.

陆正飞，祝继高，孙便霞.盈余管理、会计信息与银行债务契约 [J].管理世界，2008 (3)：152-158.

申景奇，伊志宏.产品市场竞争与机构投资者的治理效应：基于盈余管理的视角 [J].山西财经大学学报，2010，32 (11)：50-59.

周夏飞，周强龙.产品市场势力、行业竞争与公司盈余管理：基于中国上市公司的经验证据 [J].会计研究，2014 (8)：60-66，97.

何威风.高管团队垂直对特征与企业盈余管理行为研究 [J].南开管理评论，2015，18 (1)：141-151.

② 魏明海.会计信息质量经验研究的完善与运用 [J].会计研究，2005 (3)：28-35，93.

③ 魏明海.会计信息质量经验研究的完善与运用 [J].会计研究，2005 (3)：28-35，93.

④ 罗炜，朱春艳.代理成本与公司自愿性披露 [J].经济研究，2010，45 (10)：143-155.

牛建波，吴超，李胜楠.机构投资者类型、股权特征和自愿性信息披露 [J].管理评论，2013，25 (3)：48-59.

⑤ 罗炜，朱春艳.代理成本与公司自愿性披露 [J].经济研究，2010，45 (10)：143-155.

国，等，2011）①。KV 指数代表了市场投资者对信息不对称冲突的客观评价，能够真实、整体、全面地反映上市公司信息披露的实际效果（杜威，2016）②。国内外学者广泛使用交易量波动依存法（KV 指数）作为财务信息披露质量的代理变量，KV 指数是一个能够真正反映上市公司信息披露有效性的变量（Ascioglu et al.，2005；Knyazeva et al.，2018；李春涛，刘贝贝，周鹏，2017；陈运森，邓祎璐，李哲，2019；张宗新，朱炜，2019；杨志强，唐松，李增泉，2020；杜兴强，肖亮，张乙祺，2022）③。另外，不少学者也结合深交所信息披露考评、盈余质量等信息披露质量衡量方式进行稳健性检验。

2.1.3　业绩预告信息质量

业绩预告信息披露是公司在会计报告正式公布时提前对本期或未来一期的盈利情况的预测报告，最早出现于金融市场及法律制度较为完备的西方发达国家。业绩预告信息披露之所以先于财务报告正式公布时间，主要目的是提前释放业绩风险，增强投资者预判，避免公司股票在财务报告正式公布时价格出现大幅波动，从而保障中小投资者等信息弱势方的核心利益。

我国业绩预告披露制度起步较晚、监管主体多、不同上市板块差异大，呈现强制性披露和自愿性披露相结合的特点。该制度主要经历以下几个发展阶段：①1998 年，业绩预告制度在我国被首次提出。证监会对连续三年亏损面临退市风险或者在 1998 年当年出现重大亏损企业首次提出"管理层需在年报公布前披露亏损预测情况"的要求。②2001—2004 年是

———————————

　① 周开国，李涛，张燕.董事会秘书与信息披露质量［J］.金融研究，2011（7）：167-181.

　② 杜威.基于财务信息元素视角的 XBRL 分类标准微观结构标准化与质量评价研究［D］.上海：上海交通大学，2016.

　③ 李春涛，刘贝贝，周鹏.卖空与信息披露：融券准自然实验的证据［J］.金融研究，2017（9）：130-145.

陈运森，邓祎璐，李哲.证券交易所一线监管的有效性研究：基于财务报告问询函的证据［J］.管理世界，2019，35（3）：169-185，208.

张宗新，朱炜.证券分析师"异常关注"能否创造投资价值？：基于2010—2017年A股市场的经验证据［J］.证券市场导报，2019（6）：40-51.

杨志强，唐松，李增泉.资本市场信息披露、关系型合约与供需长鞭效应：基于供应链信息外溢的经验证据［J］.管理世界，2020，36（7）：89-105，217-218.

杜兴强，张颖.董事会存在最优规模吗？：基于大股东资金占用的证据［J］.安徽大学学报（哲学社会科学版），2022，46（2）：87-98.

业绩预告从强制披露向自愿披露缓慢过渡的阶段。此时预测对象从亏损企业发展为企业符合退市预警、大幅亏损及大幅盈利三种情况，并逐步建立年度、中期、季度财务报告的业绩预警制度。③2007 年，证监会规定如果出现公司业绩预告大幅波动（上升或下降超过 50%）、亏损、扭亏等情况，则需要在会计年度结束的 1 月 31 日前发布业绩预告：若上市公司业绩预告属于上述情况，则属于强制性披露（预增、预减、预亏、首亏、扭亏）；否则属于自愿性披露的业绩预告类型（略增、略减、续盈、续亏、不确定）（袁振超，岳衡，谈文峰，2014；李哲，黄静，简泽，2021；易志高，张烨，2022）①。④2007 年以后，"一会两所"针对不同上市板块的业绩预告信息披露做出不同要求，并开始高度关注业绩预告信息披露质量，降低不准确、不精确、不及时的业绩预告盈余信息对外部投资者及利益相关者的不利影响。

一家公司的管理层盈利预测揭示了公司专有信息含量，影响该行业相关公司的资本成本。因此，国外主要采用管理层盈余预测来衡量自愿性信息披露（Jinyoung et al., 2008；Park et al., 2019；Schoenfeld, 2017）。而我国管理层业绩预告制度建立得较晚，且与我国该项制度变迁有关，目前我国业绩预告处于强制性预告向自愿性预告的过渡阶段，市场上同时存在强制性披露和自愿性披露两种业绩预告模式。我国学界对于业绩预告信息质量衡量标准大致分为：业绩预告披露意愿、准确性（乐观性、乐观偏差、误差）、精确度、及时性。在我国，对于业绩预测意愿、频率以及所呈现的质量特征，上市公司自行决定的裁量权是相对大的。即便是达到强制披露情形的公司，管理层也可以选择是否以更准确、更精确或更及时的方式进行预告公布。业绩预告准确性或者业绩预告精度是指管理层盈利预测值与实际真实值的差距，差距越大，说明业绩预告越不准确，其准确性差。业绩预告乐观偏差是指若公司盈利预测值高于年报真实值，则公司业绩预告持乐观态度；反之，若公司盈利预测值低于年报真实值，则公司业绩预告持谨慎态度。业绩预告的精确性是指业绩预告预测区间的大小，区间越

---

① 袁振超，岳衡，谈文峰.代理成本、所有权性质与业绩预告精确度 [J].南开管理评论，2014，17（3）：49-61.

李哲，黄静，简泽.突破式创新对自愿性管理层业绩预告的影响 [J].金融评论，2021，13（3）：56-78，125.

易志高，张烨.企业自愿性信息披露行为的"同伴效应"研究：来自管理层业绩预告的实证证据 [J].技术经济，2022，41（1）：136-147.

窄，精确性越高。波纳尔等（Pownall et al., 1990, 1993）发现，其研究期间将近80%的盈利预测并非发布精确的数值（即点预测），而这些不那么精确的预测形式主要包括封闭区间预测（即范围预测）、开放区间预测（即最大值和最小值预测），以及对公司盈利前景描述性的定性预测。业绩预告的及时性指的是公司业绩预告发布日距财务报告公告日的时间间隔，时间间隔天数越大，意味着业绩预告发布越提前、越及时，越早地向利益相关者揭露风险，因此业绩预告的质量越高。

2.1.4 MD&A 文本信息披露质量

依照是否以货币计量将我国上市公司信息披露分类划分为财务信息披露和非财务信息披露。传统财务信息是当前最能直接反映公司经营结果的经济数据。由于受到会计要素确认与计量及会计准则等因素规制，传统财务信息大多是基于过去对历史经营情况的静态图像反映，无法完整地反映预测性、相关性、及时性、前瞻性，导致很多有利于投资者对未来经营业绩和公司价值研判的信息难以通过传统的财务报表及其附注予以披露，越来越难以满足投资者预测业绩的需求。非财务信息是指除财务信息以外的其他所有信息，包括公司基本信息、战略信息、董事会构成与内部控制信息、行业与生产信息和其他非财务信息（张学勇，廖理，2010)[①]，其披露形式多以文字描述为主。随着利益相关者范畴日益多元化，信息使用者已不再局限于投资者，企业信息披露需求的范围也不断扩增。企业正更多地发布能够揭示其组织活动对环境、公司治理、社会和人权的影响的非财务信息。非财务信息需求的演变产生了新的会计方向，其目标是向利益相关者提供有关商业模式可持续发展和价值创造阶段的信息（Bychkova et al., 2021）。国内外理论界和实务界广泛认同非财务信息披露可以增强和补充财务报告信息披露的有用性、决策性、相关性。安永会计师事务所（Ernst and Young）2017年的一项调查研究强调了非财务信息对信息使用者的重要意义，并指出68%的投资者承认在做出投资决策时使用了非财务信息。

非财务信息是众多信息使用者进行投资和分析的重要工具。从语言学特征来看，非财务信息主要以描述性文字表述构成。专业术语、专业名词、长句使用、生僻字词、前后不一的表述方式，都会给信息使用者带来

---

① 张学勇，廖理. 股权分置改革、自愿性信息披露与公司治理 [J]. 经济研究，2010，45 (4)：28-39，53.

阅读障碍。语言经济学始于 20 世纪 60 年代，最早由美国信息经济学家马歇克（Marschak）提出，他从经济学角度将语言和言语行为阐释为人类社会经济活动普遍存在的现象，并强调语言和其他资源一样具备价值、效用、成本和收益等经济特性（Marschak，1965）。人类大脑处理语言信息的资源是有限的，阅读者将大脑资源集中于处理语言复杂度层面则会忽视信息准确度（Polat & Kim，2014）。语言障碍会增加信息使用者获取信息价值的解读成本，通俗易懂的语言可以有效地减少投资者所面临的信息摩擦（Polat & Kim，2014）。文本信息可读性是指除了受到信息使用者的知识水平和理解能力的影响，还有文本信息是否清晰简明、通俗易懂。

随着近年来非财务信息披露占对外信息披露的比重不断攀升，值得提出的是，其披露风格及语言特征日趋复杂化，逐渐受到监管层和学界的重视（王嘉鑫，陈今，史亚雅，2022)①。资本市场交易动机假说认为，为缓解信息不对称和逆向选择的问题，管理层是有动机披露包括非财务信息在内的全部私有信息的。然而，管理层会隐瞒那些增加社会整体福利和效率的私有信息（Dye，1985）。专有信息成本和市场竞争阻碍了企业披露全部信息的动机（Kim & Verrecchia，1991；Verrecchia，1983）。管理层对文本信息的隐藏动机更强，更易被用于"掩人耳目"的策略性信息披露（王嘉鑫，陈今，史亚雅，2022)②。一些学者倡议和呼吁制定强制性披露非财务文本信息规则以增加市场效率。然而，强制性披露规则也无法使得公司披露所有信息，寻找最优的强制性信息披露规则是十分困难的，也需要耗费大量社会成本（胡元木，谭有超，2013)③。因此，英美等西方发达国家对于非财务文本信息披露以自愿性披露为主，多以文字描述形式为原则。我国的非财务信息披露，由于严重的代理问题、信息披露制度引入较晚、法律法规不完备等问题，管理层对前瞻性信息披露有较大的自由裁量权，且披露形式主要以描述性语句为主，因而我国非财务信息披露总体更为容易被操纵。美国等西方发达国家监管部门为了促进企业增加非财务信息的可读性和可理解性，制定了相关指引和指南。我国 2019 年修订的新证券法要

---

① 王嘉鑫，陈今，史亚雅. 年报非财务信息的文本披露语言特征会影响股价崩盘风险吗？[J]. 北京工商大学学报（社会科学版），2022, 37（3）：98-112.

② 王嘉鑫，陈今，史亚雅. 年报非财务信息的文本披露语言特征会影响股价崩盘风险吗？[J]. 北京工商大学学报（社会科学版），2022, 37（3）：98-112.

③ 胡元木，谭有超. 非财务信息披露：文献综述以及未来展望 [J]. 会计研究，2013（3）：20-26, 95.

求年报"简明清晰、通俗易懂"。管理层讨论与分析（Management Discussion and Analysis，MD&A）中非财务信息对揭示价值创造十分重要。MD&A 中信息能够一定程度解释股价变动（Francis1 et al.，2003）。中国证监会于 2002 年正式要求上市公司披露 MD&A 部分，其具体要求是公司应当对财务数据与必要的统计数据以及当期和未来与经营发展相关的重大事项进行分析和讨论。2005 年开始往后十年，证监会对 MD&A 披露进行了多次细化，并鼓励尽可能多地进行自愿性披露，要求其语言表达应尽量清晰，力戒模板化、陈词滥调与晦涩难懂。

可读性是评判文本信息披露质量是否达到可理解性的重要前提与基础之一。国际上，目前可读性指标比较常用的如易读性指数（Flesch Reading-ease Score）、金凯德指数（Flesch-kincaid Grade Level）、迷雾指数（FOG Index、Gunning Fog Index）、烟雾指数（SMOG Index）、戴尔-乔（Dale-Chall）公式等。劳夫兰和麦当娜（Loughran & Mcdonald，2014）使用文本计算机存储大小作为可读性的代理变量。然而，这些度量方法均源自英文语料，由于语言差异以及指标构建时需考虑语境等因素的影响，这些指标是否直接被用于衡量中文文本的可读性有待考究。针对中文文本可读性的衡量，借鉴 Li（2008）衡量年报可读性的方法，刘会芹和施先旺（2020）[①] 使用年报文本信息总词数的对数作为年报可读性的代理变量（刘会芹，施先旺，2020）[②]。罗进辉等（2019）[③] 使用年报篇幅的页数、字数和字符数的自然对数来衡量可读性。徐巍（2021）[④] 构建了三个可读性指标：一是每个分句中所含平均字数；二是每个句子中副词和连词的占比；三是结合迷雾指数（FOG）指数将前两个指标合并。罗进辉等（2019）[⑤]、胡楠等（2021）[⑥] 基于神经概率语言模型提出顺序简易型大小，考虑句子中词对搭配出现的概率，以此定义可读性。该项指标不仅反映可读性，还注重词汇的前后搭配对文本理解，也反映了文本的可理解性。

---

① 刘会芹，施先旺 年报可读性对分析师盈余预测的影响 [J]. 证券市场导报，2020（3）：30-39.

② 刘会芹，施先旺. 年报可读性对分析师盈余预测的影响 [J]. 证券市场导报，2020（3）：30-39.

③ 罗进辉，黄泽悦，林小靖. 年报可读性与盈余反应系数 [J]. 财务研究，2019（6）：15-30.

④ 徐巍，姚振晔，陈冬华. 中文年报可读性：衡量与检验 [J]. 会计研究，2021（3）：28-44.

⑤ 罗进辉，黄泽悦，林小靖. 年报可读性与盈余反应系数 [J]. 财务研究，2019（6）：15-30.

⑥ 胡楠，薛付婧，王昊楠. 管理者短视主义影响企业长期投资吗?：基于文本分析和机器学习 [J]. 管理世界，2021，37（5）：139-156，11，19-21.

2.2 理论基础

2.2.1 行业共有股东效率化相关理论

2.2.1.1 协同监督效应理论

机构投资者行业共同持股现象本质上属于机构投资者对公司行为、治理作用及产品决策范畴的影响研究。这一假设基于机构对公司决策有重大影响，不仅包括公司的披露决策，还包括整个公司决策范围（如支付政策、投资政策、公司治理、信息披露等），以及其他影响产品市场的公司决策（Azar et al.，2017；José et al.，2017）。即使被动机构投资者也能够通过大型投票利益集团影响公司治理和决策选择（Ian et al.，2016）。机构投资者影响披露决策（Abramova et al.，2018；Bird & Karolyi，2016；Boone & White，2015；Schoenfeld，2017）。布希（Bushee，1997，2001）和阿格因（Aghion et al.，2013）发现机构持股影响研发支出、创新及产出。国内外研究在实证层面对于机构持股究竟是否对上市公司产生了积极主义效果并没有得出一致的结论。一方面，基于有效监督假说（Shleifer & Vishny，1986），机构投资者引入后能缓解管理层代理冲突，强化内部监督作用（Bourveau & Schoenfeld，2017），然而机构投资者异质性将对公司决策及治理产生不同影响效果。另一方面，庞德（Pound，1988）提出了关于机构投资者利益冲突和战略合作两个假说。

国内外研究认为机构投资者影响公司决策（例如信息披露），大致通过直接和间接两种机制。第一，直接机制是机构通过"用手投票"监督管理层人员，例如通过与管理层的私人通信、董事会成员选举和股东提案影响经理人行为（Diane et al.，1999；McCahery et al.，2016）或者薪酬方案（Jose Azar et al.，2018）。麦克加里等（McCahery et al.，2016）通过与机构的访谈发现，机构最常用的参与渠道是与管理层的直接讨论。第二，活跃或被动的机构投资者均可以通过董事会成员选举和股东提案积极影响政策（Diane et al.，1999；Ian et al.，2016）。机构投资者投票能够可靠地向公司管理层传达他们的信息偏好（Boone & White，2015）。赫等（He et al.，2019）发现共同大股东因能对投资组合产生负外部性以此反对管理层。第三，建立在退出治理模型（Admati & Pfleiderer，2009）以及退出威胁

（Edmans & Manso, 2011）的基础上，提出战略决策与变革建议（Edmans et al., 2018）。持股灵活的"被动"机构投资者实施"用脚投票"，通过退出威胁等机制间接影响公司决策，比如出售股票或压低股价。因此，对股价变动敏感的经理人会事前执行机构投资者期望的政策从而避免事后退出威胁（Bharath et al., 2013；Edmans et al., 2018；Edmans & Manso, 2011；Gallagher et al., 2013）。总的来说，当机构投资者对管理当局表现不满意时，机构投资者既可能采取"用手投票"积极参与公司治理，也可能采取"用脚投票"将自身利益最大化直接卖掉股票。

2.2.1.2 信息集成优势理论

行业持股有助于收集有关机构积极投资策略的信息，以反映其监控动机和经验，使机构积累与治理相关的信息，以此来增强其监控能力并降低其未来治理活动的成本（Kang et al., 2022）。机构持股追求规模经济是行业共同横向持股的原因之一：信息优势和公司监管需要机构投入成本，因此，形成规模经济很有必要。基金经理可能会将其持有的资产集中在具有信息优势的行业（Kacperczyk et al., 2003）。与没有交易限制的同一只活跃基金相比，共有股东无法不成比例地出售不良公司，因此增加了监管激励（Bhide, 1993）。在企业经营的各个方面，如资产特征、财务政策等方面，同行业企业之间存在着共性。这种共性使得在同一行业的公司中持有多个股份的机构能够积累与监控公司相关的行业特定知识和信息，成为机构投资者获得监管效力的重要内容，比如：行业专业知识、积极股东主义经验，以及从长期大型股权投资中积累的监管经验（Kang et al., 2018）。因为从共同横向持股获得的治理信息和监控经验减少了监控成本和与监控相关的信息不确定性，为机构投资者提供了更强大的能力和激励机制，以便其更好地监控公司管理层。例如，行业信息溢出和日积月累的丰富监管经验，将更有能力约束其投资组合公司中效率低下的经理，以此提高机构投资者的监管效率和公司价值。这些研究结果表明，同一行业的多个大企业为机构投资者提供了信息优势，这对有效监控非常重要。首先，拥有行业专长人员可以在分析被调查公司的行业趋势、竞争威胁、行业内地位、监管风险的影响等方面具备竞争优势。其次，社交关系促进私人信息的流通。具有行业专长经验的分析师可能与供应链或以前的客户建立联系，如果他们在公司之外进行互动，他们可能会隐瞒公司的软性私人信息（Bradley et al., 2017）。

国外学者认为机构投资者采取行业组合投资是从资本市场上最重要的信息代理商——行业分析师建议获取信息。分析师向个人和机构投资者提供有价值的价格信息，波尼和沃马克（Boni & Womack，2006）发现，分析师在对某一行业内的单个股票进行排名具有出色的能力。卡丹等（Kadan et al.，2012）考察了战略分析师给予的宏观行业建议，发现基于乐观的行业建议而创建的投资组合可产生显著正的异常收益，而基于负面行业建议而创建的投资组合可产生负的异常收益。因而，绝大多数文献和实践均认为行业知识是优秀卖方分析师必须拥有的一项重要素质（Bradley et al.，2017）。

2.2.1.3　私人信息优势理论

行业知识有助于绩效提升的作用机制之一可能是分析师/共同基金经理与投资组合公司进行社会联系进而促进私人信息流动。以前的行业工作经验可以帮助卖方分析员解释影响公司运营的因素和/或通过他们先前的工作所建立的社会关系促进信息流动，从而带来更好的预测性。分析师先前的行业经验与市场对分析师的预测呈正相关，而且行业专家分析师的买入和卖出建议组合的表现优于非专家分析师建议的类似投资组合（Bradley et al.，2017）。科恩等（Cohen，Frazzzini & Malloy，2010）的研究表明，与公司高管有校友联系的分析师的表现要优于非关联分析师。这些研究说明社交关系促进了私人信息的传输，从而释放更精确的价格信号。

2.2.1.4　信息溢出效应理论

欧柏伦和萨洛普（O'Brien & Salop，2000）建立了一个共同横向持股如何转化为公司管理者目标和公司行为的简单模型。他们首先区分了现金流量权（剩余索取权）和控制权，以此得到每个投资者关心的投资组合的总利润，而各公司管理层考虑如何最大化股东投资组合的加权（通过控制权）平均值。即，作者假设一个公司的管理者考虑了股东的激励（通过控制权），并且最大化了股东投资组合的加权平均值来实现最大化。洛佩兹和维渥斯（Lopez & Vives，2019）分析存在技术溢出效应时的行业共同横向持股与研发活动的相互作用，认为行业共同横向持股可以减轻竞争压力，但如果企业间存在积极的溢出效应，则可能对研发投资产生有利影响。原因在于，行业共同横向持股有助于溢出外部性的内在化，研发的社会总回报至少是私人回报的两倍（Nicholas et al.，2013），且对高新产业尤为重要（洛佩兹和维渥斯，2019）。洛佩兹和维渥斯（Lopez & Vives，

2019）将研发、产出和所有权重叠程度之间的关系转化为几个潜在的可测量变量，并推测研发和重叠所有权之间的无条件回归可能不会产生显著的结果，但在技术溢出率足够高、集中度足够低和需求不太高的行业中，应该发现正相关关系。在研发效率高的行业，正向关联应该延伸到产出。行业共同持股对研发的积极影响是必要的，但不足以提高产出而提高消费者福利。洛佩兹和维渥斯（Lopez & Vives, 2019）通过可预测的经验估计对反垄断当局应在多大程度上以及以何种方式限制创新产业的所有权重叠与合并提出合理建议。赫等（He et al., 2019）发现共同所有权导致公司内部化其治理选择对其他公司产生影响，并指出机构共同横向所有权有助于明确产品市场的合作形式，特别是在行业合资企业（JV）内，可促进资源共享和研发工作的协调，并提高创新生产力（就单位研发费用中的专利而言）和运营盈利能力。江等（Jiang et al., 2022）运用中国企业数据通过将收到监管机构问询函作为与金融危机或机构共同持股公司绩效无关的外生冲击，发现不仅收到问询信的公司经历了负股市回报，而且同被共同持股的公司也经历了负股市回报，这意味着共有股东存在溢出效应，甚至超过行业边界。

2.2.2　行业共有股东非效率化相关理论

2.2.2.1　反竞争垄断理论

机构投资者行业共同持股导致反竞争效应最早由布雷斯纳汉和萨洛普（Bresnahan & Salop, 1986）以及雷诺兹和斯纳普（Reynolds & Snapp, 1986）提出的，表明在古诺模型中部分所有权利益（即使相对较小）可能导致产出减少和利润增加。因为一家公司的竞争决定——对竞争对手的利润有利害关系——将通过减少产量（或提高价格）来考虑这些利害关系，从而增加竞争对手的利润，从而增加自己的财务利润。法瑞尔和夏普洛（Farrell & Shapiro, 1990）表明，在对称寡头垄断中，被动持股可能会增加福利。吉洛等（Gilo et al., 2006）展示少数股权催生利益合谋。理论表明，当机构投资者在同一行业竞争性上市公司中拥有（部分）股权时，这些公司将考虑其行为对共同所有人投资组合中其他公司价值的影响。阿扎（Azar, 2011）表明企业可以通过行业间的金融联系形成垄断结果。因此，①同行业共同所有制降低了竞争。相较于如果每家公司都有单独的所有者，并且这些单独所有者对竞争对手没有财务利益时，竞争动力减少了。

②将有更大的动力考虑其行为对共同所有的同行公司的好处（Azar et al.，2017；Hansen & Lott，1996；Park et al.，2019；Rubin，2016）。第一，由于公司积极参与竞争，采取各种行为（例如专利竞赛、降价、广告战）以获得相对于其他公司的优势，导致市场份额增加。但这些行为的集体效应会对共同所有者的总投资组合价值产生负面影响（即产生较低的投资组合综合收益）。因此，假设一个在同一行业的所有公司中拥有同等股份的共同所有者不会从激烈的竞争中获益，而随着共同所有权份额的增加，越来越少的所有者支持积极的竞争战略。可见，共同所有制可能引致公司竞争动机减少，使得行业整体利润提升。第二，如果一家公司的行为对其他公司具有正外部性，共同所有制会激励该公司将这些正外部性内部化，从而增加共同所有人的投资组合的综合收益。因此，近期研究表明：①共同所有制弱化行业间的竞争效应（Azar et al.，2017；Jack & Jiekun，2017；José et al.，2017；Schmalz，2015）；②导致正外部性的内部化（He et al.，2019）。

国外最近的研究为这一理论预测提供了经验支持。安东（Antón，2016）提供了一个案例研究：一个积极的投资者集中持有一个目标公司的股票，要求在增加相对于目标公司竞争对手的市场份额方面发挥更大的作用、更多地使用相对业绩评估给予管理层适当激励，以此最大化目标公司价值等（Antón et al.，2016）。但黑石基金（BlackRock）、先锋集团（Vanguard）和美国道富银行（StateStreet）等著名基金公司对此持反对意见，主要担心基金积极性对其更广泛投资组合产生负面影响。阿扎等（Azar et al.，2014）研究共同所有权对美国航空业机票价格的影响，发现航线层面共同所有权的增加导致这些航线的机票价格上涨 3% ~ 7%（Joss et al.，2014）。文献称，共同所有权带来的价格效应与部分所有权经济理论的预测一致，作者从中得出了关键解释变量（修正的赫芬达尔-赫希曼指数，简称MHHI）。阿扎等（Azar et al.，2016）研究美国银行业的共同所有制提高存款产品价格，如提高维护费而降低存款利率。科赫等（Koch et al.，2021）对广泛的行业样本进行了研究，发现共同所有权导致市场份额竞争减少，盈利能力增强。古铁雷兹和菲力庞（Gutiérrez & Philippon，2017）表明，尽管投资回报拥有高利润和高托宾 Q 值（Tobin Q），共同所有权与公司的投资倾向呈现负相关。谢和戈拉克斯（Xie & Gerakos，2020）研究发现，制药品牌为抵御新品牌的进入向其共同拥有的非专利制造商支付费用以使其退出市场。阿扎等（Azar，Schmalz，Tecu，2018）研究表明，一些共同所有人使用与管理层对话机制来传达其偏好的产品市场战略，或以薪酬的方式来构建共同所有公司的高层管理人员激励体系，并奖励较少的侵略性竞争，或利用投票权压制那些推动更多竞争的持不同政见的股东（Jose Azar et al.，2018）。

关于共同股东产生的反竞争效应，无论是大股东（Park et al.，2019）还是少数股东（Kennedy et al.，2017），都值得研究人员和政策主管部门重视，因为反竞争效应将有可能促使行业价格上涨损害公众利益并形成垄断。但目前对企业合并研究并没有科学地证明涉及少数股权的共同所有权的增加会导致被调查行业产品价格上涨（Kennedy et al.，2017）。欧柏伦等（O'Brien et al.，2017）倡导有必要进行更多的研究以免过度制定反垄断执法规定而造成对机构投资者的限制，即采用与共同所有制的基本经济学相一致的经验规范和确定共同所有制是否或如何转化为以影响竞争的方式控制管理者（Kennedy et al.，2017）。

2.2.2.2 股东投资分散化

机构投资者分散投资使得机构投资者本身对公司关注有限，从而降低机构投资者监督强度（Salterio & Webb，2006）。被动的机构投资者会降低治理效率（Xue et al.，2020）。国外文献中诸多学者研究了机构股东的有限关注对收购、避税、公司社会责任和董事会有效性、信息透明度的影响（Chen et al.，2020；Kempf et al.，2017；Li et al.，2021；Liu et al.，2020）。薛等（Xue et al.，2020）发现当管理者有更多的动机使公司信息不透明时，机构投资者分散投资使得监控强度的降低会导致公司信息透明度更大幅度地降低。机构投资者的监测能力是一种稀缺资源。与公司治理相关的一系列文献表明，机构投资者根据监督的收益和成本之间的权衡来分配其监督重点。持股比例或参与投资组合的权重是机构投资者如何分配其监控能力的决定因素（Shleifer & Vishny，1986）。与行为金融相关的另一系列文献将监控能力与注意力联系起来（Kempf et al.，2017）。肯普夫等（Kempf et al.，2017）在公司层面构建了股东"分心"指标，通过利用对机构股东投资组合中不相关部分的外部冲击，以捕捉机构投资者的暂时"分心"程度（Kempf et al.，2017）。他们证明，"分心"的机构投资者会暂时减少监管约束。由于投资组合高度多样化，指数投资者可能不会那么在意参与监督。股东"分心"的公司更有可能宣布多元化收购。他们也更有可能在时机成熟的情况下授予 CEO 股票期权，更有可能削减股息，也不太可能因为业绩不佳而解雇 CEO，并且股东分心的公司股票回报率异常低。此外，与市场竞争的文献一致，认为拥有投资组合多样化的股东对投资组合整体利益最大化感兴趣，而不是单一个体，因此多样化可以减少产品市场竞争（Admati et al.，1994；Azar et al.，2017；Farrell，1985；Gordon & Roger，1990；Hansen & Lott，1996；Margotta；Rotemberg，1984；Rubin，2016）。注意力不集中或者被动投资可能会引发这样一个问题：所有权重叠的指数投资是否会改变管理者的动机，使其行为影响其他公司。

2.2.2.3 股东短视主义理论

庞德和约翰（Pound & John，1988）关于机构投资者提出了利益冲突和战略合作两个假说。利益冲突假说认为，机构投资者与公司管理层因业务关联形成代理问题，机构为避免影响与管理层的关系，从而选择支持管理层行为或放松对其的监管，影响了机构投资者的独立性，导致机构投资者的外部监督职能受限。大型的机构投资者可能会促进自利行为的实践，通过这种行为，利用公司的资源为自己的业务或关联业务融资（Hassan，2016；Saleh et al.，2020）。投票权是股东剩余权利的最直接体现，也是股东表达不满和监督公司管理的主要机制。具体而言，投票权是股东能够投票赞成或反对（重新）任命董事，并在年度股东大会（annual general meeting）或特别会议上投票批准合并和收购以及其他提案。然而，股东因收集信息和监督管理而产生成本，故推高投票成本，导致监督成本高昂（John & Pound，1988）。战略合作假说认为，机构投资者可能通过与公司内部人产生战略性合作以获取超额私有收益。如前所述，股东履行监督职能付出的监督成本是高昂的，而这个超额收益比行使有效监督的收益更高，从而削弱了机构的监督作用。高度集中的所有权可能有助于控股股东以牺牲少数股东的利益为代价获取私人利益（Llave et al.，1998）。机构投资者监督管理层的能力可能无法有效提高公司的绩效（Millar，1999）。这两个假说有助于理解共有机构投资者与管理层内部人"舞弊合谋"的动机。

2.3 文献回顾

2.3.1 机构投资者文献回顾

机构股东大多是有意愿、有能力监督其所持股公司的股东（John & Pound，1988）。他们有意愿积极监督公司的活动以获得监督收益，因为他们在这些公司中拥有经济利益；此外，机构投资者是专业股东，他们可以通过收集和组织能改善公司业绩的信息、减少代理冲突、驱动公司战略（Saleh et al.，2022）。现有文献讨论机构持股与公司行为特征及后果研究。机构投资者研究大致有：对企业竞争力、产品市场竞争的影响（Gramlich & Grundl，2017；Hennig et al.，2022；Jack & Jiekun，2017；Kennedy et al.，2017；Koch，Panayides & Thomas，2021；申景奇，伊志宏，2010）[①]；对公司治理的影响（Bharath et al.，2013；Coffee & Palia，2016；Diane et al.，1999；Edmans & Manso，2011；Gallagher et al.，2013；Jung，2013；Kang et al.，2018；Kempf et al.，2017；李维安，李滨，2008；韩晴，王华，2014）[②]；对高管薪酬的影响（Almadi & Lazic，2016）、股价变动（Callen & Fang，2013）；信贷风险的影响（Massa & Aldokas，2017）。

现有研究的文献将机构投资者参与公司治理的方式划分为两种：第一种是通过所持股票的投票权积极行使股东的权利，进而影响公司决策。经验证据表明，即使在无争议的董事选举中，投票也是一种有效的治理机制，投票权是有价值的（Li et al.，2018）。根据机构股东积极主义有效监督论，绝大部分实践研究证明机构投资者积极参与对公司管理的监督效果显著，公司治理结构组织越完备合理，公司的管理越有效，公司的业绩也

---

① 申景奇，伊志宏. 产品市场竞争与机构投资者的治理效应：基于盈余管理的视角 [J]. 山西财经大学学报，2010，32（11）：50-59.

② 李维安，李滨. 机构投资者介入公司治理效果的实证研究：基于CCGI~（NK）的经验研究 [J]. 南开管理评论，2008（1）：4-14.

韩晴，王华. 独立董事责任险、机构投资者与公司治理 [J]. 南开管理评论，2014，17（5）：54-62.

李维安，李滨. 机构投资者介入公司治理效果的实证研究：基于CCGI~（NK）的经验研究 [J]. 南开管理评论，2008（1）：4-14.

就越好（金宪宽，2019）①。机构投资者参与有助于改善上市公司的治理水平（李维安，李滨，2008）。艾伦等（2013）将公司财务丑闻频发的现象归因于机构投资者的缺乏，说明机构投资者对缓解财务舞弊具有重要意义（富兰克林·艾伦，钱军，方寅，2013）②。因此，当前有学者提出增强机构资金实力、保障"话语权"、完备法律建设、放松机构投资者持股以及披露限制等建议。第二种是遵循"华尔街准则"消极作为的股东，他们通过频繁的二级市场交易行为来实现短期获利，不主动参与公司治理，即"用脚投票"。机构由于专业能力、持股比例等原因使得其从公司价值提升中获取收益不如投入成本，从而选择扮演被动投资者。机构治理能力和动机以及机构异质性不同可能造成"搭便车"行为，有损或降低原有积极主义力度（牛建波，吴超，李胜楠，2013）③。机构投资者自身存在追求短期利益，研究表明，机构投资者有动机在公司 IPO 前操纵公司盈余收益，行使机会主义行为以此最大化其财富，而这种短视行为会损害公司治理的长期指标（Lo et al.，2017）。具有短期投资风格的机构投资者可能因注重短期利益而忽视公司的长期价值对企业创新及信息披露造成损害（温军，冯根福，2012；牛建波，吴超，李胜楠，2013）④。

除了讨论机构持股与治理后果的因果关系，目前研究还有探讨参与治理的机制传导途径问题。谭劲松和林雨晨（2016）⑤认为机构投资者调研行为有助于改善公司治理水平从而提升公司的信息披露质量。机构投资者异质性会对公司管理目标和财务行为产生不同的机理影响、经济效果（杨海燕，韦德洪，孙健，2012）⑥。牛建波等（2013）⑦将机构分为稳定型和交易型，两者对信息披露发挥不同影响，并得出股权集中度的结构特征对

---

① 金宪宽.美国股东积极主义的兴起与对我国的启示［J］.法制博览，2019（15）：76-77，80.

② 富兰克林·艾伦，钱军，方寅.中国如何利用金融体系推进经济转型？［J］.金融市场研究，2013（5）：23-27.

③ 牛建波，吴超，李胜楠.机构投资者类型、股权特征和自愿性信息披露［J］.管理评论，2013，25（3）：48-59.

④ 温军，冯根福.异质机构、企业性质与自主创新［J］.经济研究，2012，47（3）：53-64.
牛建波，吴超，李胜楠.机构投资者类型、股权特征和自愿性信息披露［J］.管理评论，2013，25（3）：48-59.

⑤ 谭劲松，林雨晨.机构投资者对信息披露的治理效应：基于机构调研行为的证据［J］.南开管理评论，2016，19（5）：115-126，138.

⑥ 杨海燕，韦德洪，孙健.机构投资者持股能提高上市公司会计信息质量吗？：兼论不同类型机构投资者的差异［J］.会计研究，2012（9）：16-23，96.

⑦ 牛建波，吴超，李胜楠.机构投资者类型、股权特征和自愿性信息披露［J］.管理评论，2013，25（3）：48-59.

该影响具有重要调节效应（牛建波，吴超，李胜楠，2013）①。Baik et al.（2020）认为对冲基金的短视效应导致与其投资组合公司的自愿性信息披露频率负相关。

以上研究多集中于探讨单一机构投资者对单一公司参股对公司行为与决策的影响效应及作用机制。此外，对机构投资者研究的另一条文献分支是将机构投资者网络视为整体研究对象。机构投资者网络是多家机构共同投资于同一家企业所形成的网络联结。处于网络中心位置的机构投资者，在信息的获取、挖掘、传递、共享方面具备较强的能力与优势，对网络中其他机构投资者产生"伪羊群"效应（肖欣荣，刘健，赵海健，2012；郭晓冬，柯艳蓉，吴晓晖，2018；刘新争，高闯，2021；毕鹏，王丽丽，2022）②。刘新争等（2021）③ 研究认为，高度聚集的机构投资者网络可以缓解"搭便车"行为，有效抑制大股东私利获取行为；吴晓晖等（2019）④ 研究认为，机构投资者抱团加剧了股票暴跌风险；蒋松和钱燕（2021）⑤ 研究认为，基金网络加剧股票波动，降低股票流动性（吴晓晖，郭晓冬，乔政，2019；蒋松，钱燕，2021；刘新争，高闯，2021）⑥。

———————————

① 牛建波，吴超，李胜楠.机构投资者类型、股权特征和自愿性信息披露 [J].管理评论，2013，25（3）：48-59.

② 肖欣荣，刘健，赵海健.机构投资者行为的传染：基于投资者网络视角 [J].管理世界，2012（12）：35-45.

郭晓冬，柯艳蓉，吴晓晖.坏消息的掩盖与揭露：机构投资者网络中心性与股价崩盘风险 [J].经济管理，2018，40（4）：152-169.

刘新争，高闯.机构投资者抱团能抑制控股股东私利行为吗：基于社会网络视角的分析 [J].南开管理评论，2021，24（4）：141-154.

毕鹏，王丽丽.机构投资者网络与资产误定价：激浊扬清抑或推波助澜 [J].金融发展研究，2022（5）：39-48.

③ 刘新争，高闯.机构投资者抱团能抑制控股股东私利行为吗：基于社会网络视角的分析 [J].南开管理评论，2021，24（4）：141-154.

④ 吴晓晖，郭晓冬，乔政.机构投资者抱团与股价崩盘风险 [J].中国工业经济，2019（2）：117-135.

⑤ 蒋松，钱燕.基金网络中机构投资者抱团对股票市场的影响研究 [J].金融与经济，2021（10）：82-90.

⑥ 吴晓晖，郭晓冬，乔政.机构投资者抱团与股价崩盘风险 [J].中国工业经济，2019（2）：117-135.

蒋松，钱燕.基金网络中机构投资者抱团对股票市场的影响研究 [J].金融与经济，2021（10）：82-90.

刘新争，高闯.机构投资者抱团能抑制控股股东私利行为吗：基于社会网络视角的分析 [J].南开管理评论，2021，24（4）：141-154.

2.3.2 行业共有股东文献回顾

现有文献主要从公司治理与监督（Kang et al., 2022；Schmalz, 2018, 2021）、产品市场竞争（Jose Azar et al., 2018；Elhauge, 2020；Jack & Jiekun, 2017；Wang & Zhou, 2022）、投资活动（Jang et al., 2022；潘越，等，2020）[①]、信息集成优势（Kacperczyk et al., 2003）、垄断等方面从理论与实践多角度地讨论共有股东的影响。也有学者提出反对意见，Lewellen（2021）认为没有强有力的证据表明共同机构所有权影响企业行为。

2.3.2.1 公司治理监督角度

机构股东大多是有能力监督和监督其所持股公司的股东的。他们有效地监督公司的活动，因为他们在这些公司中拥有经济利益（Saleh et al., 2022）。机构在同行业多家上市公司持股，因此与研究单一机构投资单一企业或多个机构投资某单一企业不同，行业共有股东使被共同持有股份的企业形成一个联结网络，他们关注整体利益的经济后果（周冬华，黄沁雪，2021）[②]。因而共同股东更有动机践行股东积极主义以参与公司治理，优化对持股企业的监督机制，提升会计信息透明度，进而提升对其共同持股企业的治理效应。文献表明，在共有股东如何履行股东职能方面，其在股东大会提案中对 CEO 提出反对票（He et al., 2019）、罢免不称职 CEO（Kang et al., 2018）、抑制管理层财务舞弊行为（He et al., 2018）。作为联结不同企业的支点和纽带，共同股东参与公司治理带来的经济后果为企业间资源流动提供了低成本渠道，有利于供应链稳定，提升流动性、降低融资成本（Chen et al., 2018；Park et al., 2019）、提高并购效率（Brooks et al., 2018）。

2.3.2.2 产品市场竞争角度

共有股东更关注投资组合价值最大化，而非关注单一企业利润最大化。降低竞争可以提升行业议价能力。共有股东的存在提高了美国航空业机票平均价格的 3%~7%（Azar et al., 2014）；共有股东还提高了美国银行

---

① 潘越，汤旭东，宁博，等.连锁股东与企业投资效率：治理协同还是竞争合谋 [J].中国工业经济，2020（2）：136-164.

② 周冬华，黄沁雪.共同所有权与会计信息可比性：来自中国资本市场的经验证据 [J].会计与经济研究，2021，35（4）：3-22.

业存款产品的价格，降低了存款利率。因此，如果关注整体利益，共有股东会降低联结企业之间的行业竞争程度，缓解企业之间的竞争行为，促使企业之间协同合作。因此，共有股东旨在提升投资组合的整体利润率、绩效和的总收益（Gilo, 2006; Park et al., 2019; 潘越，等，2020）①。安东等（Anton et al., 2016）发现为了避免竞争，被共同持股企业更倾向聘请低薪酬业绩敏感性的 CEO（Antón et al., 2016）。当然，共有股东的存在导致竞争缓解，将产品市场竞争推向垄断，造成消费端损失。然而，也有文献发现，共有股东并不足以或并非必然导致垄断（Koch, Panayides, & Thomas, 2021）。产品市场垄断可能与专有披露成本正相关或负相关，这取决于公司是否面临现有竞争对手或进入威胁，以及公司是否主要基于价格或长期产能决策进行竞争（Darrough & Stoughton, 1990）。

2.3.2.3 信息集成优势角度

共有股东区别于单一机构投资者一个重要特征便是信息集成、行业专长、管理经验等优势产生的规模经济（严苏艳，2019，2021；周冬华，黄沁雪，2021）②。共有股东存在促使企业之间相关联，以大股东为支点建立起一个联结网络。这一联结网络成为企业间相互交流的有利渠道，促进企业之间协同与沟通、信息集成、资源协调、战略联盟与联合投资（Azar et al., 2016）。赫和黄（He and Huang, 2017）研究发现共有股东的信息集成优势可以提升企业创新水平与盈利能力。帕夫利切克和尼科尔（Pawliczek & Nicole, 2018）研究发现共有股东这一联结关系降低了信息披露成本，自愿性信息披露随之增多。

2.3.2.4 垄断风险角度

越来越多的实证研究记录了共同机构所有权的反竞争效应，而反竞争效应形成的行业垄断将有可能促使行业价格上涨损害公众利益（Azar et al., 2018; Azar et al., 2019; Park et al., 2019）。监管当局应高度怀疑一个行业是否存在金融联系，应更详细地了解投资者之间的股权网络，以估计共有股东潜在反竞争影响（Bayona1CA1 et al., 2022）。那么，是否和如何

---

① 潘越，汤旭东，宁博，等.连锁股东与企业投资效率：治理协同还是竞争合谋［J］.中国工业经济，2020（2）：136-164.

② 严苏艳.共有股东与企业创新投入［J］.审计与经济研究，2019，34（5）：85-95.

周冬华，黄沁雪.共同所有权与会计信息可比性：来自中国资本市场的经验证据［J］.会计与经济研究，2021，35（4）：3-22.

限制共同机构所有权成为亟待解决的议题。法律学者建议通过政策实施某些限制（Baker et al., 2016；Morton & Fiona, 2018；Posner, 2017）。然而，惠勒（Waehrer, 2017）认为有许多理由怀疑涉及少数股权的共有股东会对竞争产生重大影响。科赫等（Koch et al., 2021）对反竞争效应表示怀疑，其并未发现行业盈利能力的提高，也没有发现因共同机构所有权使得竞争减少。他们指出，根据迄今为止的证据，制定限制机构股东多元化程度的政策还为时过早。共有股东可能带来一定的垄断风险及后果，对利益相关者和整个社会具有重要意义。

2.3.3　公司财务信息披露质量文献回顾

财务信息披露有关财务信息披露相关研究的文献主要可以分为三类：一是公司财务信息披露质量的驱动因素。二是公司财务信息披露的治理因素及特征，进一步大致分为：①公司基本特征；②外部治理特征；③内部治理特征；④宏观因素特征。二是公司财务信息质量高低可能导致的经济后果。

2.3.3.1　财务信息质量的驱动因素

现有文献对驱动财务信息披露质量主要的内部驱动因素大致分为管理层能力（鲁清仿，杨雪晴，2020)[1]、高管激励（刘宝华，罗宏，周微，2016)[2]、亏损预期（Roychowdhury, 2006）、股权融资（Larry et al., 2004）、融资需求（卢太平，张东旭，2014)[3]。高管激励方面，对高管实施股权激励的公司，财务信息披露质量较低。高管薪酬影响盈余管理增加，继而财务信息质量降低（刘宝华，罗宏，周微，2016)[4]。具有审计背景的高管所在的公司审计风险加大，财务信息质量较低（蔡春，谢柳芳，马可哪呐，2015)[5]。高管内部结构差距大，公司的财务信息质量较低（何

---

① 鲁清仿，杨雪晴.管理层能力对信息披露质量的影响研究［J］.科研管理，2020, 41（7）：210-220.
② 刘宝华，罗宏，周微.股权激励行权限制与盈余管理优序选择［J］.管理世界，2016（11）：141-155.
③ 卢太平，张东旭.融资需求、融资约束与盈余管理［J］.会计研究，2014（1）：35-41, 94.
④ 刘宝华，罗宏，周微.股权激励行权限制与盈余管理优序选择［J］.管理世界，2016（11）：141-155.
⑤ 蔡春，谢柳芳，马可哪呐.高管审计背景、盈余管理与异常审计收费［J］.会计研究，2015（3）：72-78, 95.

威风，2015)①。

2.3.3.2 财务信息披露治理因素

公司基本特征。影响公司财务信息披露质量的公司基本特征主要包括：公司规模、资金需求、负债水平、盈利能力。公司规模较大，外部融资需求越高，因而有动机改善信息披露质量，获得融资优势（申景奇，伊志宏，2010；伊志宏，姜付秀，秦义虎，2010)②；也容易受到监管关注，因而信息披露质量更高。债务水平对信息披露质量产生两方面分歧性的影响：第一，负债水平高，激发债权人主动参与公司治理，从而积极改善信息披露质量；第二，负债水平高，激化公司内部委托代理冲突，容易导致公司市值低估，公司管理层盈余管理动机增强，对财务信息披露加以"粉饰"，以此进行市值管理，从而降低信息披露质量。盈利能力强、独立董事所占比例高的企业，其信息披露水平越高（王斌，梁欣欣，2008)③。

外部治理机制。机构投资者、审计、分析师跟踪、媒体报道、卖空等外部机制都可以对财务信息披露发挥重要的治理作用。机构调研是其参与公司治理、提升信息披露质量的方式之一（谭劲松，林雨晨，2016)④。"四大"审计因面临更高的诉讼风险，可以有效抑制财务违规的发生（Chen et al.，2016)；而高管控制权会弱化审计对公司会计信息透明度的影响（代彬，彭程，郝颖，2011)⑤。此外，贝克等（Baik et al.，2020）认为对冲基金的短视效应导致与其投资组合公司的自愿性信息披露频率负相关；对此，有必要认识到机构投资者自身存在代理问题，使得并非对公司呈现绝对的"善"治。

内部治理机制。治理公司财务信息披露质量的内部治理机制主要包

---

① 何威风.高管团队垂直对特征与企业盈余管理行为研究［J］.南开管理评论，2015，18（1）：141–151.

② 申景奇，伊志宏.产品市场竞争与机构投资者的治理效应：基于盈余管理的视角［J］.山西财经大学学报，2010，32（11）：50–59.

伊志宏，姜付秀，秦义虎.产品市场竞争、公司治理与信息披露质量［J］.管理世界，2010（1）：133–141，161，188.

③ 王斌，梁欣欣.公司治理、财务状况与信息披露质量：来自深交所的经验证据［J］.会计研究，2008（2）：31–38，95.

④ 谭劲松，林雨晨.机构投资者对信息披露的治理效应：基于机构调研行为的证据［J］.南开管理评论，2016，19（5）：115–126，138.

⑤ 代彬，彭程，郝颖.国企高管控制权、审计监督与会计信息透明度［J］.财经研究，2011，37（11）：113–123.

括：高管特征及其薪酬激励、公司内部治理各项安排、内部控制、董秘特征。高管有从军经历，所在公司发生财务舞弊或欺诈的概率会降低。所有权结构、审计委员会、董事会规模和独立性以及董秘特征等治理因素均与财务信息披露质量相关（Satta et al., 2015；高凤莲，王志强，2015；林长泉，毛新述，刘凯璇，2016）①。股东影响公司信息披露决策选择（黄立新，程新生，张可，2021；阮姗，尹烁，袁明哲，2021）②。高水平的内部控制有助于提升中小企业财务信息披露质量（王运陈，陈玉梅，罗华伟，2018）③。

宏观影响因素。市场竞争、法律监管、制度环境可以对财务信息披露发挥重要的治理作用。产品市场竞争可以发挥部分替代公司治理内部安排，解决信息与激励问题，进而影响信息披露质量的作用（申景奇，伊志宏，2010；伊志宏，姜付秀，秦义虎，2010）④。然而，也有学者指出产品竞争力越高，其盈余管理程度就越高，信息越不透明（周夏飞，周强龙，2014）⑤。克里希那穆提等（Krishnamurti et al., 2005）研究指出，证监会制定严格的披露监管法律法规可以提高公司在披露过程中的逆向选择成本，还进一步指出，外国公司在美国发行美国存托凭证（ADR）能够改善它们的信息环境，提高信息披露质量。然而，程和施维恩巴切（Cheng and Schwienbacher, 2016）研究认为，外国公司即使在美国交易所上市也不能完全弥补本国相对薄弱的法律监管。制度环境较好，信息披露质量对投资者保护的影响更明显。

---

① 高凤莲，土志强.“董秘”社会资本对信息披露质量的影响研究［J］.南开管理评论，2015, 18 (4): 60-71.

林长泉，毛新述，刘凯璇.董秘性别与信息披露质量：来自沪深 A 股市场的经验证据［J］.金融研究，2016 (9): 193-206.

② 黄立新，程新生，张可.大股东股权质押对股价波动的影响：基于非财务信息披露视角［J］.系统工程，2021, 39 (4): 139-150.

阮姗，尹烁，袁明哲.大股东股权质押、内部控制与信息披露质量［J］.财会通讯，2021 (5): 62-65.

③ 王运陈，陈玉梅，罗华伟.中小企业信息披露质量的治理机制［J］.财经科学，2018 (9): 86-94.

④ 申景奇，伊志宏.产品市场竞争与机构投资者的治理效应：基于盈余管理的视角［J］.山西财经大学学报，2010, 32 (11): 50-59.

伊志宏，姜付秀，秦义虎.产品市场竞争、公司治理与信息披露质量［J］.管理世界，2010 (1): 133-141, 161, 188.

⑤ 周夏飞，周强龙.产品市场势力、行业竞争与公司盈余管理：基于中国上市公司的经验证据［J］.会计研究，2014 (8): 60-66, 97.

2.3.3.3　财务信息披露质量经济后果

公司降低或者提高其信息披露质量，将带来一定的经济效应，主要包括股价信息含量（金智，2010）[①]、公司业绩（金智，2010；李增福，郑友环，连玉君，2011；曹琼，等，2013；杨棉之，刘洋，2016；罗琦，高雪峰，伍敬侗，2018）[②]、股价崩盘风险（杨棉之，刘洋，2016）[③]、非标审计意见（曹琼，等，2013）[④]、审计师选择（Maroun，2014）、股票流动性（Boubaker et al.，2019）、融资成本（RICHARD et al.，2007）、投资者法律保护（王运陈，陈玉梅，唐曼萍，2017）[⑤]。

2.3.4　业绩预告信息披露质量文献回顾

业绩预告是公司重要的信息披露之一，是对定期财务报告信息披露的前瞻性补充。定期财务报告是世界各国上市公司最正式、最重要、最直接的信息披露渠道。但是定期财务报告重历史信息、财务信息、有形资产和微观信息，轻前瞻性信息、非财务信息、无形资产和宏观信息。业绩预告制度出台，弥补了定期财务报告的缺陷。上市公司在对外发布财务报告前披露盈余预测，及时与投资者和利益相关者进行沟通，进而能够提高资源配置效率和市场定价效率。在公司所有自愿披露的信息形式中，业绩预告发布最能够引起市场反应（Anne et al.，2010）。我国的业绩预告信息披露制度始于 1998 年，后逐渐发展为半强制性披露，即要求公司采取强制披露和自愿披露相结合的方式，监管机构规定未达到强制披露要求的公司可以

---

① 金智.新会计准则、会计信息质量与股价同步性 [J].会计研究，2010（7）：19-26，95.
② 金智.新会计准则、会计信息质量与股价同步性 [J].会计研究，2010（7）：19-26，95.
李增福，郑友环，连玉君.股权再融资、盈余管理与上市公司业绩滑坡：基于应计项目操控与真实活动操控方式下的研究 [J].中国管理科学，2011，19（2）：49-56.
曹琼，卜华，杨玉凤，等.盈余管理、审计费用与审计意见 [J].审计研究，2013（6）：76-83.
杨棉之，刘洋.盈余质量、外部监督与股价崩盘风险：来自中国上市公司的经验证据 [J].财贸研究，2016，27（5）：147-156.
罗琦，高雪峰，伍敬侗.盈余管理、股权再融资与公司业绩表现 [J].经济理论与经济管理，2018（4）：75-85.
③ 杨棉之，刘洋.盈余质量、外部监督与股价崩盘风险：来自中国上市公司的经验证据 [J].财贸研究，2016，27（5）：147-156.
④ 曹琼，卜华，杨玉凤，等.盈余管理、审计费用与审计意见 [J].审计研究，2013（6）：76-83.
⑤ 王运陈，陈玉梅，唐曼萍.制度环境、信息披露质量与投资者保护 [J].北京工商大学学报（社会科学版），2017，32（5）：59-67.

自主决定是否发布业绩预告。

业绩预告信息质量衡量标准大致分为：自愿业绩预告意愿、准确性（或乐观性、乐观偏差、误差）、精确度、及时性。从公司层面来说，公司自愿业绩预告意愿包括资本市场交易假说、解雇假说、激励假说、帝国构建假说和代理成本假说（王智灏，徐慢，2022)[①]。从制度环境层面，高管因担心诉讼风险而进行自愿性信息披露。外部治理机制推进公司自愿披露。股东包括机构投资者对管理层施加压力，要求更多披露。公司治理结构合理安排促进信息披露。然而，杨海燕等（2012)[②] 机构异质性对自愿性披露影响会有不同，一般法人持股和信托持股足以影响披露质量（杨海燕，韦德洪，孙健，2012)[③]。

即便是达到强制披露要求的公司，管理层也可以选择是否以更准确和更精确的方式进行预告公布，因此公司在业绩预告的准确度和精确度方面拥有较大的自由裁量权。下文从业绩预告的准确性（或乐观性、乐观偏差、误差）以及业绩预告的精确性两方面分别梳理管理层的业绩预告信息质量的影响因素。业绩预告的准确性是指管理层盈利预测值与实际预测值的差距。业绩预告的准确性既受到内部的制约，也会被外部原因所影响。从内部因素角度来看，当管理者过度自信时，盈余预测更容易出现乐观性偏差，乐观偏差加剧会降低业绩预告准确度（宋云玲，等，2022)[④]。董事会规模、财务风险与业绩预告乐观性呈正相关；然而，公司规模、每股收益则与其呈负相关关系（韩光强，李多，2017)[⑤]。从外部因素角度来看，公司宏观制度环境和中观行业环境会影响管理层业绩预告的准确性。融资需求、媒体报道、经济政策不确定性、分析师跟踪影响业绩预告质量（韩光强，李多，2017；宋云玲，吕佳宁，黄晓蓓，2018；宋云玲，等，2022；

① 王智灏，徐慢.自愿性信息披露的动机及经济后果研究综述［J］.国际商务财会，2022（15）：85-91.

② 杨海燕，韦德洪，孙健.机构投资者持股能提高上市公司会计信息质量吗?：兼论不同类型机构投资者的差异［J］.会计研究，2012（9）：16-23，96.

③ 杨海燕，韦德洪，孙健.机构投资者持股能提高上市公司会计信息质量吗?：兼论不同类型机构投资者的差异［J］.会计研究，2012（9）：16-23，96.

④ 宋云玲，吕佳宁，黄晓蓓，等.管理者动态过度乐观与业绩预告质量［J］.管理评论，2022，34（5）：188-201.

⑤ 韩光强，李多.上市公司管理层盈利预测乐观偏差影响因素研究［J］.商业经济研究，2017（23）：105-106.

宋云玲，宋衍蕾，2022)①。

业绩预告的精确性是指业绩预告预测区间的大小，区间越窄，精确性越高。即使达到强制性披露要求，管理层在以定性预测或定量预测的方式披露业绩预告方面仍具有较大的自由裁量权。管理层自愿发布的业绩预告会有更高的准确性和精确性（韩传模，杨世鉴，2012)②。管理层策略性信息披露会形成不同的预告形式（王俊秋，花贵如，姚美云，2013)③。持续经营不确定的外部审计意见会导致管理层业绩预告机会主义行为，使得业绩预告精确度降低（宋琛，张俊瑞，程子健，2012)④。由于高管的自利动机，内部薪酬差距与业绩预告的精确性呈负相关关系，当内部薪酬差距增大时，业绩预告信息会更加保守、更加不精确；外部薪酬差距则与业绩预告质量呈倒"U"形关系（王浩，向显湖，2015；王浩，向显湖，尹飘扬，2015)⑤。两类代理成本导致的信息不对称都会降低业绩预告精确度（袁振超，岳衡，谈文峰，2014)⑥。机构投资者持股比例与业绩预告精确性呈正相关关系，当机构投资者持股比例较高时，管理层的业绩预告不仅会使用更具体的预测发布形式，而且预测值与实际值也会有更小的误差（高敬忠，

① 韩光强，李多.上市公司管理层盈利预测乐观偏差影响因素研究 [J].商业经济研究，2017 (23)：105-106.

宋云玲，吕佳宁，黄晓蓓.业绩预告历史、经济政策不确定性与企业投资 [J].北京工商大学学报（社会科学版），2018, 33 (3)：70-80.

宋云玲，吕佳宁，黄晓蓓，等.管理者动态过度乐观与业绩预告质量 [J].管理评论，2022, 34 (5)：188-201.

宋云玲，宋衍蕾.业绩预告及时性与可靠性的权衡：基于经济政策不确定性视角 [J].管理评论，2022, 34 (1)：268-282.

② 韩传模，杨世鉴.自愿披露能提高上市公司信息披露质量吗：基于我国上市公司业绩预告的分析 [J].山西财经大学学报，2012, 34 (7)：67-74.

③ 王俊秋，花贵如，姚美云.投资者情绪与管理层业绩预告策略 [J].财经研究，2013, 39 (10)：76-90.

④ 宋琛，张俊瑞，程子健.持续经营不确定性审计意见与管理层业绩预告行为 [J].山西财经大学学报，2012, 34 (11)：106-114.

⑤ 王浩，向显湖.高管权力、内部薪酬差距与公司业绩预告行为：基于中国证券市场的经验证据 [J].投资研究，2015, 34 (10)：124-141.

王浩，向显湖，尹飘扬.高管权力、外部薪酬差距与公司业绩预告行为：基于中国证券市场的经验证据 [J].华中科技大学学报（社会科学版），2015, 29 (6)：92-104.

⑥ 袁振超，岳衡，谈文峰.代理成本、所有权性质与业绩预告精确度 [J].南开管理评论，2014, 17 (3)：49-61.

周晓苏，2009a，2009b）①。

部分学者关注年度预测，因为长期预测更可能揭示专有信息（袁振超，张路，岳衡，2014；周楷唐，姜舒舒，麻志明，2017；李哲，黄静，简泽，2021；易志高，张烨，2022）②。也有部分学者关注季度预测，体现预告的频率及披露意愿（鲁桂华，张静，刘保良，2017）③。

2.3.5 MD&A 文本信息披露质量文献回顾

可读性是应用语言学的重要概念，指文本被快速而容易地阅读和理解的程度。可读性是评判非财务信息披露质量好与坏的重要标准之一（张秀敏，刘星辰，汪瑾，2017）④。可读性在年报、管理层讨论与分析（MD&A）、社会责任报告、董事长致辞、季度收益电话会议纪要、纳税注释等屡见不鲜（张秀敏，刘星辰，汪瑾，2017；张志红，李红梅，宋艺，2022）⑤。MD&A 是管理层对过去经营状况总结及对未来经营前景的判断和预期，具备预测性和叙述性，相对比财务报告中的数字信息以及财务附注中对财务数据的阐释等，其披露的主观性和灵活性更强。MD&A 作为自愿性信息披露的重要报告，其涵盖的可读性信息十分丰富。

影响可读性的众多驱动因素中，管理者自利动机被认为是最主要的、

———————

① 高敬忠，周晓苏.管理层盈余预告消息性质与预告方式操控性选择［J］.商业经济与管理，2009（11）：89-96.

高敬忠，周晓苏.信息不对称、董事会特征与管理层盈余预告披露选择：基于我国 A 股上市公司 2004—2007 年数据的实证检验［J］.财经论丛，2009（5）：74-80.

② 袁振超，张路，岳衡.分析师现金流预测能够提高盈余预测准确性吗：来自我国 A 股市场的经验证据［J］.金融研究，2014（5）：162-177.

周楷唐，姜舒舒，麻志明.政治不确定性与管理层自愿业绩预测［J］.会计研究，2017（10）：65-70，97.

李哲，黄静，简泽.突破式创新对自愿性管理层业绩预告的影响［J］.金融评论，2021，13（3）：56-78，125.

易志高，张烨.企业自愿性信息披露行为的"同伴效应"研究：来自管理层业绩预告的实证证据［J］.技术经济，2022，41（1）：136-147.

③ 鲁桂华，张静，刘保良.中国上市公司自愿性积极业绩预告：利公还是利私：基于大股东减持的经验证据［J］.南开管理评论，2017，20（2）：133-143.

④ 张秀敏，刘星辰，汪瑾.阅读难易程度与信息披露质量：基于易读衡量和关联因素视角的分析［J］.当代经济管理，2017，39（6）：64-69.

⑤ 张秀敏，刘星辰，汪瑾.阅读难易程度与信息披露质量：基于易读衡量和关联因素视角的分析［J］.当代经济管理，2017，39（6）：64-69.

张志红，李红梅，宋艺.审计委员会财务专长对管理层策略性披露行为的治理效应：基于"管理层讨论与分析"的证据［J］.审计与经济研究，2022，37（2）：34-45.

被提及最多的因素（王华杰，王克敏，2018；逯东，宋昕倍，龚祎，2020；王运陈，贺康，万丽梅，2020；王运陈，等，2020）[①]。管理者最普遍的行为倾向是美化功绩、彰显业绩、掩饰失误，提升经理人的市场竞争力。管理者可能通过模糊年报的可理解性，降低可读性，以此掩盖较差的经营业绩。年报与企业绩效呈正相关关系（Feng，2008）。当公司的业绩以及可持续盈利能力表现较差的时候，管理者有强烈的动机发布可读性较差的年报。在管理者自利的框架下，学者们后续发现，盈余管理（Ajina et al.，2016；Kin et al.，2017；王治，等，2020）[②]、股权质押（逯东，宋昕倍，龚祎，2020）[③]、避税（Luong et al.，2020；Sukotjo & Soenarno）等均会降低年报的可读性。

代理理论认为管理层的履责行为与决策会受到利益相关者监督。因此监管强度通过约束管理层权力，从而制约管理层对信息披露可读性的操纵程度。大股东监督、监事会、独立董事能在一定程度上限制管理层机会主义行为。现有文献关于直接或间接提高可读性的外部监督机制主要有分析师追踪（Chakrabarty et al.，2018）、监管问询函（翟淑萍，王敏，张晓琳，2020）[④]、媒体关注（翟淑萍，等，2020）[⑤]、审计师监督（Altass & Sultan，2016）、机构投资者（Meckfessel，2012）。

2.3.6　文献述评

机构对公司管理层行为决策的影响近年来有所增加（Coffee & Palia，

---

①　王华杰，王克敏.应计操纵与年报文本信息语气操纵研究 [J].会计研究，2018（4）：45-51.

逯东，宋昕倍，龚祎.控股股东股权质押与年报文本信息可读性 [J].财贸研究，2020，31（5）：77-96.

王运陈，贺康，万丽梅.MD&A语言真诚性能够提高资本市场定价效率吗?：基于股价同步性的分析 [J].北京工商大学学报（社会科学版），2020，35（3）：99-112.

王运陈，贺康，万丽梅，等.年报可读性与股票流动性研究：基于文本挖掘的视角 [J].证券市场导报，2020（7）：61-71.

②　王治，邱妍，谭欢，等.管理层利用董事会报告可读性配合盈余管理了吗 [J].财经理论与实践，2020，41（6）：72-78.

③　逯东，宋昕倍，龚祎.控股股东股权质押与年报文本信息可读性 [J].财贸研究，2020，31（5）：77-96.

④　翟淑萍，王敏，张晓琳.财务问询函对审计联结公司的监管溢出效应：来自年报可读性的经验证据 [J].审计与经济研究，2020，35（5）：18-30.

⑤　翟淑萍，王敏，张晓琳.财务问询函对审计联结公司的监管溢出效应：来自年报可读性的经验证据 [J].审计与经济研究，2020，35（5）：18-30.

2016）。国外有关于股东积极主义的现有研究发现，股东积极主义对公司经济后果具有重大意义，并与采取积极主义的力量成正比（Baik et al.，2020）。机构持股的程度通常被用来代表企业透明度的程度（Bartov & Mohanram，2014；Chung et al.，2002）。从上述文献回顾中可以发现，目前学术界对于机构投资者如何影响公司治理及管理层行为等方面进行了深入的理论探索及实证分析。但行业共同机构投资者作为联结市场信息和资源的重要节点，在诸多方面与普通单一机构投资者或者机构投资者网络有所不同，例如投资者客户个体和群体、激励结构、市场竞争偏好、对投资的法律限制以及投资组合策略。

在存在专有成本的情况下，信息披露可能会削弱公司的竞争力，因而部分披露可能是最佳的（Dye，2001；Verrecchia，2001）。然而，同行业共有股东具备的反竞争效应及投资组合价值最大化，使被共同持股企业不太担心在披露中传达的专有信息将被竞争对手用来获得市场份额/利润，因此，公司就不会太在意披露专有信息。目前，在现有国内外关于共有股东对管理层信息披露行为特征影响的研究中，已有国外学者从不同的角度就共有股东、共有股东的异质性对自愿性信息披露的作用机制进行了实证分析（Jung，2013；Park et al.，2019）。然而，市场竞争究竟如何影响专有信息成本还取决于公司本身所处的战略地位及竞争环境。因而，共有股东改变股东竞争偏好如何解决信息不对称问题、缓解委托代理冲突，进而如何影响公司管理层信息披露策略及质量相关的理论分析与实证证据依然相对较少，更鲜有研究对信息披露环境进行分解去探究共有股东对不同信息披露的有效性，诸如强制披露与自愿披露、财务信息披露与非财务信息披露、数据信息披露与文本信息披露、历史信息披露与前瞻性信息披露等。本书的研究基于中国新兴资本市场这一特殊背景，结合中国上市公司机构共有股东典型特征，探讨了共有股东对企业信息披露质量的影响。

3 共有股东与财务信息披露质量

3.1 问题的提出

信息披露是解决信息不对称问题行之有效的途径。在众多的信息披露类型中，财务信息披露是会计信息的使用者和利益相关者对公司价值进行评判的重要依据，也是连接公司管理层、治理层和利益相关者的最重要桥梁。财务信息以货币计量的数据资料为主，用来反映公司拥有的经济资源的存量和流量以及当前经营成果，是历史信息的数字反映（胡元木，谭有超，2013）[①]。财务信息披露内部来源主要是通过管理层定期发布的以财务报表为基础的信息。高质量的财务信息披露有助于促进信息的有效传递，缓解代理冲突，保护股东和投资者以及利益相关者的利益。因此，财务信息披露的质量直接决定其有效性。在业绩下行阶段，管理层有动机、有能力修饰、隐藏甚至操纵财务信息披露以达到自利目的。合理的公司治理内部外部机制安排是约束管理层的道德风险，确保高质量财务信息披露的前提与基石。外部机构持股在影响公司信息披露决策方面具有重要作用。根据股东积极主义有效监督假说，机构投资者行使投票权可以参与公司治理，促进信息披露水平提升（El – Gazzar & Fornaro，2004；崔学刚，2004）[②]；而黄珺和周春娜（2012）[③]研究发现，机构持股与公司环境信息

---

① 胡元木，谭有超. 非财务信息披露：文献综述以及未来展望 [J]. 会计研究，2013 (3)：20-26, 95.

② 崔学刚. 公司治理机制对公司透明度的影响：来自中国上市公司的经验数据 [J]. 会计研究，2004 (8)：72-80, 97.

③ 黄珺，周春娜. 股权结构、管理层行为对环境信息披露影响的实证研究：来自沪市重污染行业的经验证据 [J]. 中国软科学，2012 (1)：133-143.

披露水平并不相关。

当前学术界对共有股东产生的经济影响和市场反应方面的相关理论与实证研究方兴未艾（Schmalz & Economics, 2018）。共有股东作为特殊的机构投资者，在同行业具有竞争性公司持有大额股份。共有股东导致的市场竞争减少可能改变管理者披露激励，从而提高信息披露质量；然而，机构投资者由于经常参加董事会成员和高管的私人会议能够获取足够私人信息，可能导致公开信息披露变得"无关紧要"，从而减少高质量的公开信息披露。共有股东在管理层披露决策中扮演一个什么样的角色以及怎样影响上市公司的信息披露质量是一个值得关注的话题，其可一方面扩展既有的文献认知，另一方面为前述两种观点提供新的证据支持。

本章以企业的财务信息披露质量为研究视角，系统地考察共有股东对于企业信息披露质量的影响。研究发现：以 KV 指数作为财务信息披露质量代理变量，共有股东的影响体现为"竞争合谋"，导致对财务信息披露质量具有负向影响。在采用工具变量 2SLS 和 GMM 回归、赫克曼（Heckman）二阶段回归、倾向得分匹配（PSM）等内生性方法检验后结论依然成立；此外，在采用替换解释变量和被解释变量指标及安慰剂检验等一系列稳健性检验后，结论依然稳健。影响机制分析中，行业集中度加强了共有股东对财务信息披露质量负向影响，为"合谋舞弊"假说提供了证据。进一步研究发现，共有股东与企业财务报表信息披露质量的负向关系主要存在于公司治理水平低、非国有产权、低融资约束、短期机构投资者的公司中。最后，发现共有股东通过弱化财务信息披露质量导致了流动性减弱。

本章可能存在的边际贡献和意义：首先，现有文献主要证明共有股东对企业竞争（Azar, 2022；Elhauge, 2020；Jack & Jiekun, 2017；Joss et al., 2014）、融资能力（Chen et al., 2021）、创新（Anton et al., 2021；C. H. Chiao et al., 2021；C. H. Chiao et al., 2021；Lopez & Vives, 2018；Vives, 2020；严苏艳，2019[①]）、公司内部或外部治理（Edmans et al., 2018；He et al., 2019）、盈余管理（严苏艳，2021）[②]、股票市场反应（周冬华，周思阳，2022)[③] 等多方面的影响，但是关注共有股东对信息披露质量的影响

① 严苏艳. 共有股东与企业创新投入 [J]. 审计与经济研究, 2019, 34（5）: 85-95.
② 严苏艳. 共有股东与盈余持续性 [J]. 当代财经, 2021（12）: 137-148..
③ 周冬华, 周思阳. 共有股东有利于稳定资本市场吗?: 基于股价崩盘风险的视角 [J]. 安徽大学学报（哲学社会科学版）, 2022, 46（2）: 99-111.

还较少。本书从整体考察财务信息披露质量的角度出发，探析了共有股东对财务信息披露质量的影响及作用机制，进一步丰富了共有股东经济后果及市场表现。其次，本章从公司治理微观层面深化机构投资者对财务信息披露的理解，有助于加深机构投资者网络结构对信息披露行为的影响。行业共有机构投资者作为投资组合重要纽带，在企业间发挥竞争、联盟、合谋的影响远大于单一机构或多个机构对某一企业持股，继而为投资组合利益最大化导致信息披露意愿降低。最后，为全面探析新兴市场经济转轨时期企业间的复杂股权关系提供了理论支撑和经验。机构大股东直接向行业竞争对手持股渐成常态，但在其动机、作用机制、行为影响、市场反应等方面尚无清晰定论。一部分文献表明共有股东为持股企业治理带来监督和协同效应；另一部分文献则发现共有股东促使合谋从而降低整体组合的竞争程度。本章的研究发现了共有股东对财务信息披露质量的影响主要源于促使合谋动机，既为反垄断法律法规完善提供证据，也为在制度层面如何完善上市公司被共有机构投资者持股的信息披露提供了参考依据。

3.2 理论推导与假设提出

首先，从外部治理角度来看，机构持股比例越高，机构投资者对公司的监督效应越强，管理层的信息披露质量越高（Boone & White，2015）。合格境外机构投资者（QFII）持股增加了分析师跟踪人数，进而提升了信息披露质量（李春涛，刘贝贝，周鹏，2017)[①]。诸多研究也表明了机构投资者包括机构投资者网络如何履行股东职能：用手投票是机构投资者参与公司治理的重要手段，在提高信息披露治理方面起到积极作用（韩晴，王华，2014)[②]。另外，用脚投票也可以倒逼公司治理水平的提升。社会网络理论认为，机构共同持股后，个体将受到其所嵌入的网络影响，被赋予"社会化"特征，因而治理的意愿得到进一步强化。机构投资者制衡大股东的能力加强，可以在股东大会提案中对 CEO 提出反对票（He et al.，

---

① 李春涛，刘贝贝，周鹏. 卖空与信息披露：融券准自然实验的证据 [J]. 金融研究，2017 (9)：130-145.

② 韩晴，王华. 独立董事责任险、机构投资者与公司治理 [J]. 南开管理评论，2014，17 (5)：54-62.

2019），罢免不称职 CEO（Kang et al.，2012）、抑制管理层财务舞弊行为（He et al.，2018），也可能抛售股票，发出退出威胁，改善会计信息披露质量（毕鹏，2022）①。共有股东是一类特殊的机构投资者，在发挥股东治理监督职能积极、提升信息披露质量与单一机构投资者或机构投资者网络具有相同的监督方式。

共有股东所具有的信息集成优势使其能够有效监督公司的财务信息披露质量（严苏艳，2021）②。共有股东在某一行业持股多家公司，显然已较为熟知行业的基本状况及未来发展趋势。倘若行业内某一企业的财务信息披露出现较大变化，共有股东凭借其在投资参股的同行业其他企业中形成的信息集成优势，能够准确地捕捉并分析出会计信息变化的原因与手段，及时与管理层进行私下沟通，起到监督作用。同时，共有股东利用其对专业财务信息的解析优势，能辨别信息披露质量的变化是否源自企业的管理层自利考量。此外，同一行业的企业在会计调整、修饰甚至舞弊的手段存在着某种共性，共有股东出于行业专长和管理经验，对会计信息解析具备长足优势，有利于其监督所持股份公司的财务信息披露质量。总的来说，共有股东凭借其信息集成优势能够使其及时发现公司财务修饰行为，监管管理层机会主义行为，从而可进一步提升公司的信息披露质量。

基于以上理论分析，本书提出假设 3-1a：

假设 3-1a：在其他条件一定时，共有股东会促进企业财务信息披露质量提升。

虽然机构投资者有动机和能力强化外部监督，提高公司治理水平；然而，也有研究表明，机构投资者因受到市场监管、投资者法律保护、信息披露、法律规制不完备等因素的影响，当上市公司自身公司治理水平较低或者违规惩罚成本较低时，机构投资者同样可能会采取短期获利的机会主义行为，以操纵股票市场价格，降低资本市场效率（李梦雨，2015）③。我国资本市场发展起步较晚，各项法律规制机制有待完善，由于受到短期利益的影响，机构投资者并非用私人渠道获取的信息进行理性交易，而是将

① 毕鹏，王丽丽. 机构投资者网络与资产误定价：激浊扬清抑或推波助澜 [J]. 金融发展研究，2022（5）：39-48.

② 严苏艳. 共有股东与盈余持续性 [J]. 当代财经，2021（12）：137-148.

③ 李梦雨. 中国股票市场操纵行为及预警机制研究 [J]. 中央财经大学学报，2015（10）：32-42.

这些信息和管理层合谋后隐藏起来，利用散户的有限信息，从中获取私利。资本的天性是逐利的，机构投资者的监督也并非绝对的"善治"（李维安，李滨，2008)①。当股东与管理层合谋收益大于监督收益时，出于自身利益最大化和短期利益需求的考虑，可能加剧信息披露质量下降（杜勇，孙帆，胡红燕，2022)②。以共有股东作为支点被联结的企业联盟，为管理层事先协调提供了更多可能，合谋的概率会加大，信息的"遮掩效应"可能被进一步加大，继而加剧信息不对称。共有股东并不希望这些被持股企业进行过多的商业竞争从而损害整体福利（Hansen & Lott，1996)；相反地，共有股东更希望被持股的同行业企业通过它的信息共享暗中共谋，控制产品供给，获取超额利润（Azar et al.，2018)。

股东在制定公司战略时会考虑其投资组合中所有其他公司的价值，使被同时持有竞争对手的共有机构投资者所拥有的公司可能面临较小的竞争威胁（Gordon & Roger，1990)。但竞争本身是增加还是减少披露激励在学术界存在分歧（Verrecchia，1983)。专有成本理论认为，为避免某些专有信息的披露影响公司决策为竞争对手所利用获利，公司会减少信息披露内容，使得公司信息披露质量下降（Ali et al.，2014)。共有股东还要面临来自共同持股以外的企业的威胁（杜勇，孙帆，胡红燕，2022)③，而竞争对手仍然可以利用该企业所披露的信息获取超额收益。因此，面对外部竞争威胁时，配置领先于对手的策略限制信息披露，组织共同持股企业一致对外，才有可能维持竞争优势和行业地位。此外，由于共同股东的存在，行业间被共同持股的企业竞争程度下降，放宽和纵容了管理层机会主义行为，也会导致信息披露质量下降。总的来说，机构、管理层、持股企业之间都有动机为实施机会主义进行合谋舞弊，影响企业信息披露。

假设3-1b：在其他条件一定时，共有股东会降低企业财务信息披露质量。

① 李维安，李滨. 机构投资者介入公司治理效果的实证研究：基于CCGI～（NK）的经验研究 [J]. 南开管理评论，2008（1）：4-14.
② 杜勇，孙帆，邓旭. 共同机构所有权与企业盈余管理 [J]. 中国工业经济，2021（6）：155-173.
③ 杜勇，孙帆，胡红燕. 共同机构所有权与企业产能利用率 [J]. 财经研究，2022：1-18.

3.3　研究设计、数据与变量选择

3.3.1　样本选择和数据来源

本书以 2009—2021 年中国沪深两市 A 股上市公司为研究对象。样本选择从 2009 年开始的原因是：一是避免从 2007 年起开始实行《中华人民共和国公司法》《中华人民共和国证券法》《中华人民共和国企业会计准则》所引起的环境变化对信息披露质量产生影响；二是避免 2008 年全球金融危机对宏观经济环境的不确定性升高的影响，使得信息披露可能面临较大波动。因此，本书选取 2009 年作为样本起始年份，其具体筛选过程如下：①剔除金融、保险行业；②剔除 ST、＊ST 类，保留非 ST 类上市公司；③剔除样本期间主要变量缺失的样本；④剔除 IPO 当年的样本；⑤剔除 KV 指数（KV1）为负的样本。本书所采用的有关共有股东、信息披露以及公司财务和公司治理数据均来自国泰安 CSMAR 数据库。本书将时间固定效应（Year FE）、行业固定效应（Industry FE）纳入所有多元指标中，以反映年份的时间趋势和行业趋势。本书中主要变量描述性统计、相关性分析以及多元回归分析研究均采用 STATA 17.0 软件处理所得。

3.3.2　研究设计

为验证共有股东与信息披露质量的关系，本章节构建如下模型：

$$KV1_{i,t} = \beta_0 + \beta_1 Coz_{i,t} + \gamma\, Controls_{i,t} + \sum_t Year_t\, FE + \sum_j Industry_j\, FE + \varepsilon_{i,t}$$

$$(3-1)$$

式（3-1）中，$KV1_{i,t}$ 为上市公司信息披露质量 KV 指数，反映市场对交易量信息的依赖，继而反映出公司的信息披露质量。该值越大，投资者对交易量信息的依赖程度则越高，造成交易量对价格的影响增大，因此上市公司信息披露质量越低。$Coz_{i,t}$ 为上市公司共有股东情况，以 Coz_dum、Coz_num、Coz_degree、Coz_rate 表示。如果共有股东 $Coz_{i,t}$ 的回归系数 β_1 显著为正，意味着共有股东的存在降低信息披露质量，则合谋竞争的假设得到支持；反之，如果共有股东 $Coz_{i,t}$ 的回归系数 β_1 显著为负，意味着共有股东的存在提升信息披露质量，则协同治理的效应将会得到支持。$Controls_{i,t}$ 为一系列控制变量，$Year_t$、$Industry_j$ 分别为年度、行业固定效应，$\varepsilon_{i,t}$ 为误差项。同时，为避免异方差和序列相关的影响，我们还对异方差-稳健标准误在公司层面上进行了聚类（cluster）调整（Cameron & Miller，2015）。

3.3.3 关键变量定义

3.3.3.1 财务信息披露质量（KV1）

在本书的第 2 章，第一小节相关概念界定部分（2.1.2 部分），已对信息披露质量不同度量方式进行了综述与总结。本章节采取交易量波动依存法构建 KV 指数（Kim & Verrecchia，1991；Verrecchia，2001）为财务信息披露质量的代理变量。

具体参考已有文献（翟光宇，武力超，唐大鹏，2014；徐寿福，徐龙炳，2015；李春涛，刘贝贝，周鹏，2017；杜兴强，肖亮，张乙祺，2022）[①]，构建 KV 指数（KV1）的改进模型如下：

$$\text{Ln}\,|\,(P_t - P_{t-1})\,/P_{t-1}\,| = \lambda_0 + \lambda\,(\text{Vol}_t / \text{Vol}_0 - 1) + \varepsilon \qquad (3-2)$$

式（3-2）中 P_t 和 Vol_t 分别是第 t 日的股票收盘价和交易股数，Vol_0 为研究期间所有交易日的平均日交易量[②]。KV1 值代表信息不对称程度，与信息披露质量成反比。

此外，出于尊重文献方法，也为了多角度分析问题，在稳健性检验部分，本书还采用信息披露质量 KV 度量法基本模型来衡量信息披露质量。根据已有参考文献（Kim and Verrecchia，2001；Ascioglu et al.，2005；周开国，李涛，张燕，2011；林长泉，毛新述，刘凯璇，2016；张宗新，朱炜，

---

① 翟光宇，武力超，唐大鹏.中国上市银行董事会秘书持股降低了信息披露质量吗?：基于 2007—2012 年季度数据的实证分析 [J].经济评论，2014（2）：127-138.

徐寿福，徐龙炳.信息披露质量与资本市场估值偏误 [J].会计研究，2015（1）：40-47，96.

李春涛，刘贝贝，周鹏.卖空与信息披露：融券准自然实验的证据 [J].金融研究，2017（9）：130-145.

杜兴强，肖亮，张乙祺."一带一路"沿线国中国企业外部审计治理与公司信息披露质量 [J].中央财经大学学报，2022（5）：59-71.

② 采用普通最小二乘法针对每家上市公司回归得到的 λ 值构建 KV 指数（KV1），即交易量对收益率的影响系数。在不考虑 λ 为负的情况，估计系数 λ 值越大，投资者对交易量信息的依赖程度则越高，造成交易量对价格的影响增大，上市公司信息披露质量越低；λ 值越小说明信息披露越充分，代表信息披露质量越高。

2019；杨志强，唐松，李增泉，2020)[①]，构建 KV 指数（KV2）的模型如下：

$$\mathrm{Ln}\left|\,(P_t - P_{t-1})\,/P_{t-1}\,\right| = \lambda_0 + \lambda\ (\mathrm{Vol}_t - \mathrm{Vol}_0) - \varepsilon$$

$$KV2 = \lambda \times 1\ 000\ 000 \tag{3-3}$$

式（3-3）中，在不考虑 λ 为负的情况，λ 越小说明信息披露越充分，即 KV2 值也与信息披露质量成反比。因此 KV2 值越高，代表信息披露质量越低。

3.3.3.2 共有股东（Coz）

参考已有文献，比如陈等（Chen et al., 2021）、赫和黄（He & Huang, 2017）、潘越等（2020）、杜勇，马文龙（2021）、杜勇，孙帆，邓旭（2021）、杜勇，胡红燕（2022）、杜勇，孙帆，胡红燕（2022）、杨兴全，张记元（2022a，2022b）、杨兴全，赵锐（2022)[②]，利用季度数据保留持股比例 5% 以上（包含 5%）的机构投资者。若样本中机构投资者在同一季度、同一行业其他公司持股也不低于 5%，则说明存在共有股东。选择机构投资者持股比例为 5% 作为门槛，是因为持股 5% 以上的股东更有可能干预公司的治理、对公司经营决策实施重大影响（Beatty et al., 2013；Bharath et al., 2013），同时中国相关证券法律法规也规定持股 5% 的门槛时重大股权的警

---

①　周开国，李涛，张燕.董事会秘书与信息披露质量［J］.金融研究，2011（7）：167-181.

林长泉，毛新述，刘凯璇.董秘性别与信息披露质量：来自沪深 A 股市场的经验证据［J］.金融研究，2016（9）：193-206.

张宗新，朱炜.证券分析师"异常关注"能否创造投资价值？：基于 2010—2017 年 A 股市场的经验证据［J］.证券市场导报，2019（6）：40-51.

杨志强，唐松，李增泉.资本市场信息披露、关系型合约与供需长鞭效应：基于供应链信息外溢的经验证据［J］.管理世界，2020，36（7）：89-105，217-218.

②　潘越，汤旭东，宁博，等.连锁股东与企业投资效率：治理协同还是竞争合谋［J］.中国工业经济，2020（2）：136-164.

杜勇，胡红燕.机构共同持股与企业财务重述［J］.证券市场导报，2022（2）：67-79.

杜勇，马文龙.机构共同持股与企业全要素生产率［J］.上海财经大学学报，2021，23（5）：81-95.

杜勇，孙帆，邓旭.共同机构所有权与企业盈余管理［J］.中国工业经济，2021（6）：155-173.

杜勇，孙帆，胡红燕.共同机构所有权与企业产能利用率［J］.财经研究，2022：1-18.

杨兴全，张记元.连锁股东与企业多元化经营：加速扩张还是聚焦主业［J］.现代财经（天津财经大学学报），2022，42（5）：36-55.

杨兴全，张记元.连锁股东与企业金融化：抑制还是促进［J］.中南财经政法大学学报，2022（2）：27-40.

杨兴全，赵锐.连锁股东如何影响企业现金持有？［J］.会计与经济研究，2022，36（2）：3-21.

示线。为此，本书从四个维度构建反映上市公司被共有股东持股的指标。①是否存在共有股东哑变量：季度上，如果当年由共有股东持股该上市公司，取值1，否则取值0。②共有股东数量：季度上，上市公司共被几家共有股东持有，再求这一数值的年度均值。③共有股东联结程度：季度上，每个公司所有共有股东平均持有同行业公司的个数，取对数。④共有股东持股比例。在具体计算时，解释变量基于季度数据计算，意味着如果公司在年度任一季度被共有股东持有股份，则年度上被判定为存在共有股东。首先，计算出季度指标，继而将季度数据取年度均值作为年度指标数据。

3.3.4 控制变量定义

基于多方面考虑影响信息披露质量的影响因素，本书还加入了如下相应的控制变量。

首先，在财务特征方面，根据已有文献（张宗新，杨飞，袁庆海，2007；周开国，李涛，张燕，2011；翟光宇，武力超，唐大鹏，2014；徐寿福，徐龙炳，2015；林长泉，毛新述，刘凯璇，2016；李春涛，刘贝贝，周鹏，2017)[①]，本书选取财务杠杆（LEV）、盈利能力（ROA）、账面市值比（MTB）、经营活动现金净流量（OCF）、是否亏损（LOSS）。LnSize 衡量公司规模，定义为公司当期总资产的自然对数；LEV 衡量公司财务杠杆，定义为期末总负债除以期末总资产之后得到的比值；ROA 衡量公司盈利能力，定义为年净利润除以总资产平均余额；MTB 衡量公司账面市值比，定义为股权市值除以股权账面价值，加 1 取对数；选择是否亏损（LOSS）来控制不确定性对信息披露质量的影响。其次，公司特征方面，本书选取公司规模（SIZE）、成立年数（AGE）。再次，股权结构被认为是影响信息披露质量的重要因素，一般包含两种影响：一是股权结构影响股

---

① 张宗新，杨飞，袁庆海. 上市公司信息披露质量提升能否改进公司绩效?：基于2002—2005 年深市上市公司的经验证据 [J]. 会计研究，2007 (10)：16-23，95.

周开国，李涛，张燕. 董事会秘书与信息披露质量 [J]. 金融研究，2011 (7)：167-181.

翟光宇，武力超，唐大鹏. 中国上市银行董事会秘书持股降低了信息披露质量吗?：基于2007—2012 年季度数据的实证分析 [J]. 经济评论，2014 (2)：127-138.

林长泉，毛新述，刘凯璇. 董秘性别与信息披露质量：来自沪深 A 股市场的经验证据 [J]. 金融研究，2016 (9)：193-206.

徐寿福，徐龙炳. 信息披露质量与资本市场估值偏误 [J]. 会计研究，2015 (1)：40-47，96.

李春涛，刘贝贝，周鹏. 卖空与信息披露：融券准自然实验的证据 [J]. 金融研究，2017 (9)：130-145.

东与代理人冲突；二是股权结构影响控股股东与小股东的冲突。股权结构对信息披露质量有何影响取决于上述两方面力量的对比。理论上，大股东有能力监督管理层，避免股权分散情形下"搭便车"问题。而大股东发挥解决代理人冲突或者内部人控制问题的前提是外部法律环境能较好地保护投资者权益，这样对内部人控制问题有正面监督作用。否则，股权集中并不能提升公司治理，反而董事会被大股东控制，形成掏空现象。由于本书考查共有股东对公司信息披露质量的影响，共有股东本质属于机构投资者，因此控制机构投资者持股比例（INSOWN）；本书还采用第一大股东持股比例（BIGOWN1）来衡量股权集中度来表示公司控股股东权力受到制衡的强度，该值越大，股权集中度越高。最后，在治理特征方面。本书选择董事会规模（BRD）、独立董事持股比例（INDIRECT）、两职合一（DUAL）、高管薪酬（LnPAYGG）作为内部治理机制控制变量。董事会规模影响董事会监督职能。独立董事的职责之一是通过独立董事独立性维护中小股东权益，而提升中小股东权益的途径之一是提升财务报表信息披露的质量。高管激励能够抑制代理问题，倾向于发布较高质量的信息。Ln-PAYGG 衡量高管薪酬，定义为高管薪酬总额取自然对数（Danthine & Donaldson, 2015；马黎，2017；董砚青，2019；陈华，包也，孙汉，2021）[①]。用董事长与总经理是否两职合一（Dual）来表示总经理的决策权力，设置虚拟变量 1＝同一人；0＝不同一人（罗进辉，黄泽悦，朱军，2017；杜兴强，张颖，2022）[②]。本书选取审计师类型（Big4）、审计意见类型（AO）作为外部治理机制。会计师事务所通过对公司的年度财务报表进行审计，出具审计报告实现对上市公司财务信息披露形成客观、公正的监督。规模越大的事务所因声誉、专业及品牌优势等原因发现舞弊的能力越强，所以

[①] 马黎.金融业高管薪酬与内部控制信息披露质量的相关性研究：来自 2009-2014 年沪深两市金融业上市公司的经验数据 [J]. 东岳论丛，2017, 38（6）：101-108.

董砚青.高管薪酬与企业业绩预告精确度相关性研究：基于自媒体信息披露的视角 [J]. 财会通讯，2019（12）：39-43, 72.

陈华，包也，孙汉.高管薪酬与社会责任报告的印象管理 [J]. 上海财经大学学报，2021, 23（4）：76-90.

[②] 罗进辉，黄泽悦，朱军.独立董事地理距离对公司代理成本的影响 [J]. 中国工业经济，2017（8）：100-119.

杜兴强，张颖.董事会存在最优规模吗?：基于大股东资金占用的证据 [J]. 安徽大学学报（哲学社会科学版），2022, 46（2）：87-98.

事务所的类型、规模和实力对公司信息披露起到正面影响。参考陈丽蓉等（2021）做法，本书设以 Big4 作为信息披露质量高的替代变量，如果聘请国际四大会计师事务所审计的上市公司，Big4 为 1，其余为 0（陈丽蓉，等，2021)[1]。最后，当信息需求高时，信息披露质量越可能高。本书还选择分析师跟踪为控制市场的信息需求（袁振超，岳衡，谈文峰，2014)[2]。目前，分析师跟踪数量按照现有文献，可分为三类做法：第一是以分析师个人作为主体；第二类是以分析师所在券商作为主体；第三类是以发布分析报告的署名团队作为主体。本书采用第三类做法（蔡卫星，曾诚，2010；廖佳，苏冬蔚，2021)[3]。为降低异方差，该指标需要经过加 1 取自然对数函数转化。变量的名称和定义见表 3-1。

表 3-1 变量的名称和定义

变量名	变量符号	变量定义
被解释变量		
信息披露质量	KV1	KV 指数。根据 Kim and Verrecchia（2001）、翟光宇等（2014）、徐寿福（2015）、杜兴强等（2022）的方法测度
解释变量		
是否存在共有股东	Coz_dum	哑变量，季度上，如果当年由共有股东持股该上市公司，取值 1，否则取值 0
共有股东联结数量	Coz_num	季度上，共有股东的数目，并取年度均值，+1 取自然对数
共有股东联结程度	Coz_degree	季度上，每个公司所有共有股东平均持有同行业公司的个数，加 1 取对数
共有股东持股比例	Coz_rate	季度上，共有股东持股比例之和，再年度平均

---

① 陈丽蓉，邓利彬，郑国洪，等. 资本市场开放、产品市场竞争与审计师选择：基于双重制度压力视角的实证研究 [J]. 审计研究，2021（1）：83-93.

② 袁振超，岳衡，谈文峰. 代理成本、所有权性质与业绩预告精确度 [J]. 南开管理评论，2014，17（3）：49-61.

③ 蔡卫星，曾诚. 公司多元化对证券分析师关注度的影响：基于证券分析师决策行为视角的经验分析 [J]. 南开管理评论，2010，13（4）：125-133.

廖佳，苏冬蔚. 上市公司负面声誉与分析师关注："趋之若鹜"抑或"避之若浼" [J]. 会计研究，2021（8）：38-53.

表3-1(续)

	变量名	变量符号	变量定义
控制变量			
财务特征	财务杠杆	LEV	期末总负债/期末总资产
	盈利能力	ROA	总资产收益率,净利润/总资产平均余额,其中总资产平均余额=(资产合计期末余额+资产合计期初余额)/2
	公司账面市值比	MTB	股权市值除以股权账面价值,+1,取对数
	经营活动现金净流量	OCF	经营活动现金净流量除以年末资产总额
	是否亏损	LOSS	虚拟变量,连续三年营业利润为负,取值1
公司特征	公司规模	SIZE	公司年末总资产自然对数
	成立年数	AGE	公司上市年数的自然对数
股权特征	机构股东持有比例	INSOWN	机构投资者所持股份之和除以已发行股份总数计算
	股权集中度	BIGOWN1	第一大股东持股比例
内部治理特征	董事会规模	BRD	董事会总席位数原值
	独立董事占比	INDIRECT	独立董事人数除以董事会总人数
	两职合一	DUAL	虚拟变量,若董事长与总经理两职合一,取值为1;否则为0
	高管薪酬	LnPAYGG	高管薪酬总额的自然对数
外部治理特征	审计师类型	Big4	若上市公司年报的审计师为普华永道、毕马威、安永、德勤等四大会计师事务所,Big4取值为1,否则为0
	审计意见	AO	虚拟变量,如果公司当期收到标准无保留审计意见取值为1,否则为0
信息需求	分析师跟踪	ANA_TEAM	在一年内,对该公司进行过跟踪分析的分析师团队数量+1,取自然对数
	年度固定效应	Year FE	年度虚拟变量
	行业固定效应	Ind FE	按照证监会2012的行业分类标准

3.4　实证结果与分析

3.4.1　样本描述

3.4.1.1　描述性统计

由于各变量在样本公司间差异较大，为避免异常值对多元回归结果的影响，对所有连续变量在1%水平上进行缩尾处理。样本公司信息披露质量 KV 指数（KV1）的平均值为 0.516 4，最大值和最小值分别为 1.140 6 和 0.131 8，与相关文献基本一致（翟光宇，武力超，唐大鹏，2014；徐寿福，徐龙炳，2015；杜兴强，肖亮，张乙祺，2022）[①]。相对于均值来说，上市企业间的信息披露质量情况存在着较大差异。解释变量方面，在全样本中，是否存在共有股东、共有股东数量、共有股东联结程度、共有股东持股比例的标准差均大于均值，我国有 12.62% 的公司存在共有股东（Coz_dum 的均值为 12.62%），一个公司平均有 1 个共有股东（Coz_num 的均值为 0.091 3），机构投资者共同持有同行业上市公司股票的持股比例均值为 3.24%，最大值为 56.48%，与相关文献基本保持一致（潘越，等，2020；杜勇，马文龙，2021；杜勇，孙帆，邓旭，2021；杜勇，胡红燕，2022；杜勇，孙帆，胡红燕，2022；杨兴全，张记元，2022）[②]。这说明我

---

① 翟光宇，武力超，唐大鹏.中国上市银行董事会秘书持股降低了信息披露质量吗?：基于 2007—2012 年季度数据的实证分析 [J].经济评论，2014（2）：127-138.

徐寿福，徐龙炳.信息披露质量与资本市场估值偏误 [J].会计研究，2015（1）：40-47，96.

李春涛，刘贝贝，周鹏.卖空与信息披露：融券准自然实验的证据 [J].金融研究，2017（9）：130-145.

杜兴强，肖亮，张乙祺."一带一路"沿线国中国企业外部审计治理与公司信息披露质量 [J].中央财经大学学报，2022（5）：59-71.

② 潘越，汤旭东，宁博，等.连锁股东与企业投资效率：治理协同还是竞争合谋 [J].中国工业经济，2020（2）：136-164.

杜勇，胡红燕.机构共同持股与企业财务重述 [J].证券市场导报，2022（2）：67-79.

杜勇，马文龙.机构共同持股与企业全要素生产率 [J].上海财经大学学报，2021，23（5）：81-95.

杜勇，孙帆，邓旭.共同机构所有权与企业盈余管理 [J].中国工业经济，2021（6）：155-173.

杜勇，孙帆，胡红燕.共同机构所有权与企业产能利用率 [J].财经研究，2022：1-18.

杨兴全，张记元.连锁股东与企业多元化经营：加速扩张还是聚焦主业 [J].现代财经（天津财经大学学报），2022，42（5）：36-55.

杨兴全，张记元.连锁股东与企业金融化：抑制还是促进 [J].中南财经政法大学学报，2022（2）：27-40.

国部分共同机构投资者持股已经达到了能够影响公司决策的水平，也表明我国证券市场中机构共同持股差异较大，共同机构投资者占比较少。机构投资者持股比例变量 INSOWN 平均值为 45.82%，标准差为 24.22%，分布较为均匀。机构持股占比越大，说明其在所投企业的话语权不断提升，也意味着机构投资者在资本市场上具有越来越重要的地位。企业规模均值为22.396 9，企业的资产负债率均值为 43.26%，总资产回报率均值为5.22%。其余各变量取值均处于合理区间，此处不再一一赘述。主要变量描述性统计结果见表 3-2。

表 3-2 主要变量描述性统计结果

Variable	N	Mean	Min	SD	p25	p50	p75	Max
Coz_dum	19 300	0.126 2	0.000 0	0.332 1	0.000 0	0.000 0	0.000 0	1.000 0
Coz_num	19 300	0.091 3	0.000 0	0.242 2	0.000 0	0.000 0	0.000 0	0.997 2
Coz_degree	19 300	0.186 9	0.000 0	0.507 3	0.000 0	0.000 0	0.000 0	2.079 4
Coz_rate	19 300	0.032 4	0.000 0	0.104 9	0.000 0	0.000 0	0.000 0	0.564 8
KV1	19 300	0.516 4	0.131 8	0.206 0	0.368 0	0.488 3	0.636 8	1.140 6
LEV	19 300	0.432 6	0.053 4	0.201 3	0.271 4	0.431 1	0.586 0	0.863 6
ROA	19 300	0.052 2	−0.143 7	0.055 5	0.021 1	0.046 1	0.079 5	0.230 8
MTB	19 300	1.394 8	0.450 9	0.505 4	1.023 2	1.340 7	1.707 9	2.853 2
OCF	19 300	0.052 3	−0.141 9	0.069 4	0.011 5	0.050 3	0.092 5	0.249 5
LOSS	19 300	0.013 1	0.000 0	0.113 5	0.000 0	0.000 0	0.000 0	1.000 0
SIZE	19 300	22.396 9	20.100 0	1.283 1	21.466 5	22.227 1	23.149 0	26.190 6
AGE	19 300	2.028 2	0.000 0	0.899 0	1.386 3	2.197 2	2.772 6	3.258 1
INSOWN	19 300	0.458 2	0.007 5	0.242 2	0.263 7	0.488 2	0.651 3	0.899 3
BIGOWN1	19 300	34.496 8	8.890 0	14.697 6	22.860 0	32.710 0	44.560 0	73.650 0
BRD	19 300	10.161 5	4.000 0	2.604 3	9.000 0	10.000 0	11.000 0	27.000 0
INDIRECT	19 300	0.380 9	0.250 0	0.071 5	0.333 3	0.363 6	0.428 6	0.600 0
DUAL	19 300	0.267 9	0.000 0	0.442 9	0.000 0	0.000 0	1.000 0	1.000 0
lnPAYGG	19 300	15.005 3	12.976 2	0.833 4	14.463 2	14.969 1	15.533 3	17.246 3
AO	19 300	0.984 5	0.000 0	0.123 7	1.000 0	1.000 0	1.000 0	1.000 0
Big4	19 300	0.065 2	0.000 0	0.246 9	0.000 0	0.000 0	0.000 0	1.000 0
ANATEAM	19 300	1.993 1	0.000 0	0.942 3	1.098 6	1.945 9	2.772 6	3.871 2

3.4.1.2 单变量差异性检验

均值和中位数差异分析检验结果见表3-3。均值差异分析表明，在有共同机构所有权的上市公司中，信息披露质量 KV1 的均值分别为 0.591，而在无共同机构所有权的样本中，信息披露质量 KV1 的均值为 0.505，两者差异为-0.086，且在 1%水平上显著。中位数差异分析表明，在有共同机构所有权的上市公司中，信息披露质量 KV1 的均值分别为 0.557，而在无共同机构所有权的样本中，信息披露质量 KV1 的均值为 0.479，信息披露质量 KV 指数（KV1）中位数的差异为-0.078，且在 1%水平上通过显著性检验。初步结果表明，有共同机构股东的公司，信息披露质量 KV 指数（KV1）的值相对更高，意味着信息披露质量更低，共有股东合谋舞弊的可能性越大。

表 3-3　均值和中位数差异分析

Variables	G1（0）	Mean1	G2（1）	Mean2	均值差异
KV1	16 863	0.505	2 436	0.592	−0.087***
Variables	G1（0）	Median1	G2（1）	Median2	中位数差异
KV1	16 955	0.480	2 436	0.558	−0.078***

3.4.1.3 相关性分析

主要变量的 Pearson 相关系数体现在相关性分析中（见表3-4）。从相关性系数矩阵可以看到，自变量共有股东的指标（Coz_dum、Coz_num、Coz_degree、Coz_rate）包括控制变量与信息披露质量 KV 指数（KV1）之间具有显著的相关关系。具体来看，共有股东的指标（Coz_dum、Coz_num、Coz_degree、Coz_rate）与 KV1 均在 1%水平上显著为正，说明了共有股东存在具有较低的信息披露质量，其合谋效应更强，初步验证了假设3-1b。控制变量基本与信息披露质量 KV 指数（KV1）呈现显著的相关关系。KV1 与 SIZE 和 ROA 的相关性系数显著为正，与 LEV、LOSS 的相关性系数显著为负，说明模型选取的变量较为合适。变量之间的相关系数未超过 0.5，其相关系数都比较小，模型的各个变量之间不存在严重的多重共线性。

表 3-4　相关性分析

	Coz_dum	Coz_num	Coz_degree	Coz_rate	KV1	LEV	ROA
Coz_dum	1						
Coz_num	0.992***	1					
Coz_degree	0.969***	0.978***	1				
Coz_rate	0.813***	0.830***	0.835***	1			
KV1	0.140***	0.138***	0.135***	0.058***	1		
LEV	0.124***	0.127***	0.133***	0.138***	-0.046***	1	
ROA	0.001 00	-0.001 00	-0.007 00	-0.039***	0.216***	-0.390***	1
MTB	-0.088***	-0.094***	-0.105***	-0.124***	C.171***	-0.204***	0.282***
OCF	0.073***	0.074***	0.074***	0.049***	0 165***	-0.182***	0.442***
LOSS	0.014*	0.013*	0.012*	0.018**	-C.030***	0.093***	-0.174***
SIZE	0.306***	0.314***	0.324***	0.281***	0.236***	0.539***	-0.086***
AGE	0.197***	0.198***	0.208***	0.188***	0.096***	0.401***	-0.165***
INSOWN	0.246***	0.253***	0.255***	0.261***	0.089***	0.254***	0.076***
BIGOWN1	0.046***	0.046***	0.052***	0.151***	-0.040***	0.106***	0.070***
BRD	0.148***	0.156***	0.158***	0.153***	0.031***	0.159***	-0.073***
INDIRECT	-0.045***	-0.045***	-0.043***	-0.050***	0.040***	-0.067***	0.041***
DUAL	-0.073***	-0.075***	-0.082***	-0.100***	0.031***	-0.141***	0.046***
lnPAYGG	0.181***	0.181***	0.183***	0.120***	0.301***	0.133***	0.157***
AO	0.011 0	0.013*	0.014*	0.011 0	0.030***	-0.074***	0.151***
Big4	0.199***	0.204***	0.211***	0.187***	0.087***	0.098***	0.029***
ANA TEAM	0.127***	0.127***	0.122***	0.069***	0.301***	-0.029***	0.384***

表3-4（续）

	MTB	OCF	LOSS	SIZE	AGE	INSOWN	BIGOWN1	BRD	INDIRECT	DUAL	lnPAYGG	AO	Big4	ANA TEAM
MTB	1													
OCF	0.109***	1												
LOSS	0.054***	-0.050***	1											
SIZE	-0.476***	0.032***	-0.027***	1										
AGE	-0.293***	0.055***	0.067***	0.525***	1									
INSOWN	-0.102***	0.130***	-0.011 0	0.421***	0.308***	1								
BIGOWN1	-0.072***	0.076***	-0.030***	0.175***	0.024***	0.503***	1							
BRD	-0.130***	0.026***	0.027***	0.262***	0.203***	0.205***	0.017**	1						
INDIRECT	0.078***	-0.005 00	-0.020***	-0.044***	-0.086***	-0.122***	-0.002 00	-0.127***	1					
DUAL	0.131***	-0.025***	-0.027***	-0.155***	-0.242***	-0.210***	-0.071***	-0.139***	0.105***	1				
lnPAYGG	-0.127***	0.124***	-0.074***	0.501***	0.190***	0.175***	-0.056***	0.135***	0.005 00	0.012 0	1			
AO	-0.038***	0.056***	-0.107***	0.015**	-0.038***	0.027***	0.034***	-0.021***	0.004 00	0.014*	0.048***	1		
Big4	-0.106***	0.085***	-0.014*	0.313***	0.120***	0.230***	0.126***	0.109***	-0.020***	-0.053***	0.236***	0.018**	1	
ANA TEAM	0.141***	0.204***	-0.097***	0.300***	-0.029***	0.192***	0.029***	0.035***	0.019***	0.027***	0.311***	0.070***	0.142***	1

3.4.2　实证结果分析

共有股东与企业信息披露质量的基准回归结果见表 3-5。表 3-5 中第
（1）（3）（5）（7）列为只添加解释变量——共有股东（Coz）、控制了的
年度、行业效应，对被解释变量（KV1）进行 OLS 模型的回归结果。共有
股东（Coz_dum、Coz_num、Coz_degree、Coz_rate）的估计系数分别约为
0.076 2、0.104 1、0.048 3、0.132 1，以上四个基准回归均在 1% 的统计
水平上显著。表 3-5 中第（2）（4）（6）（8）列添加各个控制变量并且控
制了的年度、行业效应进行了 OLS 模型的回归结果。共有股东（Coz_dum、
Coz_num、Coz_degree、Coz_rate）的估计系数分别约为 0.271（$t = 5.964$
7）、0.035 7（$t = 5.589\ 2$）、0.016 1（$t = 5.191\ 3$）、0.027 0（$t = 1.950\ 7$）、
以上前三个基准回归结果均在 1% 的统计水平上显著，最后一个回归结果
在 10% 的统计水平上显著。这表明共有机构股东的存在平均可以提升上市
公司信息披露 KV 指数约 0.027 1 个单位；而共有股东数量每提高 1 个单
位，可以提高上市公司信息披露 KV 指数水平约 0.035 7 个单位；共有股
东联结程度每提高 1 个单位，可以提高 KV1 值 0.016 1 个单位；共同机构
持股比例每提高 1%，则可以分别提高 KV1 值 0.027 0 个单位。KV 指数
（KV1）越高，意味着投资者对交易量信息的依赖程度高，造成交易量对
价格的影响增大，公司信息披露质量越低。这说明共有股东与财务信息披
露质量负相关。

表 3-5 共有股东与财务信息披露质量的基准回归结果

	(1) KV1	(2) KV1	(3) KV1	(4) KV1	(5) KV1	(6) KV1	(7) KV1	(8) KV1
Coz_dum	0.076 2*** (12.224 1)	0.027 1*** (5.964 7)						
Coz_num			0.104 1*** (11.955 5)	0.035 7*** (5.589 2)				
Coz_degree					0.048 3*** (11.273 8)	0.016 1*** (5.191 3)		
Coz_rate							0.132 1*** (7.288 2)	0.027 0* (1.950 7)
LEV		-0.096 7*** (-9.209 1)		-0.096 7*** (-9.212 8)		-0.096 9*** (-9.235 9)		-0.099 3*** (-9.447 6)
ROA		0.222 8*** (6.905 7)		0.222 8*** (6.904 8)		0.222 9*** (6.905 5)		0.219 4*** (6.795 5)
MTB		0.088 3*** (19.073 0)		0.088 3*** (19.075 9)		0.088 5*** (19.113 3)		0.089 6*** (19.324 0)
OCF		0.024 7 (1.170 6)		0.024 6 (1.165 9)		0.024 4 (1.154 7)		0.025 9 (1.222 7)
LOSS		0.021 9** (2.034 4)		0.022 0** (2.047 7)		0.022 2** (2.066 4)		0.023 0** (2.144 8)

表3-5（续）

	(1) KV1	(2) KV1	(3) KV1	(4) KV1	(5) KV1	(6) KV1	(7) KV1	(8) KV1
SIZE		0.036 4***		0.036 4***		0.036 4***		0.037 7***
		(14.379 0)		(14.371 4)		(14.389 0)		(14.851 0)
AGE		0.007 6***		0.007 7***		0.007 7***		0.008 0***
		(3.883 0)		(3.926 9)		(3.910 1)		(4.066 7)
INSOWN		0.028 8***		0.028 7***		0.029 2***		0.032 7***
		(3.649 5)		(3.634 3)		(3.693 6)		(4.160 4)
BIGOWN1		-0.000 5***		-0.000 5***		-0.000 5***		-0.000 5***
		(-3.981 8)		(-3.957 3)		(-4.011 3)		(-4.434 8)
BRD		-0.000 9*		-0.001 0*		-0.000 9*		-0.000 9
		(-1.779 0)		(-1.802 1)		(-1.772 5)		(-1.631 8)
INDIRECT		0.003 6		0.003 4		0.003 0		0.003 4
		(0.197 1)		(0.184 3)		(0.166 4)		(0.185 5)
DUAL		0.000 1		0.000 1		0.000 2		0.000 2
		(0.034 3)		(0.025 9)		(0.055 1)		(0.059 4)
lnPAYGG		0.004 5**		0.004 6**		0.004 6**		0.004 6**
		(2.064 3)		(2.088 8)		(2.084 5)		(2.086 6)
AO		0.016 5*		0.016 4*		0.016 3*		0.016 9*
		(1.671 7)		(1.666 9)		(1.660 6)		(1.720 0)

表3-5（续）

	(1) KV1	(2) KV1	(3) KV1	(4) KV1	(5) KV1	(6) KV1	(7) KV1	(8) KV1
Big4		-0.004 2		-0.004 1		-0.004 2		-0.001 9
		(-0.622 8)		(-0.617 5)		(-0.624 3)		(-0.284 6)
ANA_TEAM		0.036 4 ***		0.036 4 ***		0.036 5 ***		0.036 6 ***
		(19.439 8)		(19.445 2)		(19.462 4)		(19.484 0)
_cons	0.514 3 ***	-0.553 6 ***	0.514 5 ***	-0.554 6 ***	0.515 9 ***	-0.555 8 ***	0.515 1 ***	-0.585 9 ***
	(24.919 0)	(-9.711 7)	(24.943 4)	(-9.719 4)	(24.921 8)	(-9.735 6)	(25.194 7)	(-10.263 7)
Year FE	Yes	Yes	Yes	Yes	Yes	Yes	Yes	Yes
Industry FE	Yes	Yes	Yes	Yes	Yes	Yes	Yes	Yes
N	19 299	19 299	19 299	19 299	19 299	19 299	19 299	19 299
r2_a	0.232 9	0.357 3	0.232 7	0.357 2	0.231 9	0.357 0	0.223 0	0.355 9

注：括号内为根据异方差-稳健标准误计算的以及在公司层面聚类的 t 值。* $p < 0.1$，** $p < 0.05$，*** $p < 0.01$。

控制变量方面，盈利能力（ROA）的系数为正，表明盈利能力越强，KV1 值高，说明盈利能力高降低了公司对信息披露质量的重视程度。公司规模（SIZE）的系数显著为正。表明公司规模越大，KV1 值高，则财务信息披露质量越低，这与（杜兴强，肖亮，张乙祺，2022）[①] 研究结果基本保持一致。规模越大的企业信息披露的成本上升，因而潜在降低了公司信息披露质量。第一大股东持股比例（BIGOWN1）的系数为负，与（袁振超，岳衡，谈文峰，2014）[②] 研究结果保持一致，表明第一大股东发挥了股东监督职能，提升了信息披露质量。其余控制变量仅作为检验共有股东与财务信息披露质量因果关系时的干扰项（Liang & Zeger, 1995），其边际效应不具备结构性解释（Westreich & Greenland, 2013），在此不再一一赘述。

3.4.3 内生性检验

本书主要围绕遗漏变量偏误、选择偏误和联立性偏误（互为因果）等问题，从以下几个方面进行内生性检验：

3.4.3.1 工具变量回归

基准回归结果可能仍存在互为因果的内生性问题，即机构共有股东对信息披露的抱团合谋行为，可能不是因为机构共有股东具有抱团效应，而是因为共同机构股东抱团行为使得机构非常了解其所投资的公司标的，意味着共有股东也许已经能从私有渠道了解公司内部经营情况，不太在乎外部的信息披露，因此导致"低信息披露质量"的公司被共有股东所投资，而不是机构共有股东降低了信息披露质量。为进一步排除这种可能，本书选取选择 Coz_num、Coz_degree 的行业年度均值（mCoz_num、mCoz_degree）作为第一个工具变量，选取滞后三期的 Coz_num、Coz_degree（Coz_num$_{t-3}$、Coz_degree$_{t-3}$）作为第二个工具变量（苏坤，2016；王凯，薛坤坤，张昊旻，2017）[③]。本书使用两阶段最小二乘法（2SLS）进行工具变量检验；因为高斯混合模型（GMM）对扰动项存在的异方差更有效，本书同时使用 GMM 进行检验。共有股东与财务信息披露质量的工具变量回归结果见表 3-6。

---

① 杜兴强，肖亮，张乙祺."一带一路"沿线国中国企业外部审计治理与公司信息披露质量 [J]. 中央财经大学学报，2022 (5)：59-71.

② 袁振超，岳衡，谈文峰. 代理成本、所有权性质与业绩预告精度 [J]. 南开管理评论，2014, 17 (3)：49-61.

③ 苏坤. 国有金字塔层级对公司风险承担的影响：基于政府控制级别差异的分析 [J]. 中国工业经济，2016 (6)：127-143.

王凯，薛坤坤，张昊旻. 金字塔层级如何影响慈善捐赠：来自地方国有上市公司的证据 [Z]：当代会计评论，2017：1-22.

表 3-6 共有股东与财务信息披露质量的工具变量回归结果

	(1) Step1-Coz_num	(2) Step2-KV1-2SLS	(3) Step2-KV1-GMM	(4) Step1-Coz_degree	(5) Step2-KV1-2SLS	(6) Step2-KV1-GMM
mCoz_num	0.773 4*** (0.125 8)			0.712 1*** (0.140 4)		
L3Coz_num	0.708 6*** (0.018 5)			0.771 7*** (0.017 6)		
Coz_num		0.026 2** (0.011 2)	0.026 1** (0.011 2)		0.010 3** (0.004 9)	0.010 3** (0.004 9)
LEV	-0.087 7*** (0.017 8)	-0.106 7*** (0.013 0)	-0.106 6*** (0.013 0)	-0.191 1*** (0.037 4)	-0.107 1*** (0.013 0)	-0.107 0*** (0.013 0)
ROA	-0.086 3* (0.050 7)	0.251 9*** (0.042 6)	0.252 0*** (0.042 6)	-0.204 1** (0.102 3)	0.251 5*** (0.042 6)	0.252 1*** (0.042 6)
MTB	0.054 6*** (0.007 8)	0.104 8*** (0.005 4)	0.104 8*** (0.005 4)	0.114 7*** (0.016 5)	0.105 1*** (0.005 4)	0.105 1*** (0.005 4)
OCF	0.041 5 (0.036 7)	0.034 3 (0.030 0)	0.033 9 (0.030 0)	0.089 0 (0.073 7)	0.034 3 (0.030 0)	0.033 8 (0.030 0)
LOSS	0.023 3 (0.020 3)	0.022 8 (0.014 5)	0.022 8 (0.014 5)	0.036 0 (0.041 1)	0.023 1 (0.014 5)	0.023 0 (0.014 5)
SIZE	0.028 2*** (0.004 4)	0.040 7*** (0.002 8)	0.040 7*** (0.002 8)	0.057 7*** (0.009 2)	0.040 9*** (0.002 8)	0.040 9*** (0.002 8)

表3-6(续)

	(1) Step1-Coz_num	(2) Step2-KV1-2SLS	(3) Step2-KV1-GMM	(4) Step1-Coz_degree	(5) Step2-KV1-2SLS	(6) Step2-KV1-GMM
AGE	0.017 9***	0.012 9***	0.012 8***	0.036 0***	0.012 9***	0.012 9***
	(0.005 5)	(0.004 0)	(0.004 0)	(0.011 1)	(0.004 0)	(0.004 0)
INSOWN	0.098 8***	0.052 5***	0.052 7***	0.181 5***	0.053 5***	0.053 6***
	(0.014 0)	(0.010 8)	(0.010 8)	(0.028 3)	(0.010 8)	(0.010 8)
BIGOWN1	-0.001 2***	-0.000 6***	-0.000 6***	-0.002 5***	-0.000 6***	-0.000 6***
	(0.000 2)	(0.000 1)	(0.000 1)	(0.000 5)	(0.000 1)	(0.000 1)
BRD	0.001 0	-0.001 1*	-0.001 1*	0.001 4	-0.001 1*	-0.001 1*
	(0.000 9)	(0.000 7)	(0.000 7)	(0.001 9)	(0.000 7)	(0.000 7)
INDIRECT	0.007 4	0.006 3	0.006 4	0.046 6	0.006 0	0.006 0
	(0.030 1)	(0.023 2)	(0.023 2)	(0.061 6)	(0.023 2)	(0.023 2)
DUAL	0.005 2	-0.004 1	-0.004 1	0.006 5	-0.004 0	-0.004 0
	(0.005 4)	(0.004 2)	(0.004 2)	(0.011 1)	(0.004 2)	(0.004 2)
lnPAYGG	0.004 1	0.006 1**	0.006 1**	0.009 9	0.006 1**	0.006 1**
	(0.004 1)	(0.002 7)	(0.002 7)	(0.008 4)	(0.002 7)	(0.002 7)
AO	0.002 2	-0.003 5	-0.003 6	0.015 4	-0.003 5	-0.003 7
	(0.014 2)	(0.012 9)	(0.012 9)	(0.024 8)	(0.012 9)	(0.012 9)
Big4	0.035 5***	-0.000 1	-0.000 3	0.077 5***	0.000 1	-0.000 0
	(0.013 6)	(0.007 1)	(0.007 1)	(0.028 8)	(0.007 0)	(0.007 0)

表3-6（续）

	(1) Step1-Coz_num	(2) Step2-KV1-2SLS	(3) Step2-KV1-GMM	(4) Step1-Coz_degree	(5) Step2-KV1-2SLS	(6) Step2-KV1-GMM
ANA_TEAM	0.010 0***	0.038 3***	0.038 3***	0.017 0***	0.038 4***	0.038 3***
	(0.003 2)	(0.002 4)	(0.002 4)	(0.006 5)	(0.002 4)	(0.002 4)
_cons	-0.796 2***	-0.525 4***	-0.526 8***	-1.633 1***	-0.530 7***	-0.531 5***
	(0.094 9)	(0.068 4)	(0.068 4)	(0.199 5)	(0.068 3)	(0.068 3)
Year FE	Yes	Yes	Yes	Yes	Yes	Yes
Industry FE	Yes	Yes	Yes	Yes	Yes	Yes
r2_a	0.544 1	0.338 4	0.338 4	0.593 2	0.338 0	0.338 0
N	10 447	10 447	10 447	10 447	10 447	10 447
F		1 767.77			2 183.18	
Hansen J statistic		1.201 99			1.025 2	
Pval of Hansen J statistic		0.272 9			0.311 3	

Standard errors in parentheses * $p < 0.10$, ** $p < 0.05$, *** $p < 0.01$。

检验工具变量有效性：F 值均大于 10，说明不是弱工具变量。通过过度识别检验，Hansen J 检验 p 值均大于 0.1，说明工具变量选取有效证明所有工具变量均为外生，不存在内生的工具变量。检验结果如表 3-6 第（1）列显示，在第一阶段，mCoz_num 与 Coz_num $_{t-3}$ 两个工具变量都与 Coz_num 显著为正，说明共同机构所有权的行业均值和滞后三期的共同机构所有权会正向影响共同机构所有权数量。第二阶段，如表 3-6 第（2）（3）列显示，采用 2SLS、GMM 进行检验，共同机构所有权（Coz_num）对财务信息披露质量 KV 指数（KV1）的估计系数为正。如表 3-6 列（4）为被解释变量 Coz_degree 时的第一阶段回归，mCoz_degree 和 Coz_degree $_{t-3}$ 的系数均在 1% 水平下显著为正，说明选取的工具变量与共有股东联结程度（Coz_degree）正相关；列（5）列（6）为被解释变量，是信息披露质量 KV 指数（KV1）时的 2SLS、GMM 第二阶段回归。第二阶段，共同机构所有权（Coz_degree）对信息披露质量 KV 指数（KV1）的估计系数均显著为正。工具变量检验在一定程度上互为因果倒置的内生性问题后，本书基准假设回归结论依然成立。

3.4.3.2　赫克曼（Heckman）二阶段

本书采用赫克曼（Heckman）两阶段回归缓解可能存在的样本自选择偏差导致的内生性问题。具体地，本书构建 Probit 回归模型以考查企业在上一期的财务变量和公司治理特征变量与其下一期是否有共有股东（Coz_dum）之间的相关性，具体模型（3-4）如下：

$$\text{Coz\_dum}_{i,t} = \theta + \lambda \text{LagControls}_{i,t} + \mu_{i,t} \qquad (3-4)$$

式（3-4）中，LagControls $_{i,t}$ 为一组企业内部特征变量集合，包含企业规模滞后项（LagSIZE）、财务杠杆滞后项（LagLEV）、盈利能力滞后项（LagROA）、市账比滞后项（LagMTB）、现金比率的滞后项（LagOCF）、上市时间滞后项（LagAGE）、是否亏损滞后项（LagLOSS）、第一大股东滞后项（LagBIGOWN1）、高管薪酬的滞后项（LaglnPAYGG）、两职合一滞后项（LagDUAL）、董事会规模滞后项（LagBRD）、独立董事比例滞后项（LagINDIRECT）、机构投资者持股比例的滞后项（LagINSOWN）。本书构建逆米尔斯（IMR），再将之作为控制变量加入基准模型式（3-1）中，从而纠正选择性偏差对主要结果的干扰。

共有股东与财务信息披露质量的赫克曼（Heckman）二阶段回归结果见表 3-7。IMR 的系数在对 KV1 的回归中均在 10% 的显著性水平上显著，说明共有股东的样本选择偏差确实存在，因此有必要考虑这一样本自选择可能导致的估计偏误。第二阶段回归中 Coz_num、Coz_degree、Coz_rate 对 KV1 的系数均显著为正，VIF<10，不存在多重共线性问题，表明赫克曼（Heckman）两阶段检验结果支持本书结论。

表 3-7　共有股东与财务信息披露质量的赫克曼（Heckman）二阶段回归结果

	（1）KV1	（2）KV1	（3）KV1
Coz_num	0.037 0***		
	(0.007 2)		
Coz_degree		0.016 5***	
		(0.003 5)	
Coz_rate			0.029 2*
			(0.015 8)
IMR	0.034 1***	0.034 2***	0.034 7***
	(0.009 5)	(0.009 5)	(0.009 5)
LEV	−0.104 5***	−0.104 9***	−0.107 7***
	(0.012 9)	(0.012 9)	(0.013 0)
ROA	0.221 7***	0.221 6***	0.217 6***
	(0.038 6)	(0.038 6)	(0.038 6)
MTB	0.102 0***	0.102 2***	0.103 6***
	(0.005 5)	(0.005 5)	(0.005 5)
OCF	0.044 9*	0.044 6*	0.046 2*
	(0.025 3)	(0.025 3)	(0.025 3)
LOSS	0.027 2**	0.027 5**	0.028 4**
	(0.013 8)	(0.013 8)	(0.013 8)
SIZE	0.043 8***	0.044 0***	0.045 4***
	(0.003 5)	(0.003 5)	(0.003 5)
AGE	0.012 2***	0.012 2***	0.012 6***
	(0.003 6)	(0.003 6)	(0.003 6)
INSOWN	0.086 7***	0.087 5***	0.092 4***
	(0.015 0)	(0.015 0)	(0.015 0)
BIGOWN1	−0.001 0***	−0.001 0***	−0.001 0***
	(0.000 2)	(0.000 2)	(0.000 2)
BRD	−0.000 3	−0.000 3	−0.000 2
	(0.000 6)	(0.000 6)	(0.000 6)

表3-7(续)

	(1)	(2)	(3)
	KV1	KV1	KV1
INDIRECT	−0.009 0	−0.009 3	−0.009 2
	(0.021 1)	(0.021 1)	(0.021 2)
DUAL	−0.001 7	−0.001 6	−0.001 6
	(0.003 9)	(0.003 9)	(0.003 9)
lnPAYGG	0.008 8***	0.008 8***	0.008 9***
	(0.002 7)	(0.002 7)	(0.002 7)
AO	0.001 2	0.001 0	0.001 6
	(0.011 8)	(0.011 8)	(0.011 7)
Big4	−0.002 8	−0.002 8	−0.000 6
	(0.007 3)	(0.007 3)	(0.007 4)
ANA_TEAM	0.035 8***	0.035 9***	0.036 1***
	(0.002 3)	(0.002 3)	(0.002 3)
_cons	−1.006 0***	−1.009 4***	−1.045 1***
	(0.104 6)	(0.104 6)	(0.105 2)
Year FE	Yes	Yes	Yes
Industry FE	Yes	Yes	Yes
r2_a	0.374 5	0.374 4	0.373 1
N	14 125	14 125	14 125
VIF	3.99		

Standard errors in parentheses; $* p < 0.10$, $** p < 0.05$, $*** p < 0.01$。

3.4.3.3 倾向得分匹配

为进一步缓解选择偏误问题，本书采用 PSM-OLS 检验内生性。参照杜勇等（2021）[①] 的研究，将拥有共有股东的上市公司作为处理组，以前文所述的一系列控制变量（LEV、ROA、MTB、OCF、LOSS、SIZE、AGE、INSOWN、BIGOWN1、BRD、INDIRECT、DUAL、lnPAYGG、AO、Big4、ANA_TEAM、Year、Industry）作为匹配变量；而后，使用一对一最近邻匹配为处理组寻找特征相似的对照组，构建一个除了共有股东以外公司其他特征均尽可能相似的样本，继而进行 OLS 回归。PSM 的检验结果是，KV1值的平均处理效应（ATT）为 0.026 3，在 1% 水平上显著，这说明拥有共

[①] 杜勇，马文龙.机构共同持股与企业全要素生产率 [J].上海财经大学学报，2021，23（5）：81-95.

同机构投资者的上市公司，相较于与其特征相似的其他上市公司，其 KV1 值平均高 0.026 3。匹配后，所有变量的标准化偏差（%bias）均大幅缩小；并且大多数变量 t 检验的结果不拒绝处理组和控制组无系统差异的原假设（BRD、BIGOWN1、ANA_TEAM 除外）。在此基础上，将处理组和匹配上的对照组样本进行回归检验。

共有股东与信息披露质量 KV 指数的 PSM-OLS 结果见表 3-8。共有股东（Coz_num、Coz_degree、Coz_rate）的系数分别在 1%、1%、5% 水平上显著为正，该结果与基准回归结论保持一致。通过 PSM-OLS 检验结果可知，在控制自选择问题和可观察因素对考察变量的影响后，共有股东与信息披露质量 KV 指数（KV1）之间依然存在显著正相关关系，与前文研究结论保持一致，说明结果具有可靠性。

表 3-8　共有股东与信息披露质量 KV 指数的 PSM-OLS 结果

	(1) KV1	(2) KV1	(3) KV1
Coz_num	0.033 4***		
	(4.082 8)		
Coz_degree		0.014 3***	
		(3.635 7)	
Coz_rate			0.039 0**
			(2.251 6)
LEV	−0.093 5***	−0.093 3***	−0.092 0***
	(−4.104 1)	(−4.092 5)	(−4.007 8)
ROA	0.392 3***	0.393 1***	0.397 4***
	(5.299 7)	(5.303 3)	(5.349 7)
MTB	0.094 3***	0.094 3***	0.094 4***
	(10.200 9)	(10.191 6)	(10.169 7)
OCF	−0.060 5	−0.062 4	−0.061 6
	(−1.288 2)	(−1.326 7)	(−1.306 9)
LOSS	0.033 5	0.033 5	0.033 4
	(1.539 9)	(1.546 3)	(1.548 0)
SIZE	0.038 9***	0.038 8***	0.039 1***
	(8.353 6)	(8.322 4)	(8.332 5)
AGE	0.010 3**	0.009 8**	0.009 8**
	(2.097 6)	(1.982 5)	(1.981 2)

表3-8(续)

	(1) KV1	(2) KV1	(3) KV1
INSOWN	-0.034 3	-0.034 4	-0.033 9
	(-1.632 0)	(-1.628 1)	(-1.598 7)
BIGOWN1	-0.000 5*	-0.000 5*	-0.000 6**
	(-1.903 0)	(-1.923 2)	(-2.397 8)
BRD	0.000 0	0.000 0	-0.000 0
	(0.002 0)	(0.027 9)	(-0.009 1)
INDIRECT	0.025 7	0.024 7	0.025 8
	(0.635 3)	(0.612 1)	(0.634 0)
DUAL	-0.007 8	-0.007 3	0.006 9
	(-0.946 3)	(-0.880 2)	(-0.830 8)
lnPAYGG	0.002 5	0.002 3	0.001 9
	(0.522 8)	(0.487 4)	(0.402 8)
AO	0.046 7**	0.046 2**	0.046 1**
	(2.067 4)	(2.050 3)	(2.046 8)
Big4	-0.008 2	-0.008 5	-0.008 5
	(-0.845 3)	(-0.869 0)	(-0.864 8)
ANA_TEAM	0.052 4***	0.052 5***	0.052 9***
	(13.290 2)	(13.314 9)	(13.334 3)
_cons	-0.691 2***	-0.680 3***	-0.675 2***
	(-6.236 4)	(-6.133 1)	(-6.073 3)
Year FE	Yes	Yes	Yes
Industry FE	Yes	Yes	Yes
N	3 547	3 547	3 547
r2_a	0.468 8	0.468 3	0.466 8

注: t statistics in parentheses; * $p < 0.1$, ** $p < 0.05$, *** $p < 0.01$。

3.4.3.4 解释变量和控制变量滞后一期

本书采用解释变量和控制变量均滞后一期的方法以解决互为因果的内生性问题影响,解释变量和控制变量滞后一期的回归结果见表3-9。观察该表可以发现,在将自变量和控制变量均滞后一期后,列(1)—列(4)显示,L. Coz_dum、L. Coz_num、L. Coz_degree、L. Coz_rate 对 KV1 影响均显著为正;研究结论保持不变。

表 3-9 解释变量和控制变量滞后一期

	(1) KV1	(2) KV1	(3) KV1	(4) KV1
L. Coz_dum	0.023 8 ***			
	(4.366 6)			
L. Coz_num		0.030 1 ***		
		(3.942 5)		
L. Coz_degree			0.013 4 ***	
			(3.615 4)	
L. Coz_rate				0.027 9 *
				(1.699 0)
LagSIZE	0.040 9 ***	0.040 9 ***	0.041 0 ***	0.041 9 ***
	(13.437 8)	(13.442 5)	(13.457 5)	(13.722 6)
LagLEV	−0.083 9 ***	−0.084 1 ***	−0.084 4 ***	−0.086 0 ***
	(−6.543 2)	(−6.557 4)	(−6.574 6)	(−6.691 1)
LagROA	0.190 9 ***	0.190 6 ***	0.190 3 ***	0.187 6 ***
	(4.518 1)	(4.509 7)	(4.503 1)	(4.432 0)
LagMTB	0.107 4 ***	0.107 6 ***	0.107 7 ***	0.108 4 ***
	(19.311 3)	(19.317 1)	(19.345 1)	(19.429 9)
LagOCF	0.080 7 ***	0.080 7 ***	0.080 4 ***	0.081 6 ***
	(3.213 9)	(3.210 7)	(3.199 6)	(3.242 9)
LagLOSS	0.033 0 **	0.033 2 **	0.033 3 **	0.033 7 **
	(2.312 3)	(2.322 3)	(2.335 4)	(2.371 0)
LagAGE	0.002 9	0.003 0	0.003 0	0.003 1
	(1.183 3)	(1.217 5)	(1.199 9)	(1.251 5)
LaglnPAYGG	0.009 3 ***	0.009 4 ***	0.009 4 ***	0.009 4 ***
	(3.525 4)	(3.549 6)	(3.553 1)	(3.561 1)
LagBIGOWN1	−0.000 4 ***	−0.000 4 ***	−0.000 4 ***	−0.000 5 ***
	(−3.122 3)	(−3.116 4)	(−3.150 9)	(−3.461 2)
LagDUAL	−0.000 1	−0.000 1	−0.000 0	0.000 0
	(−0.023 8)	(−0.026 4)	(−0.006 0)	(0.005 3)
LagBRD	−0.000 4	−0.000 4	−0.000 4	−0.000 4
	(−0.641 7)	(−0.646 2)	(−0.627 2)	(−0.540 3)
LagINDIRECT	0.021 5	0.021 2	0.021 0	0.021 3
	(0.934 6)	(0.920 7)	(0.913 1)	(0.926 4)

表3-9(续)

	（1） KV1	（2） KV1	（3） KV1	（4） KV1
LagINSOWN	0.022 3 **	0.022 4 **	0.022 8 **	0.025 6 ***
	（2.379 5）	（2.389 8）	（2.436 8）	（2.745 7）
LagAO	0.016 9	0.016 9	0.016 7	0.017 2
	（1.299 0）	（1.296 3）	（1.284 6）	（1.326 5）
LagBig4	−0.000 3	−0.000 2	−0.000 2	0.001 5
	（−0.041 4）	（−0.022 4）	（−0.019 3）	（0.184 0）
LagANA_TEAM	0.024 4 ***	0.024 4 ***	0.024 4 ***	0.024 4 ***
	（10.792 3）	（10.793 7）	（10.803 9）	（10.806 9）
_cons	−0.567 7 ***	−0.570 2 ***	−0.572 1 ***	−0.592 0 ***
	（−8.058 0）	（−8.085 8）	（−8.112 1）	（−8.394 4）
Year FE	Yes	Yes	Yes	Yes
Industry FE	Yes	Yes	Yes	Yes
N	14 355	14 355	14 355	14 355
r2_a	0.339 0	0.338 8	0.338 7	0.338 0

注：t statistics in parentheses；* $p < 0.1$，** $p < 0.05$，*** $p < 0.01$。

3.4.4 稳健性检验

3.4.4.1 子样本回归

中国财政部自2014年开始对会计准则进行了诸多修订，因而2014年是实施新旧准则的分水岭。为避免会计准则变化对信息披露质量指标的测度，本书将样本区间缩小至2014—2021年进行稳健性检验。稳健性检验：子样本回归（2014—2021年）的结果见表3-10，Coz_dum，Coz_num，Coz_degree，Coz_rate对信息披露KV指数（KV1）的回归系数均显著为正，这就意味着在消除企业会计准则发生变化的影响后，本书的主要结论仍然成立。

表3-10　稳健性检验：子样本回归（2014—2021年）

	（1） KV1	（2） KV1	（3） KV1	（4） KV1
Coz_dum	0.032 5 ***			
	（5.680 9）			

表3-10(续)

	（1） KV1	（2） KV1	（3） KV1	（4） KV1
Coz_num		0.043 3 ***		
		(5.387 8)		
Coz_degree			0.018 4 ***	
			(4.810 4)	
Coz_rate				0.042 2 **
				(2.274 9)
LEV	−0.091 8 ***	−0.091 7 ***	−0.092 3 ***	−0.095 4 ***
	(−7.005 2)	(−6.991 7)	(−7.037 5)	(−7.252 7)
ROA	0.250 0 ***	0.249 8 ***	0.249 8 ***	0.247 0 ***
	(6.459 3)	(6.456 5)	(6.457 1)	(6.386 1)
MTB	0.089 4 ***	0.089 5 ***	0.089 9 ***	0.091 5 ***
	(16.105 0)	(16.105 6)	(16.191 2)	(16.479 7)
OCF	0.080 7 ***	0.080 8 ***	0.080 7 ***	0.083 3 ***
	(2.749 6)	(2.749 5)	(2.746 1)	(2.832 0)
LOSS	0.034 0 **	0.034 1 **	0.034 4 **	0.035 6 **
	(2.260 3)	(2.267 4)	(2.292 9)	(2.374 4)
SIZE	0.035 3 ***	0.035 3 ***	0.035 6 ***	0.036 9 ***
	(11.888 2)	(11.870 8)	(11.952 1)	(12.422 4)
AGE	0.013 4 ***	0.013 5 ***	0.013 6 ***	0.014 1 ***
	(5.225 5)	(5.266 0)	(5.286 4)	(5.519 8)
INSOWN	0.044 5 ***	0.044 3 ***	0.045 1 ***	0.048 7 ***
	(4.518 9)	(4.498 5)	(4.582 4)	(4.962 9)
BIGOWN1	−0.000 5 ***	−0.000 5 ***	−0.000 5 ***	−0.000 5 ***
	(−3.206 6)	(−3.178 9)	(−3.256 2)	(−3.677 5)
BRD	−0.001 0	−0.001 0	−0.001 0	−0.000 9
	(−1.577 0)	(−1.607 7)	(−1.563 4)	(−1.456 6)
INDIRECT	0.009 6	0.009 4	0.009 0	0.009 8
	(0.426 9)	(0.417 8)	(0.398 8)	(0.434 5)
DUAL	−0.001 4	−0.001 5	−0.001 4	−0.001 3
	(−0.367 9)	(−0.382 4)	(−0.359 4)	(−0.326 2)
lnPAYGG	0.004 9 *	0.004 9 *	0.004 9 *	0.005 1 *
	(1.750 6)	(1.774 7)	(1.759 5)	(1.813 2)
AO	0.004 3	0.004 2	0.004 1	0.004 6
	(0.352 2)	(0.347 5)	(0.335 7)	(0.381 8)

表3-10(续)

	(1) KV1	(2) KV1	(3) KV1	(4) KV1
Big4	-0.002 8	-0.002 9	-0.002 8	-0.000 3
	(-0.352 9)	(-0.358 5)	(-0.352 9)	(-0.039 2)
ANA_TEAM	0.041 0***	0.041 0***	0.041 1***	0.041 4***
	(17.577 6)	(17.587 9)	(17.632 2)	(17.719 0)
_cons	-0.473 5***	-0.474 0***	-0.479 6***	-0.516 1***
	(-6.811 5)	(-6.816 6)	(-6.890 9)	(-7.459 0)
Year FE	Yes	Yes	Yes	Yes
Industry FE	Yes	Yes	Yes	Yes
N	12 892	12 892	12 892	12 892
r2_a	0.267 6	0.267 5	0.267 1	0.265 7

t statistics in parentheses ; * $p < 0.1$, ** $p < 0.05$, *** $p < 0.01$。

3.4.4.2 增加控制变量

为进一步控制遗漏变量问题,本书在模型中加入机构大股东(BIGIN-SOWN)和股权制衡度(lnZ2)作为控制变量。其中,如果机构持股比例(INSOWN)大于10%,则取值为1,否则为0。股权制衡度(LnZ2)则为第二至第十大股东之间持股比例和与第一大股东持股比例的比值,加1后取对数而得。稳健检验:增加控制变量机构大股东、股权制衡度的回归结果见表3-11。检验结果显示,Coz_dum,Coz_num,Coz_degree,Coz_rate的回归系数分别在1%、1%、1%、5%的水平上显著为正。lnZ2对KV1值的影响在1%的水平上显著为负。第二至第十大股东的持股比例之和与第一大股东持股比例的差距越小,信息披露质量越低,说明有一定集中度、有相对控股股东、有其他大股东存在的股权结构最有利于公司监督治理机制的发挥,从而有利于公司信息披露环境的建设。

表3-11 稳健检验:增加控制变量机构大股东、股权制衡度的回归结果

	(1) KV1	(2) KV1	(3) KV1	(4) KV1
Coz_dum	0.028 5***			
	(6.296 4)			
Coz_num		0.038 1***		
		(5.980 2)		

表3-11(续)

	(1) KV1	(2) KV1	(3) KV1	(4) KV1
Coz_degree			0.017 3***	
			(5.570 2)	
Coz_rate				0.031 1**
				(2.271 9)
BIGINSOWN	0.012 3**	0.012 4**	0.012 4**	0.011 7**
	(2.260 6)	(2.291 8)	(2.289 7)	(2.145 9)
lnZ2	-0.027 0***	-0.027 2***	-0.027 0***	-0.025 2***
	(-3.730 0)	(-3.758 9)	(-3.729 5)	(-3.476 8)
LEV	-0.101 2***	-0.101 2***	-0.101 4***	-0.103 6***
	(-9.607 0)	(-9.612 5)	(-9.633 0)	(-9.815 5)
ROA	0.225 2***	0.225 3***	0.225 4***	0.221 7***
	(7.015 3)	(7.017 2)	(7.017 9)	(6.898 7)
MTB	0.088 7***	0.088 8***	0.088 9***	0.090 1***
	(19.235 5)	(19.236 2)	(19.274 3)	(19.477 5)
OCF	0.026 3	0.026 2	0.026 0	0.027 4
	(1.248 6)	(1.243 7)	(1.231 2)	(1.297 8)
LOSS	0.020 0*	0.020 1*	0.020 3*	0.021 3**
	(1.853 8)	(1.864 2)	(1.884 2)	(1.974 1)
SIZE	0.037 4***	0.037 4***	0.037 4***	0.038 6***
	(14.867 8)	(14.856 3)	(14.870 6)	(15.311 9)
AGE	0.003 9*	0.004 0*	0.004 0*	0.004 5**
	(1.840 2)	(1.866 0)	(1.862 0)	(2.126 1)
INSOWN	0.027 1***	0.026 9**	0.027 3***	0.031 0***
	(2.595 9)	(2.570 7)	(2.605 8)	(2.963 7)
BIGOWN1	-0.001 0***	-0.001 0***	-0.001 0***	-0.001 0***
	(-4.722 2)	(-4.724 5)	(-4.730 5)	(-4.809 9)
BRD	-0.000 9*	-0.000 9*	-0.000 9*	-0.000 8
	(-1.729 4)	(-1.756 1)	(-1.725 6)	(-1.586 7)
INDIRECT	0.006 2	0.006 0	0.005 6	0.005 8
	(0.339 2)	(0.327 1)	(0.306 9)	(0.318 0)
DUAL	0.000 4	0.000 3	0.000 4	0.000 4
	(0.110 2)	(0.101 8)	(0.132 4)	(0.134 9)

表3-11(续)

	（1） KV1	（2） KV1	（3） KV1	（4） KV1
lnPAYGG	0.004 6**	0.004 7**	0.004 7**	0.004 7**
	（2.106 1）	（2.132 5）	（2.127 9）	（2.124 9）
AO	0.015 7	0.015 6	0.015 5	0.016 1*
	（1.595 4）	（1.588 8）	（1.582 3）	（1.648 0）
Big4	−0.002 4	−0.002 4	−0.002 5	−0.000 3
	（−0.368 5）	（−0.366 2）	（−0.376 3）	（−0.042 8）
ANA_TEAM	0.036 2***	0.036 2***	0.036 2***	0.036 4***
	（19.410 1）	（19.416 2）	（19.435 6）	（19.465 7）
_cons	−0.546 9***	−0.547 5***	−0.548 7***	−0.580 2***
	（−9.569 8）	（−9.570 3）	（−9.587 8）	（−10.130 1）
Year FE	Yes	Yes	Yes	Yes
Industry FE	Yes	Yes	Yes	Yes
N	19 299	19 299	19 299	19 299
r2_a	0.358 2	0.358 1	0.357 9	0.356 7

注：括号内为根据异方差-稳健标准误计算的以及在公司层面聚类的 t 值，t statistics in parentheses，* $p < 0.1$，** $p < 0.05$，*** $p < 0.01$。

3.4.4.3 变换个体时间固定效应模型

变换个体时间双向固定效应模型对主假设 H1 进行稳健性检验的回归结果见表3-12。从结果可以看出，共有股东（Coz_dum，Coz_num，Coz_degree，Coz_rate）对 KV1 回归系数均为正，且在分别在 1%、1%、1%、5% 的水平下显著，与本书的主回归结果基本一致。

表3-12　稳健性检验：变换个体时间双向固定效应模型

	（1） KV1	（2） KV1	（3） KV1	（4） KV1
Coz_dum	0.037 5***			
	（5.380 6）			
Coz_num		0.053 8***		
		（5.453 1）		
Coz_degree			0.027 2***	
			（5.424 5）	

表3-12(续)

	（1）	（2）	（3）	（4）
	KV1	KV1	KV1	KV1
Coz_rate				0.060 4 **
				(2.332 3)
CVs	Yes	Yes	Yes	Yes
_cons	−0.525 3 ***	−0.525 5 ***	−0.525 9 ***	−0.546 0 ***
	(−4.714 6)	(−4.717 8)	(−4.729 6)	(−4.871 7)
Year FE	Yes	Yes	Yes	Yes
Firm FE	Yes	Yes	Yes	Yes
N	19 299	19 299	19 299	19 299
r2_a	0.271 6	0.271 6	0.271 6	0.270 2

注：括号内为根据异方差-稳健标准误计算的以及在公司层面聚类的 t 值，t statistics in parentheses，* $p < 0.1$，** $p < 0.05$，*** $p < 0.01$。

3.4.4.4　更换解释变量共有股东指标

改变共同机构投资者界定门槛。参考潘越等（2020）；杜勇，马文龙（2021）；杜勇，胡红燕（2022）[①] 的研究，本书以 3% 为标准分别重新计算机构共同持股的指标（Coz_dum3、Coz_num3、Coz_degree3 和 Coz_rate3）。改变共同机构投资者界定门槛进行稳健性检验的结果见表 3-13。当以 3% 作为构建"门槛"时，Coz_dum3、Coz_num3、Coz_degree3、Coz_rate3 的回归系数分别为 0.026 6（$t = 7.715 5$）、0.034 4（$t = 7.356 8$）、0.018 1（$t = 7.334 2$）、0.030 4（$t = 2.274 9$），均显著为正。此外，本书以 10% 为标准分别重新计算机构共同持股的指标（Coz_dum10、Coz_num10、Coz_degree10 和 Coz_rate10）。结果发现，当以 10% 作为构建"门槛"时，Coz_dum10、Coz_num10、Coz_degree10 和 Coz_rate10 的回归系数分别为 0.011 4（$t = 2.132 7$）、0.016 4（$t = 2.132 7$）、0.008 3（$t = 2.265 2$）、0.011 3（$t = 0.775 9$）。其中，是否存在共有股东（Coz_dum10）、共有股东数量（Coz_num10）及联结程度（Coz_degree10）的估计系数均显著为正。但以 10% 作为共同机构投资者的门槛时，系数最小。

---

① 潘越，汤旭东，宁博，等.连锁股东与企业投资效率：治理协同还是竞争合谋 [J].中国工业经济，2020（2）：136-164.

杜勇，马文龙.机构共同持股与企业全要素生产率 [J].上海财经大学学报，2021，23（5）：81-95.

杜勇，胡红燕.机构共同持股与企业财务重述 [J].证券市场导报，2022（2）：67-79.

表 3-13　稳健性检验：改变共有股东界定门槛

Panel A	更换自变量界定门槛 3% 回归结果			
	(1) KV1	(2) KV1	(3) KV1	(4) KV1
Coz_dum3	0.026 6 ***			
	(7.715 5)			
Coz_num3		0.034 4 ***		
		(7.356 8)		
Coz_degree3			0.018 1 ***	
			(7.334 2)	
Coz_rate3				0.030 4 **
				(2.274 9)
CVs	Yes	Yes	Yes	Yes
_cons	−0.547 7 ***	−0.546 9 ***	−0.540 1 ***	−0.583 4 ***
	(−9.646 7)	(−9.606 6)	(−9.472 3)	(−10.220 1)
Year FE	Yes	Yes	Yes	Yes
Ind FE	Yes	Yes	Yes	Yes
N	19 299	19 299	19 299	19 299
r2_a	0.358 2	0.358 0	0.358 1	0.355 9
Panel B	更换自变量界定门槛 10% 回归结果			
	(1) KV1	(2) KV1	(3) KV1	(4) KV1
Coz_dum10	0.011 4 **			
	(2.132 7)			
Coz_num10		0.016 4 **		
		(2.132 7)		
Coz_degree10			0.008 3 **	
			(2.265 2)	
Coz_rate10				0.011 3
				(0.775 9)
CVs	Yes	Yes	Yes	Yes
_cons	−0.584 3 ***	−0.584 3 ***	−0.582 7 ***	−0.593 5 ***
	(−10.230 5)	(−10.230 5)	(−10.193 8)	(−10.403 9)
Year FE	Yes	Yes	Yes	Yes
Ind FE	Yes	Yes	Yes	Yes
N	19 299	19 299	19 299	19 299
r2_a	0.355 9	0.355 9	0.356 0	0.355 7

注：括号内为根据异方差-稳健标准误计算的以及在公司层面聚类的 t 值，* $p < 0.1$，** $p < 0.05$，*** $p < 0.01$。

3.4.4.5 更换信息披露质量指标

出于尊重文献方法，也为了多角度分析问题，本书采用 KV 度量法（Verrecchia，2001）的基本模型来衡量信息披露质量。根据 Ascioglu et al.（2005）、Verrecchia（2001）、周开国（2011）[①]、林长泉等（2016）[②] 的做法，构建 KV 指数（KV2）的模型如下：

$$\text{Ln} \left| \left((P_t - P_{t-1})/P_{t-1} \right| = \lambda_0 + \lambda (\text{Vol}_t - \text{Vol}_0) - \varepsilon \right. \tag{3-5}$$

式中 P_t 和 Vol_t 分别是第 t 日的股票收盘价和交易股数，Vol_0 为研究期间所有交易日的平均日交易量。KV2 值也与信息披露质量成反比[③]。利用式（3-5）构造 KV2 指数，重新检验了本书的研究结论。改变信息披露质量指标的稳健性检验结果见表 3-14。结果显示，KV2 的系数除数值存在差异外，符号和显著性均保持了高度一致。

表 3-14　稳健性检验：改变信息披露质量指标

	(1) KV2	(2) KV2	(3) KV2	(4) KV2
Coz_dum	0.008 1 **			
	(2.270 2)			
Coz_num		0.011 5 **		
		(2.311 2)		
Coz_degree			0.006 0 **	
			(2.514 4)	
Coz_rate				0.022 1 **
				(2.000 9)
CVs	Yes	Yes	Yes	Yes
_cons	0.729 7 ***	0.730 3 ***	0.732 1 ***	0.726 2 ***
	(15.572 1)	(15.577 3)	(15.623 4)	(15.465 2)
Year FE	Yes	Yes	Yes	Yes
Industry FE	Yes	Yes	Yes	Yes

---

① 周开国，李涛，张燕. 董事会秘书与信息披露质量 [J]. 金融研究，2011 (7)：167-181.

② 林长泉，毛新述，刘凯璇. 董秘性别与信息披露质量：来自沪深 A 股市场的经验证据 [J]. 金融研究，2016 (9)：193-206.

③ 采用普通最小二乘法针对每家上市公司回归得到的 λ 值构建 KV 指数（KV2），且不考虑 λ 为负的情况。λ 越小说明信息披露越充分，因此 KV2 值越高，信息不对称程度高，代表信息披露质量越低。

表3-14(续)

	(1) KV2	(2) KV2	(3) KV2	(4) KV2
N	19 299	19 299	19 299	19 299
r2_a	0.333 0	0.333 1	0.333 1	0.333 0

注：括号内为根据异方差-稳健标准误计算的以及在公司层面聚类的 t 值，t statistics in parentheses，* $p < 0.1$，** $p < 0.05$，*** $p < 0.01$。

3.4.4.6 安慰剂检验（Placebo-test）

虽然本书基准回归发现行业共有股东与企业的信息披露质量存在相关关系，但已经对样本自选择问题和遗漏变量问题可能造成的估计偏误进行了控制。然而在理论上，本书基准回归的相关关系可能只是一种安慰剂效应，即由于研究设计过程中未被觉察到的局限性因素使得本书数据出现行业共同大股东变量与信息披露质量低下的相关关系，而事实上这与行业共有股东的"治理协同"或"合谋舞弊"并没有联系。为了保证基本结论的稳健性，本书利用安慰剂检验的办法对这一可能性作了排除。参考潘越等（2020）[①] 的做法，本书将样本数据集的所有"stkcd-year"观测值中 Coz 变量的取值全部提取，再将这些数值逐个随机地分配到每一个"stkcd-year"观测值中，最后重新对基准模型（1）进行回归。如果安慰剂效应确实存在，那么受未被觉察到的局限性因素影响，处理后的 Coz 变量应该依然会与信息披露质量 KV 指数正相关。使用安慰剂测试进行稳健性检验的回归结果见表3-15。表3-15 的第（1）、（2）、（3）列所示，Coz_num、Coz_degree、Coz_rate 的回归系数不显著，与基准回归的结果存在明显的差异，意味着安慰剂效应不存在，这与本书的基本结论相符，即企业信息披露质量降低是由机构共有股东增加所致，而并非其他未观测到的因素或噪音影响所致。

表 3-15　稳健性检验：安慰剂测试

	(1) KV1	(2) KV1	(3) KV1
Coz_num	0.002 7 (0.533 9)		

---

① 潘越，汤旭东，宁博，等.连锁股东与企业投资效率：治理协同还是竞争合谋 [J]. 中国工业经济，2020（2）：136-164.

表3-15(续)

	(1) KV1	(2) KV1	(3) KV1
Coz_degree		0.001 8	
		(0.778 4)	
Coz_rate			0.003 9
			(0.357 5)
CVs	Yes	Yes	Yes
_cons	−0.598 0***	−0.598 1***	−0.598 0***
	(−10.536 6)	(−10.537 9)	(−10.535 5)
Year FE	Yes	Yes	Yes
Industry FE	Yes	Yes	Yes
r2_a	0.355 7	0.355 7	0.355 7
N	19 299	19 299	19 299

注：括号内为根据异方差-稳健标准误计算的以及在公司层面聚类的 t 值，* $p < 0.1$，** $p < 0.05$，*** $p < 0.01$。

3.4.5　影响机制分析

机构合谋效应检验。产品市场竞争影响企业行为与决策。企业在竞争的环境中，为了获得更多外部资源和争夺市场份额，激发信息透明度提升，刺激信息披露质量提高（刘慧芬，王华，2015）①。一般地，行业集中度越高意味着市场竞争程度越低，企业暗中共谋拉升价格，严控产品供给，可以促使行业利润增加以获取超额利润。因此，如果共有股东影响企业财务信息披露质量的"竞争舞弊"的假设成立，在垄断行业，共有股东对信息披露质量的影响更加明显。这是因为在行业集中度较高的行业，少部分大型垄断企业对行业发展有较大的话语权，通过降低竞争、提高垄断、控制供给等途径获取更高的超额利润，吸引足够的股东投资，因而并不需要更多地进行高质量披露吸引股东，继而使其降低了财务信息披露质量。本部分从产品市场竞争这一维度去探析垄断的集中对市场竞争的改变是否影响合谋与信息披露质量降低的相关性，以确定行业共有股东与信息披露质量负相关的影响机制，为"竞争舞弊假说"提供更为有力的证据。

① 刘慧芬，王华.竞争环境、政策不确定性与自愿性信息披露 [J].经济管理，2015, 37 (11)：145-155.

为了验证这一机制，本书根据赫芬达尔指数（HHI）的计算方法构建行业集中度（等于以行业内营业收入前五名的企业的平方和），更高的HHI 意味着较低的产品市场竞争，即较高的行业集中度。并在年度上中位数设立虚拟变量（m_HHI_dum），若企业所在的行业的集中度高于当年所有行业的中位数，则取值为 1，否则为 0。在基准模型（1）中加入 m_HHI_dum，以及 m_HHI_dum 与行业共有股东（Coz×m_HHI_dum）的交乘项（Coz_dum/Coz_num/Coz_degree/Coz_rate×m_HHI_dum），考察产品市场竞争对于行业共有股东与信息披露质量 KV 指数之间相关关系的调节效应。行业集中度的影响机制检验结果见表 3-16。表 3-16 第（2）-（4）列显示，行业集中度（m_HHI）与机构共有股东（Coz）的交乘项（Coz_num/Coz_degree/Coz_rate×m_HHI）显著为正，意味着行业垄断程度越高，机构共有股东导致的信息披露质量降低的效应越明显。这与以往相关文献结论一致，行业集中度与公司信息披露呈负相关（刘慧芬，王华，2015）[①]。因此，研究结果在一定程度上说明，共有股东更希望被共同持股企业之间通过暗中共谋、减少供给、降低竞争等方式带来超额行业利润，实现行业投资组合利润最大化，为共有股东降低财务信息披露质量的"合谋舞弊"假说提供更干净的实证证据。

表 3-16　行业集中度的影响机制检验结果

	（1）KV1	（2）KV1	（3）KV1	（4）KV1
Coz_dum	0.020 2***			
	（3.185 0）			
Coz_dum * mHHI_dum	0.000 0			
	（.）			
Coz_num		0.026 1***		
		（2.995 7）		
Coz_num * mHHI_dum		0.024 4*		
		（1.952 6）		
Coz_degree			0.010 7**	
			（2.545 0）	

---

① 刘慧芬，王华.竞争环境、政策不确定性与自愿性信息披露 [J].经济管理，2015，37（11）：145-155.

表3-16(续)

	(1) KV1	(2) KV1	(3) KV1	(4) KV1
Coz_degree * mHHI_dum			0.012 8**	
			(2.110 1)	
Coz_rate				0.002 2
				(0.122 1)
Coz_rate * mHHI_dum				0.059 0**
				(2.204 4)
mHHI_dum	0.013 6	−0.003 6	−0.003 7	−0.003 1
	(1.538 9)	(−0.968 6)	(−1.003 0)	(−0.847 0)
CVs	Yes	Yes	Yes	Yes
_cons	−0.510 5***	−0.510 9***	−0.512 6***	−0.540 9***
	(−8.550 1)	(−8.552 3)	(−8.575 8)	(−9.036 4)
Year FE	Yes	Yes	Yes	Yes
Industry FE	Yes	Yes	Yes	Yes
r2_a	0.349 6	0.349 5	0.349 3	0.348 1
N	17 944	17 944	17 944	17 944

注：括号内为根据异方差-稳健标准误计算的以及在公司层面聚类的 t 值，$* p < 0.1$，$** p < 0.05$，$*** p < 0.01$。

3.4.6 拓展性讨论

共有股东对信息披露质量的影响无论体现在"治理监督"效应还是"合谋舞弊"效应，取决于共有股东自身所拥有的信息共享资源优势及受公司内部自身管理水平及公司所处的行业环境的影响。此部分检验了共有股东所在公司治理水平、企业产权性质、融资约束程度和机构类型的不同，而导致共有股东对企业财务信息披露质量呈现差异化。

3.4.6.1 公司治理水平的影响

按照已有文献的研究思路（张学勇，廖理，2010；张会丽，陆正飞，2012；周茜，许晓芳，陆正飞，2020)[①]，本章节运用主成分分析法，在其

[①] 张学勇，廖理. 股权分置改革、自愿性信息披露与公司治理 [J]. 经济研究，2010，45 (4)：28-39，53.

张会丽，陆正飞. 现金分布、公司治理与过度投资：基于我国上市公司及其子公司的现金持有状况的考察 [J]. 管理世界，2012 (3)：141-150，188.

周茜，许晓芳，陆正飞. 去杠杆，究竟谁更积极与稳妥？[J]. 管理世界，2020，36 (8)：127-148.

建立的综合治理指标中第一主成分分值高低代表公司治理水平的高低。具体地从总经理决策权力（两职合一）、股权特征监督作用（机构持股比例、股权制衡度）、董事会监督作用（独立董事占比、监事会人数、董事会规模）、激励机制（前三名高管薪酬、高管持股比例）、产权性质、交叉持股多方面构造综合性公司治理水平指标来度量公司治理水平。以高于公司治理水平（Gindex）行业年度中位数设置公司治理水平虚拟变量（Gindex_dum）为 1；否则为 0。为了避免多重共线性的影响并解释分析，将连续变量 Coz_num、Coz_degree、Coz_rate 进行了去中心化处理。首先计算共有股东数量、共有股东联结程度及共有股东持股比例（Coz_num、Coz_degree、Coz_rate）的年度行业均值，其次将 Coz_num、Coz_degree、Coz_rate 减去所对应的行业年度均值，得到中心化后的共有股东数量、共有股东联结程度及共有股东持股比例 c_Coz_num、c_Coz_degree、c_Coz_rate。公司治理水平调节效应检验的结果见表 3-17。共同机构投资者与公司治理指标的交互项系数（Coz_dum、c_Coz_num、c_Coz_degree、c_Coz_rate * Gindex_dum）为负，其中 Coz_dum * Gindex_dum 与 c_Coz_num * Gindex_dum 的交互项系数显著为负，表明共有股东与企业财务信息披露质量的负向关系受到公司治理调节，随着公司治理水平的提升而减轻。

表 3-17　公司治理水平调节效应检验

	（1） KV1	（2） KV1	（3） KV1	（4） KV1
Coz_dum	0.047 8*** (4.953 2)			
Coz_dum * Gindex_dum	-0.027 1** (-2.572 9)			
c_Coz_num		0.057 8*** (4.215 1)		
c_Coz_num * Gindex_dum		-0.028 5* (-1.881 4)		
c_Coz_degree			0.025 3*** (3.502 5)	
c_Coz_degree * Gindex_dum			-0.011 8 (-1.512 7)	

表3-17(续)

	(1)	(2)	(3)	(4)
	KV1	KV1	KV1	KV1
c_Coz_rate				0.064 9
				(1.451 7)
c_Coz_rate * Gindex_dum				-0.041 9
				(-0.893 9)
Gindex_dum	0.001 6	-0.001 5	-0.001 5	-0.000 5
	(0.405 6)	(-0.392 7)	(-0.371 5)	(-0.139 3)
CVs	Yes	Yes	Yes	Yes
_cons	-0.514 3***	-0.510 5***	-0.511 9***	-0.538 4***
	(-8.754 5)	(-8.669 7)	(-8.686 3)	(-9.135 2)
Year FE	Yes	Yes	Yes	Yes
Industry FE	Yes	Yes	Yes	Yes
N	17 654	17 654	17 654	17 654
r2_a	0.345 8	0.345 6	0.345 3	0.344 1

注：括号内为根据异方差-稳健标准误计算的以及在公司层面聚类的 t 值，* $p < 0.1$，** $p < 0.05$，*** $p < 0.01$。

3.4.6.2 产权性质的影响

在中国，国有企业由于与中央或地方政府的天然渊源，除纯粹追求经济利益，还承担了社会责任，具有特殊经济职能。国有企业在年报信息披露上面临着更强的约束和限制，既需要接受"一会两所"监管，还需要得到各级国资委等主管部门的审批与认可，这无疑提升了国有企业信息披露质量。国有上市公司出于政府公信力等方面约束，会更加注重信息披露。本书设国有公司虚拟变量为 1，其余为 0，以此分析国有属性是否影响公司信息披露质量。理论上，本部分预期，相对于非国有企业，国有企业的信息披露质量更高（陈冬华，梁上坤，2010；焦健，刘银国，刘想，2017；严由亮，李烨，2018）①。具体地，本部分将国有企业（SOE）和共有股东

---

① 陈冬华，梁上坤. 在职消费、股权制衡及其经济后果：来自中国上市公司的经验证据 [J]. 上海立信会计学院学报，2010，24 (1)：19-27, 97.

焦健，刘银国，刘想. 股权制衡、董事会异质性与大股东掏空 [J]. 经济学动态，2017 (8)：62-73.

严由亮，李烨. 高管薪酬激励、股权制衡与企业绩效 [J]. 财会通讯，2018 (6)：46-50.

交互项（Coz_dum/Coz_num/Coz_degree/Coz_rate * SOE）代入基准回归模型（3-1）。产权性质异质性检验结果见表3-18。交互项 Coz_dum * SOE/Coz_num * SOE/ Coz_degree * SOE/ Coz_rate * SOE 对信息披露质量 KV 指数（KV1）的回归系数分别为−0.053 7，−0.079 5，−0.037 7，−0.237 2，且均在 1% 统计显著性水平上显著，且共有股东（Coz）的系数依然显著为正。相对于非国有企业，国有企业信息披露质量更高，意味着国有产权性质显著弱化了共有股东与企业财务信息披露质量的负向关系。这一结果表明，共有股东对于企业财务信息披露质量的影响主要存在于非国有企业之中，相对于管理层受国资委影响且承担政治性任务的国有企业而言，共有股东的影响相对较小。

表 3-18   产权性质异质性检验

	(1) KV1	(2) KV1	(3) KV1	(4) KV1
Coz_dum	0.062 9 *** (7.279 8)			
Coz_dum * SOE	−0.053 7 *** (−5.434 2)			
Coz_num		0.090 7 *** (7.326 8)		
Coz_num * SOE		−0.079 5 *** (−5.666 5)		
Coz_degree			0.043 0 *** (6.614 1)	
Coz_degree * SOE			−0.037 7 *** (−5.248 9)	
Coz_rate				0.237 2 *** (4.372 7)
Coz_rate * SOE				−0.235 6 *** (−4.254 3)
SOE	0.015 4 *** (4.024 4)	0.015 7 *** (4.105 6)	0.015 5 *** (4.036 2)	0.015 2 *** (3.969 0)
CVs	Yes	Yes	Yes	Yes
_cons	−0.514 2 *** (−8.934 1)	−0.514 5 *** (−8.940 1)	−0.513 8 *** (−8.904 4)	−0.534 6 *** (−9.277 9)

表3-18(续)

	(1)	(2)	(3)	(4)
	KV1	KV1	KV1	KV1
Year FE	Yes	Yes	Yes	Yes
Industry FE	Yes	Yes	Yes	Yes
N	18 246	18 246	18 246	18 246
r2_a	0. 350 6	0. 350 7	0. 350 4	0. 349 0

注：括号内为根据异方差-稳健标准误计算的以及在公司层面聚类的 t 值，* p < 0.1，** p < 0.05，*** p < 0.01。

3.4.6.3　融资约束的影响

债权人治理对信息质量影响存在两种假说。其中，一是现有文献提出的债务契约假说（Defond & Jiambalvo，1994；Watts & Zimmerman，1990）。由于债务契约导致盈余管理动机，从而降低企业信息披露质量。二是债权人监督假说。债权人有激励、有能力发挥其治理作用，积极监督管理债务人的盈余管理行为，从而有效改善了信息质量。这两个假说从不同视角看待债权人治理，并不冲突和矛盾。国内学者的研究大多支持债务契约假说，即企业在融资过程中为了提高债务谈判能力或者获取较低的融资成本，增加盈余管理，降低信息披露质量（陆正飞，祝继高，孙便霞，2008）[①]；也有学者研究发现不同类型债权人发挥治理效应有差别，应加强债权人使用监督权积极参与公司治理（孙芳城，俞潇敏，2013）[②]。本章按照 Hadlock & Pierce（2010）、卢太平，张东旭（2014）[③]、范周乐，何任（2018）[④]、李桂子（2020）[⑤] 等学者的研究思路，采取 SA 指数[⑥]来度量融资约束变量（FC）。将 SA 指数绝对值在行业年度后 66% 的样本公司定义

[①]　陆正飞，祝继高，孙便霞. 盈余管理、会计信息与银行债务契约 [J]. 管理世界，2008（3）：152-158.

[②]　孙芳城，俞潇敏. 不同类别债权人治理对盈余质量的影响研究 [J]. 会计之友，2013（29）：21-25.

[③]　卢太平，张东旭. 融资需求、融资约束与盈余管理 [J]. 会计研究，2014（1）：35-41，94.

[④]　范周乐，何任. 融资约束、机构投资者与企业创新：基于新三板制造业挂牌公司的证据 [J]. 中国注册会计师，2018（9）：32-36.

[⑤]　李桂子. 盈余管理、无形资产信息披露与企业融资约束 [J]. 财会通讯，2020（18）：39-42.

[⑥]　具体地，$SA = -0.737 * SIZE + 0.043 * SIZE^2 - 0.040 * AGE^2$，其中 SIZE 为企业规模的自然对数，AGE 为企业成立时间。SA 指数一般为负值，该值的绝对值越大，表明融资约束程度越高。

为高融资约束组，FC 值赋值为 1；将 SA 指数绝对值在行业年度前 33%的样本公司定义为低融资约束组，FC 值赋值为 0。本部分将融资约束变量（FC）和共有股东交互项（Coz_dum/Coz_num/Coz_degree/Coz_rate * FC）代入基准回归模型（3-1）。融资约束调节效应检验结果见表 3-19。研究发现，当企业融资需求程度和融资对价较高时，债权人对债务人的财务报告信息披露质量起到一定的监督作用，使得公司的信息披露质量得以提升。总的来说，融资约束能显著削弱共有股东与信息披露质量之间的负相关关系，即债权人治理监督能够缓解共有股东与财务信息披露质量的负向影响。

表 3-19　融资约束调节效应检验

	(1) KV1	(2) KV1	(3) KV1	(4) KV1
Coz_dum	0.037 9*** (5.346 7)			
Coz_dum * FC	-0.019 8** (-2.052 9)			
Coz_num		0.049 4*** (5.003 1)		
Coz_num * FC		-0.024 3* (-1.804 3)		
Coz_degree			0.023 3*** (4.856 4)	
Coz_degree * FC			-0.011 7* (-1.792 3)	
Coz_rate				0.023 2 (1.066 2)
Coz_rate * FC				0.012 4 (0.421 3)
FC	0.003 9 (0.962 6)	0.003 7 (0.910 6)	0.003 6 (0.905 2)	0.001 0 (0.239 9)
CVs	Yes	Yes	Yes	Yes
_cons	-0.563 0*** (-8.974 4)	-0.564 8*** (-8.988 5)	-0.564 0*** (-8.960 5)	-0.612 0*** (-9.721 8)

表3-19(续)

	(1) KV1	(2) KV1	(3) KV1	(4) KV1
Year FE	Yes	Yes	Yes	Yes
Industry FE	Yes	Yes	Yes	Yes
N	14 050	14 050	14 050	14 050
r2_a	0.368 8	0.368 7	0.368 6	0.367 1

注：括号内为根据异方差-稳健标准误计算的以及在公司层面聚类的 t 值，$*\ p < 0.1$，$**\ p < 0.05$，$***\ p < 0.01$。

3.4.6.4　机构投资者异质性检验

并非所有机构投资者都有能力及意愿主动参与公司协同治理。长期机构投资者持股期限长，更为稳定，主动参与协同治理的动机更强；而短期机构投资者持股期限短，交易频繁，更加注重短期获利。本部分将机构投资者持股比例与其过去三年机构投资者持股比例标准差的比值设置为机构投资者异质性虚拟变量（INSOWN_DUM）。若高于行业年度中位数，则为1，其为长期稳定型机构投资者；否则为0，其为短期交易型机构投资者。本部分将机构投资者异质性变量（INSOWN_DUM）和共有股东交互项（Coz_dum/Coz_num/Coz_degree/Coz_rate * INSOWN_DUM）代入基准回归模型（3-1）。机构投资者异质性检验的结果见表3-20。研究发现，Coz_dum/Coz_num/Coz_degree/Coz_rate * INSOWN_DUM 的系数显著为负，且分别在5%、5%、10%、5%的显著性水平上显著，而且共有股东（Coz）的系数依然显著为正。这一结果表明，共有股东对于企业投资效率的影响确实主要存在于短期机构投资者中，对于外部公司治理机制受长期的稳定型机构投资者影响的企业而言，共有股东的影响相对较小。以上结果说明，短期交易型的共同机构投资者的合谋舞弊动机更为明显。

表3-20　机构投资者异质性检验

	(1) KV1	(2) KV1	(3) KV1	(4) KV1
Coz_dum	0.038 3 ***			
	(5.285 4)			
Coz_dum * INSOWN_DUM	−0.017 7 **			
	(−2.138 3)			

表3-20(续)

	(1) KV1	(2) KV1	(3) KV1	(4) KV1
Coz_num		0.052 9***		
		(5.182 7)		
Coz_num * INSOWN_DUM		-0.026 6**		
		(-2.259 8)		
Coz_degree			0.023 5***	
			(4.663 5)	
Coz_degree * INSOWN_DUM			-0.011 2*	
			(-1.947 3)	
Coz_rate				0.076 2***
				(2.922 1)
Coz_rate * INSOWN_DUM				-0.066 2**
				(-2.322 6)
INSOWN_DUM	0.005 3*	0.005 4*	0.005 0*	0.005 3*
	(1.747 6)	(1.804 4)	(1.659 0)	(1.783 3)
CVs	Yes	Yes	Yes	Yes
_cons	-0.556 9***	-0.558 1***	-0.558 9***	-0.586 3***
	(-9.757 8)	(-9.770 4)	(-9.777 6)	(-10.273 6)
Year FE	Yes	Yes	Yes	Yes
Industry FE	Yes	Yes	Yes	Yes
N	19 294	19 294	19 294	19 294
r2_a	0.357 3	0.357 2	0.357 0	0.355 9

注：括号内为根据异方差-稳健标准误计算的以及在公司层面聚类的 t 值，* $p < 0.1$，** $p < 0.05$，*** $p < 0.01$。

3.4.6.5 非流动性经济后果

Bushee 和 Leuz（2005）、Shroff et al.（2017）提供此类外部性的经验证据，即一家共同所有的公司增加披露，不仅可以通过提高披露自身公司的流动性和降低自身资本成本（直接收益）来增加共同所有人的投资组合价值，还可以通过提高共同所有者投资组合中其他同行业公司流动性和降低资本成本（间接收益）（Bushee & Leuz, 2005; Shroff et al., 2017）。当然，提升流动性对持股份额大的拥有共同所有权的机构投资者更为显著（Park et al., 2019）。

ILLIQ$_{it}$是公司股票i在第t年根据 Amihud（2002）计算的非流动性指标（Yakov & Amihud, 2002）。Amihud（2002）建立的非流动性指标是最优的低频流动性指标，反映了投资者在进行交易时对股价的影响，ILLIQ 指标越高，其在交易时对股价的冲击越大，说明股票交易成本高，股东流动性越差。国际和国内学者在研究股票流动性的文献中使用得较多的也是该指标（林志帆，杜金岷，龙晓旋，2021；杨秋平，刘红忠，2022）[①]。Amihud（2002）关于流动性的具体度量方法如式（3-6）所示：

$$\text{ILLIQ}_{it} = \frac{1}{n} \sum_{d=1}^{n} \frac{|R_{i,d}|}{\text{VOL}_{i,d}} \tag{3-6}$$

式（3-6）中，ILLIQ$_{it}$为个股i在t期间的非流动性指标，n为t期间的总交易日数，$|R_{i,d}|$是指个股i在d日的绝对收益率，Vol$_{i,d}$是个股i在d日的交易金额，单位为百万元。其中，控制变量包括机构投资者持股比例（INSOWN）、第一大股东持股比例（BIGOWN1）和影响股票流动性指标的变量：股票收盘价（CLOSE，取对数）、个股交易量（NUMBER，取对数）、分析师跟踪（ANA_PERSON）、账面市值比（MTB）、公司规模（MKTVALUE），具体算法为公司市值取自然对数、收益波动性（SD_RET），具体算法为日收益率的年度标准差，并将其取自然对数。Year FE 和 Industry FE 分别是年度和行业固定效应。共有股东与财务信息披露质量的经济后果（Amihud 非流动性）的检验结果见表 3-21。KV1×Coz_num/ KV1×Coz_degree/ KV1×Coz_rate 的回归系数显著为正，在信息披露质量较差的上市公司中，行业共同机构股东与股票的非流动性具有更强的正向作用。这说明，行业共同机构股东通过降低信息披露质量，继而增加了股票的非流动性。

表 3-21　共有股东与财务信息披露质量的经济后果（Amihud 非流动性）

	(1) ILLIQ	(2) ILLIQ	(3) ILLIQ	(4) ILLIQ	(5) ILLIQ	(6) ILLIQ
Coz_num	0.000 1***	-0.000 3***				
	(3.943 8)	(-3.611 9)				

① 林志帆，杜金岷，龙晓旋. 股票流动性与中国企业创新策略：流水不腐还是洪水猛兽？ [J]. 金融研究，2021（3）：188-206.

杨秋平，刘红忠. 外资持股、知情交易与股票流动性 [J]. 世界经济研究，2022（5）：14-32, 135.

表3-21(续)

	(1) ILLIQ	(2) ILLIQ	(3) ILLIQ	(4) ILLIQ	(5) ILLIQ	(6) ILLIQ
KV1 * Coz_num		0.000 7 *** (6.282 5)				
Coz_degree			0.000 1 *** (3.939 1)	−0.000 1 *** (−3.304 4)		
KV1 * Coz_degree				0.000 3 *** (5.924 6)		
Coz_rate					0.000 1 ** (2.189 8)	−0.000 6 *** (−4.154 5)
KV1 * Coz_rate						0.001 3 *** (5.782 6)
KV1		−0.000 6 *** (−8.343 4)		−0.000 6 *** (−8.317 0)		−0.000 6 *** (−7.984 0)
CV_Amihud	Yes	Yes	Yes	Yes	Yes	Yes
_cons	0.011 3 *** (17.101 9)	0.011 0 *** (17.497 9)	0.011 4 *** (17.081 6)	0.011 0 *** (17.473 2)	0.011 3 *** (17.088 1)	0.010 8 *** (17.435 5)
Year FE	Yes	Yes	Yes	Yes	Yes	Yes
Industry FE	Yes	Yes	Yes	Yes	Yes	Yes
N	18 246	18 246	18 246	18 246	18 246	18 246
r2_a	0.088 7	0.093 5	0.088 7	0.093 5	0.088 4	0.092 8

注：括号内为根据异方差-稳健标准误计算的以及在公司层面聚类的 t 值，* $p < 0.1$，** $p < 0.05$，*** $p < 0.01$。

3.5 本章小结

共有股东在某一行业具有竞争的企业间持股形成经济关联在中国的资本市场越来越常见。目前学术界关于共有股东对公司各方面影响以及作用机制仍无统一定论，主要有"协同监督"和"合谋舞弊"两种观点。本章以 2009—2021 年我国沪深 A 股上市公司为研究样本进行了实证研究与检验，结果发现，共有股东并未提高企业财务信息披露质量，支持了"合谋舞弊"假说。研究发现：①以 KV 指数作为财务信息披露质量整体考察的代理变量，共有股东的影响体现为"合谋舞弊"，导致对信息披露质量具有负向影响。②为了论证主结论的可靠性，在采用工具变量回归、赫克曼（Heckman）二阶段回归、倾向得分匹配（PSM）等内生性方法检验后以及在采用替换解释变量和被解释变量指标及安慰剂检验等一系列稳健性检验后，结论依然稳健。③影响机制分析中，行业集中度加强了共有股东对财务信息披露质量负向影响，为"合谋舞弊"假说提供了证据。④进一步研究发现，共有股东与企业财务报表信息披露质量的负向关系主要存在于公司治理水平低、非国有产权、低融资约束、短期机构投资者的公司中。⑤经济后果检验发现，共有股东通过弱化财务信息披露质量导致了流动性减弱，不利于市场流动性。

基于上述结果和结论，本书认为：①共有股东应积极探索并利用自身信息资源和行业专长加强与公司管理层沟通，提高财务信息披露质量，提升市场流动性。当前，随着中国经济增速放缓，行业竞争愈加激烈，共有股东在同行业具有竞争的企业之间持股，驱动了其合谋获取短期利益，长期来看可能损害了市场效率。共有股东更应该致力于探索如何利用自身的行业优势、治理优势来帮助和监督所投企业竞争优势长效机制的建立健全，积极推动市场化，发展创新，加强机构投资者治理监督机制等方式，帮助提高企业在中国经济转轨阶段维持生命力和竞争力。②政府各部门在推进市场化进程同时应警惕共有股东市场合谋形成短期利益联盟，从而阻碍中小投资者权益保护，避免共有股东在同行业企业产生垄断效应的可能。③我国的监管层应不遗余力地提高资本市场的信息披露质量，一方面积极引入共有机构股东改善公司治理结构职能，另一方面推进公司对大股东有效及时地披露共有股东持股情况。当前，对共有股东的研究仅限于上市公司披露可查的前十大股东，对未披露的其他共有股东以及是否持有同行业未上市企业等情况，便不得而知。监管层应在制度层面为发展共有股东提供治理生存环境，充分发挥信息中介的监督和治理作用。

4 共有股东与业绩预告信息披露质量

4.1 问题的提出

"一会两所"要求上市公司先于财务报告正式公布时披露业绩预测信息，其初衷在于提前释放业绩风险，增强投资者预判，避免公司股票在财务报告正式公布时价格出现大幅波动。因此，业绩预告作为对上市公司定期财务报告信息披露的一项具有前瞻性与预测性信息披露制度，在缓解资本市场信息不对称冲突、提高公司信息透明度、完善投资者权益保护等方面发挥着关键作用。在我国，业绩预告信息披露始于 1998 年，而随着业绩预告制度逐年发展，我们关注到一些事实：如 2020 年，深交所中小板某上市公司披露其 2019 年度盈利预测区间为 400 万~800 万元；随后又将盈利预测区间更正为 400 万~600 万元①。仁东控股（002647）披露其 2021 年度净利润为亏损 1 亿~2 亿元，由于较原预计区间范围差异过大，收到深交所监管函②。管理层在定期财务报告披露前发布过宽的盈利预测区间，降低了资本市场投资者、债权人、客户等对公司业绩表现的准确研判，引发了广大的利益相关者对于上市公司业绩预告信息披露质量的关注（朱杰，2020）③。我国管理层业绩预告制度，与世界大多数国家证券监管部门的要求基本保持一致，即要求采用强制披露与自愿披露相结合的披露形

---

① 资料来源：https://www.sohu.com/a/442623860_120890632。
② 资料来源：http://stock.10jqka.com.cn/20220628/c640089923.shtml。
③ 朱杰.企业国际化战略与管理层业绩预告［D］.武汉：中南财经政法大学，2020.

式。对于业绩预告区间的精确性，《深圳证券交易所上市公司自律监管指引第1号——主板上市公司规范运作》第三章第三节规定，公司高管在公司实际业绩与已披露业绩存在较大差异时应及时履行披露义务，可见在如何披露业绩预告方面赋予了上市公司管理层较高的自由裁量权。在当前半强制性监管披露背景下，股东和管理层出于某些特殊动机的考虑，充分利用其信息优势，在满足最低监管要求的基础上实现业绩预告盈余信息策略性披露（张娆，薛翰玉，赵健宏，2017；李晓溪，饶品贵，岳衡，2019)[①]，从而导致管理层业绩预告信息含量降低，削弱了业绩预告的风险预警功能（张娆，薛翰玉，赵健宏，2017；李晓溪，饶品贵，岳衡，2019)[②]，使得业绩预告的"决策有用性"受到质疑。

机构持股能提高管理层业绩预告信息披露质量。机构投资者持股与公司业绩预告发布频率、业绩预告详细程度及准确度均正相关（Ajinkya et al.，2000、2005)。Park et al.（2019）以美国上市公司为研究对象，发现信息披露专有成本的降低使得美国上市公司的共有股东增强了公司业绩预测与资本支出预测的意愿。机构在同一产业具有竞争的企业之间参股所产生的横向利益可能改变行业竞争状态，管理层可能因专有信息对信息披露的预测区间做出改变（Park et al.，2019；Pawliczek et al.，2018)。由此，本书便衍生出一个重要而且亟须解决的问题，即我国企业共有机构股东究竟如何影响管理层业绩预告信息披露质量。

本章以企业的业绩预告信息披露质量为研究视角，考察了我国资本市场共有机构股东这一独特的所有权结构对业绩预告信息质量的影响。基于上述分析，本书检验了共有股东与业绩预告信息披露质量之间的关系。研究发现：以业绩预告精确度作为信息披露质量的代理变量，共有股东的影响体现出协同治理职能，导致其对业绩预告精确度具有正向影响。在采用赫克曼二阶段回归和工具变量回归等内生性方法检验后，结论依然成立；

---

① 张娆，薛翰玉，赵健宏. 管理层自利、外部监督与盈利预测偏差［J］. 会计研究，2017（1）：32-38，95.

李晓溪，饶品贵，岳衡. 年报问询函与管理层业绩预告［J］. 管理世界，2019，35（8）：173-188，192.

② 张娆，薛翰玉，赵健宏. 管理层自利、外部监督与盈利预测偏差［J］. 会计研究，2017（1）：32-38，95.

李晓溪，饶品贵，岳衡. 年报问询函与管理层业绩预告［J］. 管理世界，2019，35（8）：173-188，192.

此外，在经过替换解释变量和被解释变量指标及子样本回归等一系列稳健性检验后，结论依然稳健。进一步研究发现，发布好消息、盈余管理程度高会弱化共有股东对业绩预告精确度的正向影响。异质性影响分析发现，在非国有产权性质、产品市场竞争弱、乐观预期下，共有股东对业绩预告信息披露质量正向影响更加明显，同时发现共有股东通过提升业绩预告精确度得到了深交所评级认可及审计费用降低的经济后果。

本章可能存在的边际贡献和意义：首先，现有文献主要证明共有股东对企业竞争（Azar et al，2018；Azar et al，2021）、融资能力（Chen et al，2021）、创新（Antón et al，2018；严苏艳，2019）①、公司内部或外部治理（He et al，2019；Edmans et al，2019）、盈余管理（杜勇，孙帆，邓旭，2021；严苏艳，2021）②、股票市场反应（周冬华，周思阳，2022）③、自愿性披露（Pawliczek et al.，2018）等多方面的影响，而本书主要从共有股东视角考察其对管理层业绩预告信息披露质量的整体影响，进一步丰富了共有股东经济后果及市场表现方面的文献。其次，本章从机构投资者参与公司治理微观层面出发，进一步丰富了股东影响管理层的行为决策方面的文献，有助于拓宽所有权结构对半强制性信息披露类型的影响研究框架。最后，为相关监管部门信息披露政策制定提供了理论依据和经验支撑。本书的研究表明，行业共有股东有助于管理层业绩预告信息质量的提升，政府部门应充分为共有股东这一资本市场新兴的所有权模式加强股东与管理层的沟通与联系，助力前瞻性、非强制性信息披露制度的健全与完善，为共有股东参与公司治理、发挥产业协同优势创造制度环境，以此形成化解信息不对称冲突的长效机制。

4.2　理论推导与假设提出

经典文献表明，股东对管理层决策产生影响，经理人明确知晓大股东

---

① 严苏艳. 共有股东与企业创新投入 [J]. 审计与经济研究，2019，34（5）：85-95.

② 严苏艳. 共有股东与盈余持续性 [J]. 当代财经，2021（12）：137-148.

杜勇，孙帆，邓旭. 共同机构所有权与企业盈余管理 [J]. 中国工业经济，2021（6）：155-173.

③ 周冬华，周思阳. 共有股东有利于稳定资本市场吗?：基于股价崩盘风险的视角 [J]. 安徽大学学报（哲学社会科学版），2022，46（2）：99-111.

及其激励和要求（Shleifer & Vishny，1986）。如果行业共同持股改变了股东的偏好，经理人应该了解这种偏好变化，并相应地调整其行为。安东等（Anton et al.，2016）提供了面板数据和工具变量证据，证明当行业变更为共同所有时，管理层薪酬相对于行业竞争对手对绩效的敏感度会降低，并且薪酬绩效敏感度随着共同拥有而下降。因此，本书预测要么公司管理层可能为了共有股东的投资组合最大化利益降低竞争，要么公司管理层仍然担心非共同持股的潜在竞争对手的威胁。前者，可能采取迎合共有股东偏好等策略增加业绩预告信息披露；后者，则可能降低业绩预告信息披露质量以模糊竞争对手的判断，从而减少竞争对手从中获益。

4.2.1 共有股东提升业绩预告信息披露质量的理论依据与假设推论

（1）专有信息成本。共同所有权的存在使得机构股东拥有行业内竞争者的股份。具有较集中的共同所有权的行业，其管理层不再以实现股东财富最大化为经营目标（Pawliczek et al.，2018），而是以提高共同所有人的投资组合价值的方式行事。他们较少有从事高竞争行为的动机，并非试图从直接竞争者那里夺取市场份额。文献表明，共有股东存在形成反竞争效应，被共同持股的公司彼此之间的竞争程度不高。阿尼洛夫斯基等（Anilowski et al.，2007）和俄格尼瓦（Ogneva，2013）发现以盈余预测为代表的前瞻性盈余信息反映了企业所处行业宏观经济状况的信息，往往包含了与公司未来经营状况、市场需求、经营成本利润等有关的专有信息。这些专有信息披露可能有助于竞争对手调整竞争策略从中获利，继而对本企业市场竞争地位产生不利影响。如果专有信息成本是公司全面披露的主要限制之一，随着共同所有权导致竞争减少，管理层不太担心在信息披露中传达的专有信息将被竞争对手利用以获得超额市场份额或利润。在专有信息成本较低且收益保持不变的前提下，公司会放松这一限制，增加信息披露。因此，拥有共同所有权的公司预计会提升盈余预测信息披露质量。

（2）行业技术溢出。共有股东能够内化正外部性的相关理论也可能增加信息披露（Park et al.，2019）。基于前人研究形成的理论和经验证据，一个行业中的一家公司进行更多的披露可能会对该行业中其他公司的流动性和资本成本产生溢出效应（Admati & Pfleiderer，2000；Bushee & Leuz，2005；Shroff et al.，2017）。一个被共同拥有公司增加信息披露，不仅可以提高披露公司的流动性和降低资本成本（直接收益），而且可以改善共同所有者投资组合中的同行业公司的流动性和降低资本成本，从而提高投资组合价值（间接收益）。此外，一家公司的披露可以降低需求、供应和成本状况的不确定性，改善行业内其他公司的信息环境，因为这些因素在行业内是相互关联的（Anilowski et al.，2007；Arif & George，2020；Badertscher et al.，2013；Baginski，1987；Bonsall et al.，2013；Ogneva，2013；Shroff et al.，2017；Shroff et al.，2014）。Arif 和 De George（2020）认为，相关公司的披露可以相互替代。巴德舍尔等（Badertscher et al.，2013）发现相关公司的披露可以为同行公司和分公司等的投资决策提供信息。希若夫等（Shroff et al.，2014）发现披露同行公司可以降低同行公司的道德风险成本。文献表明，共同所有制会激励企业将这些积极的外部性内部化。当共有股东考虑到披露不善对其他投资组合公司造成负外部性时，会实施更有效的监督职能。

（3）有效监管职能。出于投资者权益保护角度，监管层会鼓励并要求更全面、更准确的信息披露；因此，提升业绩预告质量需要符合与满足监管需求。在股东发起的治理提案中，机构投资者有能力投票反对不称职的管理层（He et al.，2018，2019），甚至也可以让不称职的高级管理人员直接下台（Kang et al.，2018）。声誉问题和潜在的法律成本对管理者对外提供高质量业绩预告形成正面激励。

基于以上三个原因，本书提出假设 H4-1a。

H4-1a：在其他条件一定时，共有股东会提升管理层业绩预告信息披露质量。

4.2.2　共有股东降低业绩预告信息披露质量的理论依据与假设推论

关于共有股东能否影响公司的信息披露决策。国外当前理论文献主要提供了关于竞争是否增加或减少披露激励的矛盾预测（Darrough，1993；Darrough & Stoughton，1990；Kim & Verrecchia，1991；Verrecchia，1983），以及关于竞争和披露代理变量之间关系的实证研究和混合证据（Anne et al.，2010）。

（1）外部竞争威胁。以盈余预测为代表的前瞻性盈余信息是关于企业所处行业宏观经济状况的信息，往往包含了与公司未来经营状况、市场需求、经营成本利润等有关的专有信息。黄（Huang，2016）发现竞争加剧导致向同行公司披露私人专有信息的成本升高，为了避免公开上市的公司失去行业竞争优势，管理者会限制专有信息披露。因此，专有信息成本成为管理层盈余信息披露的主要限制。虽然被机构共同拥有的公司彼此之间的竞争可能相对减少，但当前研究对于共同股东会在多大程度上导致对专有信息披露以及专有信息成本能否足以改变公司业绩预告披露决策尚无清晰定论。此外，这些公司仍然面临来自非共同拥有的公司（例如同行业非上市公司）的隐藏性专有成本以及限制公司披露的其他成本。这就导致共有股东并不能促进业绩预告质量提升，相反，由于仍然担心盈利预测中所包含的专有信息为其他竞争对手所利用，企业出于专有成本的考虑会降低业绩预告披露意愿、模糊业绩预告披露区间。

（2）私人信息沟通。行业共同所有权和业绩预告信息披露质量无关或负相关存在其他原因（Pawliczek et al., 2018）。行业间信息沟通可能更多发生于其他渠道，而非公开自愿披露；或者，公司可能有足够的替代手段来协调和监督，并且可能不会出于这些目的而进行公开披露。行业交流通常是通过行业协会或个人关系进行的（Bertomeu & Liang, 2015；Doyle & Snyder, 1997）。在一家公司持股较大的机构投资者可以根据其私人信息进行有利于公司的交易，特别是在不透明的信息环境中保持信息优势（Bushee & Goodman, 2007；Maffett, 2012）。即不透明的信息披露环境会鼓励投资者私下交流（Verrecchia, 1983）。机构投资者有更大的能力获取和执行基于私人信息的可预测交易（Maffett, 2012）。因此，增加信息披露可能会降低普通所有人（通常是大型机构）根据其私人信息进行可预测交易的能力。此外，共同股东的存在促进同行业公司间的信息传递增加，增加企业合谋倾向，有助于其串通合谋以隐瞒坏消息（杜勇，马文龙，2021）[①]，或完全取代公开披露（Rogers et al., 2014）。因此，如果共有股东能够通过私人信息获利，便不会增加公开的业绩预告信息披露。

（3）管理层自利威胁。产品市场竞争作为外部行业治理机制之一，能够抑制管理层机会主义行为对非强制性信息披露质量的影响。现有产品市场竞争的作用机制主要有破产威胁效应和代理成本效应。破产威胁效应认为，在激烈的产品市场竞争环境下，企业破产的可能性持续升高，为抢夺优质的外部资源，管理层有动力增加自愿性信息披露。代理成本理论认

---

① 杜勇，马文龙. 机构共同持股与企业全要素生产率 [J]. 上海财经大学学报, 2021, 23 (5): 81-95.

为，竞争能够降低管理层与外部利益相关者的代理成本，限制管理层的自由裁量权，督促管理层积极勤勉工作。披露高质量的业绩预测信息能够体现管理层勤勉努力的程度，从而抑制管理层机会主义行为造成低质量的业绩预测信息。当前文献表明，被机构共同拥有的公司面临彼此之间相对低的竞争，而且共有持股造成的垄断效应使得新竞争者行业进入成本极高，行业进入威胁减少，这些因素导致竞争程度降低，都放松了对管理者自利行为的监督，使其更有可能隐瞒自愿性信息披露（Darrough & Stoughton，1990）。

基于以上三个原因，本书提出假设 H4-1b。

H4-1b：在其他条件一定时，共有股东会降低管理层业绩预告信息披露质量。

4.3 研究设计、数据与变量选择

4.3.1 样本选择和数据来源

本书以 2014—2021 年中国沪深两市 A 股上市公司为研究对象。2014 年是我国会计准则一个重要的变革时间点，财政部于 2014 年再次修订基本准则、修订和推出了包括长期股权投资（CAS 2）和金融工具的确认及计量（CAS22）等 9 项准则，并要求上市公司从 2014 年起执行上述准则。根据以往学者的思路（工冬梅，林旭锋，刘云，2020；王玉涛，韦程元，2020)①，出于稳健性考虑，本书选取 2014 年作为样本起始年份。按如下原则筛选样本：①剔除金融、保险行业；②剔除 ST 类，保留非 ST 类上市公司；③剔除 IPO 当年的样本；④剔除样本期间主要变量缺失的样本。为缓解终极值的影响，对所有连续变量在 1% 水平上进行缩尾处理。本书所采用的有关管理层业绩预测数据来自 Wind 数据库；共有股东、公司财务及公司治理数据均来自 CSMAR 数据库。本书将时间固定效应（Year FE）、行业固定效应（Industry FE）纳入所有多元指标中，以反映年份的时间趋

---

① 王冬梅，林旭锋，刘云.对 2014 年以来若干会计准则修订的反思 [J].财会月刊，2020 (9)：74-78.

王玉涛，韦程元.会计准则性质、变革特征与投资者市场反应 [J].会计研究，2020 (10)：31-49.

势和行业趋势。本书中主要变量描述性统计、相关性分析以及多元回归分析研究均采用 STATA 17.0 软件处理。

4.3.2　模型设定

为验证共有股东与管理层业绩预告精确度的关系，本章构建如下模型：

$$\text{PRECISION}_{i,t} = \beta_0 + \beta_1 \text{Coz}_{i,t} + \gamma \text{Controls}_{i,t} + \sum_t \text{Year}_t \text{ FE} + \sum_t \text{Industry}_j \text{ FE} + \varepsilon_{i,t} \tag{4-1}$$

其中，$\text{PRECISION}_{i,t}$ 为管理层业绩预告精确度，作为业绩预告信息质量的代理变量。$\text{Coz}_{i,t}$ 为上市公司共有股东情况，以 Coz_dum、Coz_num、Coz_degree、Coz_rate 表示。如果共有股东 $\text{Coz}_{i,t}$ 的回归系数 β_1 显著为正，意味着共有股东提升了管理层业绩预告精确度，则协同治理的假设得到支持；反之，如果共有股东 $\text{Coz}_{i,t}$ 的回归系数 β_1 显著为负，意味着共有股东的存在降低了管理层业绩预告精确度，则合谋舞弊的效应将会得到支持。$\text{Controls}_{i,t}$ 为一系列控制变量，Year_t、Industry_j 分别为年度、行业固定效应。$\varepsilon_{i,t}$ 为误差项。同时，为避免异方差和序列相关的影响，我们还对异方差-稳健标准误在公司层面上进行了聚类（cluster）调整（Cameron & Miller，2015）。

4.3.3　关键变量定义

4.3.3.1　管理层业绩预告精确度

我国业绩预告披露形式一般有四种：定性、开区间、闭区间和点值。由于以定性与开区间形式披露的业绩预告很模糊，加之业绩预告披露形式日渐规范，本书仅考虑相对精确的闭区间形式（包括点值预测）（陈胜蓝，王可心，2017；林钟高，赵孝颖，2020）[①]。本书用 PRECISION 表示业绩预告的精确性，定义为业绩预告区间闭区间的大小。PRECISION 取值与业绩预告信息质量之间是反比例关系，PRECISION 数值越小，业绩预告区间越窄，精确度越高（王浩，向显湖，2015；王浩，向显湖，许毅，2015；刘

---

①　陈胜蓝，王可心. 经济政策不确定性和公司业绩预告 [J]. 投资研究，2017，36 (5)：103–119.

林钟高，赵孝颖. 供应商集中度影响管理层业绩预告行为吗？：基于业绩预告精确性及其预告态度的视角 [J]. 财经理论与实践，2020，41 (4)：52–61.

柏, 卢家锐, 2018; 林钟高, 赵孝颖, 2020)[1]。业绩预告精确度（PRECI-SION）的计算公式如下：

$$PRECISION = (业绩预告净利润上限-业绩预告净利润下限) \div |上下限均值| \tag{4-2}$$

由式（4-2）可知，当业绩预告披露的是点值时，PRECISION 为 0，业绩预告的精确度最高，即业绩预告信息形式上信息质量最高。

此外，出于尊重文献方法，也为了多角度分析问题，在稳健性检验部分（4.4.4.5），本书还采用陈胜蓝，王可心（2017）、常利民（2022）的做法来衡量业绩预告精确度（PRECISION2）。业绩预告精确度（PRECISION2）的计算模型如下：

$$PRECISION2 = |(业绩预告净利润上限\times10\ 000-业绩预告净利润下限\times10\ 000) \div 年初总资产余额| \tag{4-3}$$

式（4-3）中，PRECISION2 越小（点估计时等于 0），精确度越高，业绩预告信息质量越高。

4.3.3.2 共有股东

借鉴已有文献（Park 等, 2019; Chen 等, 2021; He and Huang, 2017; 潘越, 等, 2020; 杜勇, 马文龙, 2021; 杜勇, 孙帆, 邓旭, 2021; 杜勇, 胡红燕, 2022; 杜勇, 孙帆, 胡红燕, 2022; 杨兴全, 张记元, 2022a, 2022b)[2]，利用季度数据保留持股比例 5% 以上（包含 5%）的机

① 王浩, 向显湖. 高管权力、内部薪酬差距与公司业绩预告行为: 基于中国证券市场的经验证据 [J]. 投资研究, 2015, 34 (10): 124-141.

王浩, 向显湖, 许毅. 高管经验、高管持股与公司业绩预告行为 [J]. 现代财经（天津财经大学学报）, 2015, 35 (9): 52-66.

刘柏, 卢家锐. "好公民"还是"好演员": 企业社会责任行为异象研究: 基于企业业绩预告视角 [J]. 财经研究, 2018, 44 (5): 97-108.

林钟高, 赵孝颖. 供应商集中度影响管理层业绩预告行为吗?: 基于业绩预告精确性及其预告态度的视角 [J]. 财经理论与实践, 2020, 41 (4): 52-61.

② 潘越, 汤旭东, 宁博, 等. 连锁股东与企业投资效率: 治理协同还是竞争合谋 [J]. 中国工业经济, 2020 (2): 136-164.

杜勇, 马文龙. 机构共同持股与企业全要素生产率 [J]. 上海财经大学学报, 2021, 23 (5): 81-95.

杜勇, 孙帆, 邓旭. 共同机构所有权与企业盈余管理 [J]. 中国工业经济, 2021 (6): 155-173.

杜勇, 胡红燕. 机构共同持股与企业财务重述 [J]. 证券市场导报, 2022 (2): 67-79.

杜勇, 孙帆, 胡红燕. 共同机构所有权与企业产能利用率 [J]. 财经研究, 2022, 48 (10): 49-63, 168.

杨兴全, 张记元. 连锁股东与企业多元化经营: 加速扩张还是聚焦主业 [J]. 现代财经（天津财经大学学报）, 2022, 42 (5): 36-55.

杨兴全, 张记元. 连锁股东与企业金融化: 抑制还是促进 [J]. 中南财经政法大学学报, 2022 (2): 27-40.

构投资者，若样本中机构投资者在同一季度、同一行业 2 家及以上其他公司持股也不低于 5%，则说明存在共有股东。本书共从四个维度构建反映上市公司被共有股东持股的指标：①是否存在共有股东哑变量：季度上，如果当年由共有股东持股该上市公司，取值 1，否则取值 0。②共有股东数量：季度上，上市公司共被几家共有股东持有，再求这一数值的年度均值。③共有股东联结程度：季度上，每个公司所有共有股东平均持有同行业公司的个数。④共有股东持股比例。首先，具体计算方式见表 4-1。其次，选择机构投资者持股比例为 5% 作为门槛，是因为持股 5% 以上的股东更有可能干预公司的治理、对公司经营决策实施重大影响（Beatty et al.，2013；Bharath et al.，2013），同时中国相关证券法律法规也规定持股 5% 的门槛是重大股权的警示线。另外，在具体计算时，解释变量基于季度数据计算，意味着如果公司在年度任一季度被共有股东持有股份，则年度上被判定为存在共有股东。首先，计算出季度指标，继而将季度数据取年度均值作为年度指标数据。

表 4-1　变量的名称和定义

变量名	变量符号	变量定义
业绩预告精确度	PRECISION	PRECISION=（业绩预告区间上限−业绩预告区间下限）/上下限均值绝对值 稳健性： PRECISION2=│（业绩预告净利润上限×10 000−业绩预告净利润下限×10 000）÷年初总资产余额│
是否存在共有股东	Coz_dum	哑变量，季度上，如果当年由共有股东持股该上市公司，取值 1，否则取值 0
共有股东联结数量	Coz_num	季度上，上市公司共被几家共有股东持有，再求这一数值的年度均值，加 1 取对数
共有股东联结程度	Coz_degree	季度上，每个公司所有共有股东平均持有同行业公司的个数，加 1 取对数
共有股东持股比例	Coz_rate	季度上，共有股东持股比例之和，再年度平均
机构股东持有比例	INSOWN	机构投资者所持股份之和除以已发行股份总数取对数值计算
大股东持股比例	BIGOWN1	上市公司披露的第一大股东持股比例
公司规模	SIZE	公司年末总资产的自然对数

表4-1(续)

变量名	变量符号	变量定义
公司杠杆率	LEV	资产负债率
公司成长性	GSALES	营业收入增长率
公司盈利能力	ROA	总资产净利率
现金水平	OCF	经营现金流净流量除以资产标准化
两职合一	DUAL	虚拟变量,若董事长与总经理两职合一,取值为1;否则为0
董事会规模	BRD	董事会总席位数,取对数
分析师跟踪	ANA_TEAM	在一年内,对该公司进行过跟踪分析的分析师团队数量,加1,取自然对数
审计师类型	BIG4	若审计的会计师事务所为国际四大,则取值为1;否则为0
管理层持股比例	MGTSHR	管理层持股比例
高管薪酬	PAY	前三高管平均薪酬自然对数
自愿性	VOL	将已披露业绩预告公司按强制性发布与自愿性发布设置虚拟变量。若为自愿披露,取值1;否则,取值0
年度虚拟变量	Year FE	年度虚拟变量
行业虚拟变量	Ind FE	根据证监会2001版行业划分分类,当行业为制造业时,依据行业代码前两位设置虚拟变量,其他行业按行业代码一位设置

4.3.4 控制变量定义

首先,在股权特征方面,股东是否有能力监督管理层将会影响管理层发布业绩预告的自利行为(袁振超,岳衡,谈文峰,2014)[①]。股权集中度与披露负相关(Ajinkya et al.,2005;Mazumdar et al.,2000)。因此,引入大股东持股比例(BIGOWN1),将其定义为由第一大股东拥有的公司股份百分比。另外,如果预测增长是由卖方分析师对指导的需求推动的,我们控制机构投资者(INSOWN),因为之前的研究发现机构投资者与信息披露呈正相关(Boone & White,2015)。本书考察共有股东对管理层业绩预告

---

① 袁振超,岳衡,谈文峰.代理成本、所有权性质与业绩预告精确度 [J].南开管理评论,2014,17(3):49-61.

信息质量的影响。共有股东属于机构投资者范畴，因此控制机构投资者持股比例（INSOWN）。

其次，控制已知影响经理人业绩预告行为的财务特征。当市场的信息需求较高时，管理层越可能发布精确度更高的业绩预告（袁振超，岳衡，谈文峰，2014；周楷唐，姜舒舒，麻志明，2017；常利民，2020）[①]。因此，本书使用公司规模（SIZE）、资产负债率（LEV）、成长性（GSALES）、总资产收益率（ROA）、现金水平（OCF）、分析师跟踪（ANA_TEAM）来控制市场的信息需求。SIZE 衡量公司规模，定义为公司年末总资产的自然对数。更大规模的公司更倾向于发布管理层业绩预测，因此控制公司规模（SIZE）。LEV 表示公司资产负债率，定义为总负债除以总资产。高负债的公司在管理层业绩预测的发布情况不够稳定和精准。GSALES 衡量公司成长性，定义为年营业收入的增长率，体现外部融资动机。OCF 衡量现金水平，定义为企业经营活动现金净流量与年末资产总额的比值。前期文献认为机构股东共同所有权与盈利能力和业绩有关（Azar，2016a，2016b）。因为业绩表现好的公司与自愿性信息披露正相关，所以本书控制公司盈利能力（ROA）。ANA_TEAM 衡量分析师跟踪数目，表示公司被跟踪的分析师团队数目，定义为一年内对该公司进行过跟踪分析的分析师团队数量，加 1 取自然对数。

再次，激励方面，高管激励能够抑制代理问题，倾向于发布较高质量的业绩预告信息披露（Gajewski & Li，2015；路军，2016；马黎，2017；董砚青，2019；陈华，包也，孙汉，2021；田高良，贝成成，施诺，2021）[②]。PAY

---

① 袁振超，岳衡，谈文峰.代理成本、所有权性质与业绩预告精确度［J］.南开管理评论，2014，17（3）：49-61.

周楷唐，姜舒舒，麻志明.政治不确定性与管理层自愿业绩预测［J］.会计研究，2017（10）：65-70，97.

常利民.控股股东股权质押与公司业绩预告行为［J］.财经论丛，2020（9）：74-83.

② 路军.董事的会计师事务所工作背景与企业业绩预告质量：来自中国资本市场的经验证据［J］.山西财经大学学报，2016，38（5）：101-112.

马黎.金融业高管薪酬与内部控制信息披露质量的相关性研究：来自 2009—2014 年沪深两市金融业上市公司的经验数据［J］.东岳论丛，2017，38（6）：101-108.

董砚青.高管薪酬与企业业绩预告精确度相关性研究：基于自媒体信息披露的视角［J］.财会通讯，2019（12）：39-43，72.

陈华，包也，孙汉.高管薪酬与社会责任报告的印象管理［J］.上海财经大学学报，2021，23（4）：76-90.

田高良，贝成成，施诺.控股股东股权质押与公司自愿性披露［J］.西安交通大学学报（社会科学版），2021，41（2）：33-41.

衡量高管薪酬，定义为前三高管薪酬取自然对数。MGTSHARE 衡量管理层持股比例。

最后，在治理特征方面，根据（王浩，向显湖，2015；刘柏，卢家锐，2018；常利民，2022）[①]，本章选取审计师事务所是否"四大"（Big4）、董事会规模（BRD）、董事长和总经理两职合一（DUAL）作为公司外部和内部治理特征控制变量。考虑到我国管理层业绩预告存在强制性披露制度，将业绩预告按强制性发布与自愿性发布做出区分[②]，由此引入自愿性披露（VOL）哑变量来衡量公司自愿性披露积极性。当公司自愿性披露时，VOL 取值为 1；否则为 0。本书控制了年度和行业固定效应。变量的名称和定义见表 4-1。

4.4 实证结果与分析

4.4.1 样本描述

4.4.1.1 描述性统计

描述性统计的结果见表 4-2。由于各变量在样本公司间差异较大，为避免异常值对多元回归结果稳健性的影响，本书对所有连续变量在 1% 和 99% 的显著性水平上进行缩尾处理。首先考察了业绩公司披露情况，样本中自愿性披露业绩预告的公司有 3 342 家，约占总样本 39.67%；强制性披露业绩预告的公司为 5 083 家，约占总样本的 60.33%。样本公司业绩预告精确度（PRECISION）的平均值为 0.225 8，标准差为 0.215 3，最大值和最小值分别为 1.393 9 和 0.000 0，与相关文献基本一致（王浩，向显湖，

---

① 王浩，向显湖. 高管权力、内部薪酬差距与公司业绩预告行为：基于中国证券市场的经验证据［J］. 投资研究，2015，34（10）：124-141.

刘柏，卢家锐."好公民"还是"好演员"：企业社会责任行为异象研究：基于企业业绩预告视角［J］. 财经研究，2018，44（5）：97-108.

常利民. 商誉减值与公司业绩预告行为［J］. 证券市场导报，2022（1）：62-71.

常利民. 商誉减值与公司业绩预告行为_常利民［J］. 证券市场导报，2022（1）：62-71.

② 根据相关政策规定并参照（袁振超，张路，岳衡，2014；李志生，等，2017）的研究，将预警类型为"预减""预增""扭亏""首亏"和"续亏"的样本定义为强制性披露；将预警类型为"略减""略增""续盈"和"不确定"的样本定义为自愿性披露。

2015；王浩，向显湖，尹飘扬，2015；刘柏，卢家锐，2018)①。说明大多数公司在发布业绩预告时选择的宽度区间宽度不大，在形式上具有较高的业绩预告信息披露质量。样本期间，我国有9.28%的公司存在共有股东（Coz_dum 的均值为9.28%），一个公司大致平均有1个共有股东（Coz_num 的均值为0.067 2），且共有股东数量（Coz_num）的标准差为0.212 5。由于标准差大于均值，表明企业间共有股东特性存在较大差异；共有股东持股比例（Coz_rate）均值为2.00%，最大值为56.33%，与相关文献基本保持一致（潘越，等，2020；杜勇，马文龙，2021；杜勇，孙帆，邓旭，2021；杜勇，胡红燕，2022；杜勇，孙帆，胡红燕，2022；杨兴全，张记元，2022)②。样本中，机构投资者持股比例变量 INSOWN 平均值为38.84%，标准差为24.14%，分布较为均匀。机构持股占比越大，说明机构投资者在资本市场上具有重要的地位。第一大股东持股比例均值31.55%。此外，样本中，公司规模均值为22.30，财务杠杆为40.53%，营业收入增长率均值为25.81%，现金净流量的均值为0.051，总资产净利率均值为4.84%，两职合一占比为33.50%，董事会规模自然对数规模均值为2.27，样本公司分析师跟踪均值为1.947 7，四大事务所占比为4.02%，高管持股比例均值为9.47%，前三高管平均薪酬的对数均值为13.468 7。

---

① 王浩，向显湖.高管权力、内部薪酬差距与公司业绩预告行为：基于中国证券市场的经验证据 [J].投资研究，2015，34（10）：124-141.

王浩，向显湖，尹飘扬.高管权力、外部薪酬差距与公司业绩预告行为：基于中国证券市场的经验证据 [J].华中科技大学学报（社会科学版），2015，29（6）：92-104.

刘柏，卢家锐."好公民"还是"好演员"：企业社会责任行为异象研究：基于企业业绩预告视角 [J].财经研究，2018，44（5）：97-108.

② 潘越，汤旭东，宁博，等.连锁股东与企业投资效率：治理协同还是竞争合谋 [J].中国工业经济，2020（2）：136-164.

杜勇，马文龙.机构共同持股与企业全要素生产率 [J].上海财经大学学报，2021，23（5）：81-95.

杜勇，孙帆，邓旭.共同机构所有权与企业盈余管理 [J].中国工业经济，2021（6）：155-173.

杜勇，胡红燕.机构共同持股与企业财务重述 [J].证券市场导报，2022（2）：67-79.

杜勇，孙帆，胡红燕.共同机构所有权与企业产能利用率 [J].财经研究，2022：1-18.

杨兴全，张记元.连锁股东与企业多元化经营：加速扩张还是聚焦主业 [J].现代财经（天津财经大学学报），2022，42（5）：36-55.

杨兴全，张记元.连锁股东与企业金融化：抑制还是促进 [J].中南财经政法大学学报，2022（2）：27-40.

表 4-2　描述性统计

Variable	N	Mean	p50	Min	Max	SD
Coz1	8 425	0.092 8	0.000 0	0.000 0	1.000 0	0.290 2
Coz2	8 425	0.067 2	0.000 0	0.000 0	1.098 6	0.212 5
Coz3	8 425	0.136 2	0.000 0	0.000 0	2.079 4	0.439 7
Coz5	8 425	0.020 0	0.000 0	0.000 0	0.563 3	0.079 8
ISSUE	8 425	1.000 0	1.000 0	1.000 0	1.000 0	0.000 0
PRECISION	8 425	0.225 8	0.175 4	0.000 0	1.393 9	0.215 3
INSOWN	8 425	0.388 4	0.393 4	0.009 4	0.898 3	0.241 4
BIGOWN1	8 425	0.315 5	0.297 2	0.084 3	0.712 1	0.136 6
SIZE	8 425	22.299 5	22.134 9	20.279 0	26.388 3	1.168 2
LEV	8 425	0.405 3	0.398 2	0.063 4	0.862 7	0.193 2
GSALES	8 425	0.258 1	0.168 4	-0.467 0	2.673 1	0.464 8
ROA	8 425	0.048 4	0.045 2	-0.163 9	0.232 5	0.064 0
OCF	8 425	0.051 0	0.047 8	-0.121 6	0.247 9	0.066 9
DUAL	8 425	0.335 0	0.000 0	0.000 0	1.000 0	0.472 0
BRD	8 425	2.272 8	2.302 6	1.609 4	2.890 4	0.248 4
Big4	8 425	0.040 2	0.000 0	0.000 0	1.000 0	0.196 5
MGTSHR	8 425	0.094 7	0.012 0	0.000 0	0.584 6	0.146 6
PAY	8 425	13.468 7	13.424 0	11.953 1	15.639 0	0.699 3
ANA TEAM	8 425	1.947 7	1.945 9	0.000 0	3.912 0	0.930 6
VOL	8 425	0.396 7	0.000 0	0.000 0	1.000 0	0.489 2

4.4.1.2　单变量均值和中位数差异检验

单变量差异性检验的结果见表 4-3。考虑已发布业绩预告的公司样本，业绩预告精确度（PRECISION）的初步结果表明，如 Panel A 和 Panel B 显示，有共同机构股东的公司，业绩预告精确度 PRECISION 的均值为 0.176，其中位数为 0.128；在无共同机构股东的公司中，业绩预告精确度 PRECISION 的均值为 0.231，其中位数为 0.182。该数值越小，业绩预告区间越窄，预告精确性更高，说明在有共有股东的公司中，业绩预告精确度更高，且两者均在 1% 显著性水平通过均值和中位数差异性检验。

表 4-3　单变量差异性检验

Panel A	将已发布业绩预告的公司按是否存在共有股东分组进行业绩预告精确度均值差异检验				
Variables	G1 （0）	Mean1	G2 （1）	Mean2	MeanDiff
PRECISION	7 643	0.231	782	0.176	0.055***
Panel B	将已发布业绩预告的公司按是否存在共有股东分组进行业绩预告精确度中位数差异检验				
Variables	G1 （0）	Median1	G2 （1）	Median2	Chi2
PRECISION	7 643	0.182	782	0.128	78.448***

4.4.1.3　相关性统计

表 4-4 列示了主要变量的 Pearson 相关系数。从如下的相关性系数矩阵可以看到，自变量共有股东的指标（Coz_dum、Coz_num、Coz_degree、Coz_rate）包括控制变量与业绩预告精确度（PRECISION）之间具有显著的相关关系。具体来看，共有股东存在（Coz_dum）与业绩预告精确度（PRECISION）均在 1% 水平上显著为负；共有股东数量及联结程度（Coz_num、Coz_degree）与业绩预告精确度（PRECISION）均在 1% 水平上显著为负；共有股东持股比例（Coz_rate）与业绩预告精确度（PRECISION）均在 1% 水平上显著为负。说明共有股东与较高的业绩预告精确度相关，初步验证了本章节的研究假设。此外，控制变量基本与 PRECISION 呈现显著的相关关系，其选取也是较为合适的。没有变量之间的相关系数超过 0.5，其相关系数都比较小，模型的各个变量之间不存在严重的多重共线性。相关性系数矩阵见表 4-4。

表 4-4　相关性系数矩阵

	Coz_dum	Coz_num	Coz_degree	Coz_rate	PRECISION	INSOWN	BIGOWN1
Coz_dum	1						
Coz_num	0.987***	1					
Coz_degree	0.971***	0.978***	1				
Coz_rate	0.791***	0.815***	0.829***	1			
PRECISION	-0.073***	-0.073***	-0.070***	-0.048***	1		
INSOWN	0.276***	0.285***	0.286***	0.285***	-0.082***	1	
BIGOWN1	0.061***	0.062***	0.070***	0.168***	-0.013 0	0.493***	1

表4-4(续)

	Coz_dum	Coz_num	Coz_degree	Coz_rate	PRECISION	INSOWN	BIGOWN1
SIZE	0.338***	0.348***	0.351***	0.313***	-0.106***	0.474***	0.203***
LEV	0.129***	0.132***	0.137***	0.143***	0.011 0	0.255***	0.110***
GSALES	-0.028***	-0.028***	-0.035***	-0.037***	-0.164***	-0.001 00	-0.023***
ROA	0.018**	0.016*	0.009 00	-0.035***	-0.233***	0.054***	0.079***
OCF	0.085***	0.085***	0.084***	0.048***	-0.153***	0.129***	0.108***
DUAL	-0.077***	-0.078***	-0.085***	-0.105***	0.002 00	-0.205***	-0.062***
BRD	0.148***	0.158***	0.157***	0.157***	-0.014 0	0.224***	0.016*
Big4	0.209***	0.215***	0.223***	0.195***	-0.036***	0.252***	0.142***
MGTSHR	-0.130***	-0.132***	-0.137***	0.140***	-0.009 00	-0.536***	-0.043***
PAY	0.202***	0.202***	0.199***	0.133***	-0.104***	0.213***	-0.013 0
ANA TEAM	0.156***	0.154***	0.145***	0.071***	-0.162***	0.164***	0.011 0
VOL	-0.075***	-0.078***	-0.077***	-0.078***	-0.033***	-0.065***	0.055***

	SIZE	LEV	GSALES	ROA	OCF	DUAL	BRD
SIZE	1						
LEV	0.568***	1					
GSALES	-0.006 00	0.021**	1				
ROA	-0.081***	-0.380***	0.226***	1			
OCF	0.038***	-0.195***	0	0.466***	1		
DUAL	-0.173***	-0.112***	0.043***	0.041***	-0.020**	1	
BRD	0.246***	0.174***	0.002 00	0.084***	0.018**	-0.155***	1
Big4	0.314***	0.105***	-0.013 0	0.028***	0.088***	-0.050***	0.093***
MGTSHR	-0.333***	-0.239***	0.065***	0.115***	-0.017*	0.486***	-0.200***
PAY	0.447***	0.147***	0.026***	0.177***	0.162***	0.007 00	0.060***
ANA TEAM	0.294***	-0.015*	0.082***	0.356***	0.201***	0.026***	0.011 0
VOL	-0.162***	-0.221***	-0.111***	0.223***	0.055***	0.031***	-0.090***

	Big4	MGTSHR	PAY	ANA TEAM	VOL
Big4	1				
MGTSHR	-0.106***	1			
PAY	0.256***	-0.094***	1		
ANA TEAM	0.132***	0.017*	0.304***	1	
VOL	-0.034***	0.115***	-0.038***	0.124***	1

4.4.2 实证结果分析

表4-5报告了共有股东与管理层业绩预告精确度（PRECISION）的基准回归结果。第（1）（2）（3）（4）列为不考虑控制变量的情况下，仅控制行业和年度效应，共有股东（Coz）对被解释变量（PRECISION）的回归结果，共有股东 Coz_dum、Coz_num、Coz_degree、Coz_rate 的估计系数分别约为−0.039 5（$t=-4.623\,8$）、−0.053 6（$t=-4.594\,6$）、−0.025 6（$t=-4.419\,1$）、−0.105 7（$t=-2.833\,7$），以上四个基准回归均在 1% 的统计水平上显著。表4-5中第（5）（6）（7）（8）列添加各个控制变量并且控制了年度、行业效应进行 OLS 模型的回归结果。共同机构所有权 Coz_dum、Coz_num、Coz_degree、Coz_rate 的估计系数分别约为−0.017 2（$t=-1.977\,2$）、−0.021 9（$t=-1.800\,8$）、−0.012 1（$t=-2.022\,6$）、−0.082 1（$t=-2.292\,8$），以上四个基准回归结果分别在 5%、10%、5%、5% 的统计水平上显著。这表明共同机构股东的存在平均可以缩小管理层业绩预告宽度区间（PRECISION）约 0.017 2 个单位，而共有股东数量每提高 1 个单位，缩小管理层业绩预告宽度区间（PRECISION）约 0.021 9；共有股东联结程度每提高 1 个单位，缩小管理层业绩预告宽度区间（PRECISION）0.012 1 个单位；共同机构持股比例每提高 1%，则可缩小管理层业绩预告宽度区间（PRECISION）0.082 1 个单位。说明共有股东的存在使得管理层业绩预告中预测净利润宽度区间缩小，提升了管理层业绩预告精确度。

从控制变量来看，SIZE、ROA、GSALES、OCF 四个变量与管理层业绩预告宽度区间负相关，说明公司规模大、盈利能力强、成长性越高、现金流越充足，则管理层业绩预告宽度区间越窄，业绩预告精确度越高，因为这类公司规模大、偿债能力越强、成长性高、盈利能力强，业绩预告信息披露质量越高。VOL 变量也与管理层业绩预告宽度区间负相关，说明公司越是进行自愿性预告披露行为，披露精确度也越高。共有股东与业绩预告精确度的基准回归结果见表4-5。

表 4-5 共有股东与业绩预告精确度的基准回归结果

	(1) PRECISION	(2) PRECISION	(3) PRECISION	(4) PRECISION	(5) PRECISION	(6) PRECISION	(7) PRECISION	(8) PRECISION
Coz_dum	-0.039 5*** (-4.623 8)				-0.017 2** (-1.977 2)			
Coz_num		-0.053 6*** (-4.594 6)				-0.021 9* (-1.800 8)		
Coz_degree			-0.025 6*** (-4.419 1)				-0.012 1** (-2.022 6)	
Coz_rate				-0.105 7*** (-2.833 7)				-0.082 1** (-2.292 8)
INSOWN					-0.061 0*** (-4.156 4)	-0.061 1*** (-4.164 6)	-0.060 8*** (-4.140 5)	-0.061 2*** (-4.158 9)
BIGOWN1					0.062 5*** (2.676 4)	0.062 6*** (2.682 8)	0.062 5*** (2.674 9)	0.067 6*** (2.881 5)
SIZE					-0.009 8*** (-3.029 6)	-0.009 8*** (-3.028 7)	-0.009 7*** (-2.991 3)	-0.009 4*** (-2.911 6)
LEV					-0.028 1 (-1.488 6)	-0.028 1 (-1.489 7)	-0.028 3 (-1.499 6)	-0.028 8 (-1.524 8)
GSALES					-0.052 8*** (-9.682 8)	-0.052 7*** (-9.679 5)	-0.052 9*** (-9.697 8)	-0.052 8*** (-9.698 2)
ROA					-0.514 9*** (-9.651 4)	-0.514 6*** (-9.643 5)	-0.515 0*** (-9.651 6)	-0.515 9*** (-9.661 1)
OCF					-0.157 9*** (-3.665 1)	-0.158 2*** (-3.671 2)	-0.157 6*** (-3.658 8)	-0.158 7*** (-3.689 0)

表4-5（续）

	(1)	(2)	(3)	(4)	(5)	(6)	(7)	(8)
	PRECISION	PRECISION	PRECISION	PRECISION	PRECISION	PRECISION	PRECISION	PRECISION
DUAL					0.004 5	0.004 5	0.004 5	0.004 2
					(0.758 1)	(0.761 8)	(0.752 7)	(0.705 6)
BRD					-0.005 1	-0.005 1	-0.005 0	-0.004 7
					(-0.480 1)	(-0.477 9)	(-0.468 8)	(-0.441 4)
Big4					0.003 1	0.003 1	0.003 5	0.002 8
					(0.206 4)	(0.200 5)	(0.230 8)	(0.186 2)
MGTSHR					-0.064 5***	-0.064 5***	-0.064 3***	-0.064 7***
					(-2.955 4)	(-2.956 8)	(-2.949 0)	(-2.966 0)
PAY					0.014 5***	0.014 5***	0.014 6***	0.014 6***
					(3.251 0)	(3.239 5)	(3.256 2)	(3.264 7)
ANA_TEAM					-0.015 9***	-0.015 9***	-0.015 9***	-0.016 2***
					(-5.457 2)	(-5.469 1)	(-5.485 7)	(-5.592 2)
VOL					-0.023 3***	-0.023 3***	-0.023 4***	-0.023 5***
					(-4.730 1)	(-4.730 4)	(-4.739 2)	(-4.769 3)
_cons	0.291 6***	0.291 5***	0.291 4***	0.291 7***	0.429 4***	0.430 2***	0.426 4***	0.419 1***
	(8.381 7)	(8.379 8)	(8.366 4)	(8.377 1)	(4.681 2)	(4.681 6)	(4.638 1)	(4.569 1)
Year FE	Yes	Yes	Yes	Yes	Yes	Yes	Yes	Yes
Industry FE	Yes	Yes	Yes	Yes	Yes	Yes	Yes	Yes
N	8 598	8 598	8 598	8 598	8 425	8 425	8 425	8 425
r2_a	0.029 0	0.028 9	0.028 9	0.027 8	0.106 1	0.106 0	0.106 2	0.106 4

注：括号内为根据异方差－稳健标准误计算的及在公司层面聚类的 t 值。$^{*}p < 0.1$，$^{**}p < 0.05$，$^{***}p < 0.01$。

4.4.3 内生性检验

基准回归部分已经初步证明，共有股东会提升业绩预告质量。然而，本书的研究结果可能存在内生性的问题。而一个可能的内生性来源是，较大型的机构在配置资产时由于信息更加充分、自身丰富的行业专业知识，能够通过私人信息渠道了解更多的企业内部经营情况，使得一些本身业绩预告质量高的企业拥有更多的共有股东。接下来，本书将分别采用赫克曼（Heckman）二阶段回归、工具变量法等方法对上述问题进行处理。

4.4.3.1 赫克曼（Heckman）二阶段回归

本书采用赫克曼（Heckman）二阶段回归缓解可能存在的样本选择偏差导致的内生性问题。具体地，本书构建 Probit 回归模型以考察企业在上一期的财务变量和公司治理特征变量与其下一期是否有共有股东（Coz_dum）之间的相关性，具体模型如下：

$$\text{Coz\_dum}_{i,t} = \theta + \lambda \text{LagControls}_{i,t} + \mu_{it} \tag{4-4}$$

其中，Coz_dum_{it} 表示企业 i 在年度 t 是否有行业共有股东；$\text{Lag\_Controls}_{i,t}$ 为 i，t 为一组企业财务特征和内部治理特征变量集合，包含企业规模的滞后项（LagSize）、资产负债率的滞后项（LagLev）、成长能力的滞后项（LagGSALES）、盈利能力的滞后项（LagROA）、现金净流量的滞后项（LagOCF）、两职合一的滞后项（LagDUAL）、管理层持股比例的滞后项（Lag MGTSHR）、高管薪酬的滞后项（Lag PAY）以及第一大股东持股比例的滞后项（LagBIGOWN1）、μ_{it} 为回归残差。之所以将企业特征变量滞后，是考虑到投资者在买卖股票时只能根据上市公司上一期的报表来获取企业的财务和治理信息。在模型（4-4）的基础上，本书构建逆米尔斯比率（IMR），以捕捉上一期的财务变量和公司治理变量对企业是否有行业共有股东（Coz_dum）的影响，再将之作为控制变量加入到基准回归中，以纠正潜在的选择性偏差对本书研究结论的干扰。

回归结果如表4-6第（1）—（3）列显示，其中逆米尔斯比率（IMR）的回归系数在分别以 Coz_num、Coz_degree、Coz_rate 作为自变量对业绩预告精确度（PRECISION）的回归中均在 10% 的显著性水平上显著，表明共有股东的样本的分布偏差确实存在，因而有必要考虑该样本自选择可能导致的估计偏误。另外，Coz_num、Coz_degree、Coz_rate 的系数在对业绩预告精确度（PRECISION）的回归中依然在5%的水平显著为负，且 VIF 小于10，不存在多重共线问题与本书基准回归结果保持一致。该结果表明，在控制了选择性偏差后，本书的结论依然成立。共有股东与业绩预告精确度的赫克曼（Heckman）二阶段回归结果见表4-6。

表4-6　共有股东与业绩预告精确度的赫克曼（Heckman）二阶段回归结果

	（1） PRECISION	（2） PRECISION	（3） PRECISION
Coz_num	−0.027 3 **		
	(0.012 7)		
Coz_degree		−0.014 3 **	
		(0.006 3)	
Coz_rate			−0.080 2 **
			(0.036 5)
IMR	−0.036 1 *	−0.036 1 *	−0.035 4 *
	(0.019 9)	(0.019 9)	(0.019 9)
INSOWN	−0.078 7 ***	−0.078 4 ***	−0.080 1 ***
	(0.018 0)	(0.018 0)	(0.018 0)
BIGOWN1	0.069 6 **	0.069 4 **	0.075 8 ***
	(0.028 4)	(0.028 4)	(0.028 6)
SIZE	−0.021 2 ***	−0.021 1 ***	−0.020 8 ***
	(0.006 9)	(0.006 9)	(0.006 9)
LEV	−0.019 7	−0.020 0	−0.020 2
	(0.024 5)	(0.024 6)	(0.024 6)
GSALES	−0.052 2 ***	−0.052 3 ***	−0.052 3 ***
	(0.007 9)	(0.007 9)	(0.007 9)
ROA	−0.438 9 ***	−0.439 4 ***	−0.439 3 ***
	(0.065 9)	(0.065 9)	(0.065 9)
OCF	−0.183 7 ***	−0.183 0 ***	−0.185 1 ***
	(0.053 3)	(0.053 3)	(0.053 3)
DUAL	0.005 7	0.005 6	0.005 4
	(0.007 2)	(0.007 2)	(0.007 2)

表4-6(续)

	(1) PRECISION	(2) PRECISION	(3) PRECISION
BRD	0.008 4	0.008 5	0.008 7
	(0.012 7)	(0.012 7)	(0.012 7)
Big4	0.006 7	0.007 2	0.005 6
	(0.017 6)	(0.017 7)	(0.017 6)
MGTSHR	−0.059 4*	−0.059 4*	−0.061 2**
	(0.030 8)	(0.030 8)	(0.030 8)
PAY	0.009 2	0.009 3	0.009 4
	(0.006 3)	(0.006 4)	(0.006 4)
ANATEAM	−0.019 1***	−0.019 2***	−0.019 6***
	(0.003 7)	(0.003 7)	(0.003 7)
VOL	−0.016 9***	−0.017 0***	−0.017 0***
	(0.005 7)	(0.005 7)	(0.005 7)
_cons	0.786 3***	0.697 7***	0.773 3***
	(0.241 3)	(0.238 9)	(0.242 1)
Year FE	Yes	Yes	Yes
Industry FE	Yes	Yes	Yes
r2_a	0.104 0	0.104 1	0.104 2
N	5 781	5 781	5 781

注：se statistics in parentheses；* $p < 0.10$，** $p < 0.05$，*** $p < 0.01$。

4.4.3.2　工具变量回归

基准回归结果可能仍存在互为因果的内生性问题，即机构共有股东对信息披露的抱团合谋行为，可能不是因为机构共有股东具有抱团效应，而是因为共同机构股东抱团行为使得机构非常了解所投资的公司标的，不太在乎管理层业绩预告信息披露，因此导致"似乎精确的业绩预告披露质量"的公司被共有股东所投资，而不是机构共有股东提升了业绩预告的信息披露质量。为进一步排除这种可能，根据（苏坤，2016；王凯，薛坤坤，张昊旻，2017)[1]，本书选取选择 Coz_num、Coz_degree 的行业均值（mCoz_numind、mCoz_degreeind）作为第一个工具变量；本书还选取滞后三期的 Coz_num、Coz_degree（Coz_num_{t-3}、Coz_degree_{t-3}）作为第二个工具变量。本书分别使用两阶段最小二乘法（2SLS）进行工具变量检验；因为高斯混合模型（GMM）对扰动项存在的异方差更有效，本书同时使用 GMM 进行检验。

检验工具变量有效性：F 值均大于 10，说明不是弱工具变量。通过过度识别检验，Hansen J 检验 p 值均大于 0.1，说明工具变量选取有效证明所有工具变量均为外生，不存在内生的工具变量。检验结果如表 4-7 所示，第（1）列显示，在第一阶段，mCoz_numind 与 Coz_num_{t-3} 两个工具变量都与 Coz_num 显著为正，说明共同机构所有权的行业均值和滞后三期的共同机构所有权会正向影响共同机构所有权数量（Coz_num）。第二阶段，采用 2SLS、GMM 进行检验，共同机构所有权数量（Coz_num）对业绩预告精确度（PRECISION）的估计系数显著为负。如表 4-7 列（4）为被解释变量 Coz_degree 时的第一阶段回归，mCoz_degreeind 和 Coz_degree_{t-3} 的系数均在 1% 水平下显著为正，说明选取的工具变量与共有股东联结程度（Coz_degree）正相关；列（5）列（6）为被解释变量为业绩预告精确度（PRECISION）时的 2SLS、GMM 第二阶段回归。第二阶段，共同机构所有权（Coz_degree）对业绩预告精确度（PRECISION）的估计系数均显著为负。工具变量法检验后，研究结论依然成立，意味着在一定程度上互为因果倒置的内生性问题后，从而支持了本书基准假设回归结果。共有股东与业绩预告精确度的工具变量回归结果见表 4-7。

---

① 苏坤. 国有金字塔层级对公司风险承担的影响：基于政府控制级别差异的分析 [J]. 中国工业经济，2016 (6)：127-143.

王凯，薛坤坤，张昊旻. 金字塔层级如何影响慈善捐赠?：来自地方国有上市公司的证据 [Z]：当代会计评论，2017：1-22.

表 4-7 共有股东与业绩预告精确度的工具变量回归结果

变量	(1) Step1-Coz_num	(2) Step2-Precision-2SLS	(3) Step2-Precision-GMM	变量	(1) Step1-Coz_degree	(2) Step2-Precision-2SLS	(3) Step2-Precision-GMM
mCoz_numind	0.786 3*** (0.137 4)			mCoz_degreeind	0.757 4*** (0.141 2)		
L3Coz_num	0.476 1*** (0.057 3)			L3Coz_degree	0.569 5*** (0.062 2)		
Coz_num		-0.114 4** (0.053 3)	-0.113 0** (0.053 0)	Coz_degree		-0.047 5** (0.022 1)	-0.047 3** (0.022 0)
INSOWN	0.122 0*** (0.022 0)	-0.062 4** (0.026 2)	-0.062 1** (0.026 2)	INSOWN	0.230 5*** (0.041 8)	-0.065 3** (0.026 0)	-0.065 2** (0.026 0)
BIGOWN1	-0.142 1*** (0.034 0)	0.094 9* (0.042 4)	0.095 5** (0.042 4)	BIGOWN1	-0.292 1*** (0.061 2)	0.097 1** (0.042 2)	0.097 3** (0.042 1)
SIZE	0.025 5*** (0.005 5)	0.007 4 (0.006 6)	0.007 2 (0.006 5)	SIZE	0.053 4*** (0.010 6)	0.006 9 (0.006 5)	0.006 8 (0.006 4)
LEV	-0.103 4*** (0.024 9)	0.023 0 (0.033 2)	0.023 7 (0.033 1)	LEV	-0.216 4*** (0.049 0)	0.025 1 (0.033 0)	0.025 4 (0.032 9)
GSALES	-0.001 1 (0.009 5)	-0.059 9*** (0.011 4)	-0.060 1*** (0.011 4)	GSALES	0.002 3 (0.018 0)	-0.059 7*** (0.011 4)	-0.059 7*** (0.011 4)
ROA	-0.002 3 (0.061 9)	-0.228 2*** (0.086 0)	-0.228 8*** (0.086 0)	ROA	-0.029 7 (0.116 0)	-0.230 2*** (0.086 0)	-0.230 6*** (0.086 0)
OCF	-0.001 6 (0.060 8)	-0.119 2 (0.078 5)	-0.118 9 (0.078 5)	OCF	0.038 5 (0.110 9)	-0.116 4 (0.078 5)	-0.116 1 (0.078 4)
DUAL	-0.009 2 (0.008 2)	0.001 3 (0.009 9)	0.001 4 (0.009 9)	DUAL	-0.014 9 (0.015 5)	0.001 7 (0.009 9)	0.001 7 (0.009 9)

表4-7(续)

	(1) Step1-Coz_num	(2) Step2-Precision-2SLS	(3) Step2-Precision-GMM		(1) Step1-Coz_degree	(2) Step2-Precision-2SLS	(3) Step2-Precision-GMM
BRD	0.008 4	0.031 6*	0.031 5*	BRD	0.001 6	0.030 6	0.030 5
	(0.014 7)	(0.018 9)	(0.018 9)		(0.027 4)	(0.018 8)	(0.018 8)
Big4	0.132 9***	0.035 5	0.035 9	Big4	0.292 0***	0.034 2	0.034 3
	(0.034 6)	(0.027 7)	(0.027 7)		(0.076 3)	(0.027 6)	(0.027 6)
MGTSHR	0.110 5***	-0.083 5**	-0.083 3**	MGTSHR	0.181 1***	-0.087 5**	-0.087 3***
	(0.032 3)	(0.038 0)	(0.038 0)		(0.056 3)	(0.037 7)	(0.037 7)
PAY	0.005 2	0.013 7*	0.013 9*	PAY	0.005 8	0.013 5*	0.013 5*
	(0.006 7)	(0.007 1)	(0.007 1)		(0.012 7)	(0.007 1)	(0.007 1)
ANA_TEAM	0.034 1***	-0.026 6***	-0.026 5***	ANA_TEAM	0.058 3***	-0.027 7***	-0.027 6***
	(0.004 9)	(0.005 1)	(0.005 1)		(0.009 3)	(0.005 1)	(0.005 1)
VOL	0.009 9	-0.037 8***	-0.037 9***	VOL	0.020 3	-0.037 9***	-0.038 0***
	(0.008 0)	(0.009 5)	(0.009 5)		(0.015 7)	(0.009 5)	(0.009 5)
_cons	-0.689 7***	-0.202 5	-0.198 9	_cons	-1.316 8***	-0.185 6	-0.184 4
	(0.148 1)	(0.172 4)	(0.172 0)		(0.280 1)	(0.168 6)	(0.168 4)
Year fe	Yes	Yes	Yes	Year FE	Yes	Yes	Yes
Industry fe	Yes	Yes	Yes	Industry FE	Yes	Yes	Yes
r2_a	0.307 8	0.118 0	0.118 2	r2_a	0.348 7	0.120 6	0.120 6
N	2 291	2 284	2 284	N	2 291	2 284	2 284
F		51.443 5				56.218 8	
Hansen J statistic		0.085 036				0.015 272	
Pval of Hansen J statistic		0.770 6				0.901 6	

注: Standard errors in parentheses; * $p < 0.10$, ** $p < 0.05$, *** $p < 0.01$。

4.4.3.3　解释变量和控制变量滞后一期

为解决互为因果的内生性问题影响，本书采用解释变量和控制变量均滞后一期的方法，结果见表4-8。观察该表可以发现，在将自变量和控制变量均滞后一期后，列（1）—列（4）显示，L. Coz_dum、L. Coz_num、L. Coz_degree、L. Coz_rate对业绩预告精确度的影响均为负，其中共有股东持股比例和控制变量均滞后一期的估计系数显著为负；研究结论保持不变。

表4-8　解释变量和控制变量均滞后一期

	（1） PRECISION	（2） PRECISION	（3） PRECISION	（4） PRECISION
L. Coz_dum	−0.023 5 （−1.550 1）			
L. Coz_num		−0.034 0 （−1.574 0）		
L. Coz_degree			−0.018 2 （−1.582 1）	
L. Coz_rate				−0.196 9** （−2.130 6）
LagINSOWN	−0.078 5*** （−3.792 9）	−0.078 5*** （−3.792 1）	−0.078 3*** （−3.783 7）	−0.078 0*** （−3.770 7）
LagBIGOWN1	0.057 4 （1.642 5）	0.057 4 （1.641 8）	0.057 0 （1.630 1）	0.058 5* （1.677 1）
LagSIZE	0.000 1 （0.010 2）	0.000 1 （0.010 5）	0.000 1 （0.016 3）	0.000 5 （0.082 4）
LagLEV	0.038 0 （1.368 0）	0.038 0 （1.368 0）	0.037 9 （1.365 5）	0.037 1 （1.337 9）
LagGSALES	−0.023 7** （−2.006 4）	−0.023 7** （−2.006 8）	−0.023 7** （−2.006 9）	−0.023 9** （−2.028 6）
LagROA	−0.316 5*** （−3.487 0）	−0.316 4*** （−3.486 8）	−0.316 6*** （−3.487 2）	−0.317 5*** （−3.497 2）
LagOCF	−0.150 6** （−2.534 3）	−0.150 6** （−2.534 4）	−0.150 4** （−2.530 2）	−0.150 2** （−2.527 5）
LagDUAL	−0.003 1 （−0.346 4）	−0.003 1 （−0.346 9）	−0.003 1 （−0.349 2）	−0.003 3 （−0.367 3）

表4-8(续)

	(1) PRECISION	(2) PRECISION	(3) PRECISION	(4) PRECISION
LagBRD	0.009 2	0.009 2	0.009 2	0.009 5
	(0.600 0)	(0.602 1)	(0.603 9)	(0.624 8)
LagBig4	0.043 3	0.043 3	0.044 4	0.046 0
	(0.957 4)	(0.958 1)	(0.982 5)	(1.037 1)
LagMGTSHR	−0.107 9***	−0.107 9***	−0.107 7***	−0.107 6***
	(−3.458 3)	(−3.458 2)	(−3.453 4)	(−3.450 9)
LagPAY	0.010 0	0.010 0	0.010 1	0.010 3
	(1.525 8)	(1.526 4)	(1.530 3)	(1.559 4)
LagANA_TEAM	−0.008 5*	−0.008 5*	−0.008 5*	−0.008 5*
	(−1.762 6)	(−1.761 1)	(−1.780 3)	(−1.771 8)
LagVOL	0.009 2	0.009 2	0.009 3	0.009 2
	(1.154 1)	(1.154 8)	(1.162 6)	(1.146 3)
_cons	0.013 5	0.013 3	0.012 3	0.000 3
	(0.098 1)	(0.096 9)	(0.089 6)	(0.002 5)
Year FE	Yes	Yes	Yes	Yes
Industry FE	Yes	Yes	Yes	Yes
N	4 020	4 020	4 020	4 020
r2_a	0.064 1	0.064 2	0.064 2	0.064 6

注：t statistics in parentheses；* $p < 0.1$，** $p < 0.05$，*** $p < 0.01$。

4.4.4 稳健性检验

4.4.4.1 子样本回归（剔除强制性预告披露样本）

国内外关于业绩预告发布的研究主要使用的是自愿性业绩预告样本，因此本节按照（张然，张鹏，2011；刘柏，卢家锐，2018）[①] 的研究思路，为增强主要结论的可靠性，本节在验证假设 H4-1a 时剔除了达到强制性业绩预告的披露样本。子样本回归（剔除强制性披露样本）进行稳健性检验的结果见表4-9。结果表明，共同机构所有权 Coz_dum、Coz_num、Coz_

[①] 张然，张鹏.中国上市公司自愿业绩预告动机研究 [Z]：中国会计评论，2011：3-20.
刘柏，卢家锐．"好公民"还是"好演员"：企业社会责任行为异象研究：基于企业业绩预告视角 [J]．财经研究，2018，44（5）：97-108.

degree、Coz_rate 的估计系数分别约为−0.016 1（$t=-1.551\,3$）、−0.023 2（$t=-1.590\,0$）、−0.012 3（$t=-1.715\,9$）、−0.077 0（$t=-1.473\,7$），以上四个基准回归结果估计系数与全披露样本差别不大，且共有股东联结程度（Coz_degree）的估计系数在10%的统计水平上显著，分析结论保持不变。

表4-9　稳健性检验：子样本回归（剔除强制性披露样本）

	（1）PRECISION	（2）PRECISION	（3）PRECISION	（4）PRECISION
Coz_dum	−0.016 1			
	(−1.551 3)			
Coz_num		−0.023 2		
		(−1.590 0)		
Coz_degree			−0.012 3*	
			(−1.715 9)	
Coz_rate				−0.077 0
				(−1.473 7)
INSOWN	−0.052 0***	−0.052 0***	−0.051 7***	−0.052 1***
	(−3.497 3)	(−3.492 8)	(−3.475 9)	(−3.507 7)
BIGOWN1	0.060 8**	0.060 8**	0.060 7**	0.063 5***
	(2.529 3)	(2.528 1)	(2.524 4)	(2.637 7)
SIZE	−0.008 5**	−0.008 5**	−0.008 4**	−0.008 3**
	(−2.130 9)	(−2.129 4)	(−2.106 9)	(−2.080 0)
LEV	−0.031 0	−0.031 0	−0.031 0	−0.031 5
	(−1.362 7)	(−1.362 9)	(−1.364 0)	(−1.385 1)
GSALES	−0.050 7***	−0.050 6***	−0.050 6***	−0.050 2***
	(−6.832 5)	(−6.824 3)	(−6.821 7)	(−6.740 7)
ROA	−1.104 6***	−1.104 6***	−1.105 9***	−1.107 1***
	(−11.433 7)	(−11.434 7)	(−11.448 2)	(−11.454 7)
DUAL	−0.000 7	−0.000 7	−0.000 7	−0.000 8
	(−0.108 7)	(−0.105 5)	(−0.104 9)	(−0.122 3)
BRD	0.017 3	0.017 4	0.017 3	0.017 6
	(1.307 9)	(1.314 7)	(1.307 7)	(1.324 6)
Big4	−0.015 7	−0.015 6	−0.015 5	−0.016 8
	(−0.807 0)	(−0.801 3)	(−0.797 3)	(−0.867 9)
MGTSHR	−0.045 7**	−0.045 8**	−0.045 6**	−0.046 1**
	(−2.014 5)	(−2.015 9)	(−2.009 1)	(−2.033 8)

表4-9(续)

	(1) PRECISION	(2) PRECISION	(3) PRECISION	(4) PRECISION
PAY	0.011 9**	0.011 9**	0.012 0**	0.012 0**
	(2.298 8)	(2.300 2)	(2.306 0)	(2.317 2)
ANA_TEAM	−0.003 4	−0.003 4	−0.003 4	−0.003 6
	(−1.036 3)	(−1.038 3)	(−1.047 9)	(−1.096 8)
OCF	0.032 6	0.032 6	0.033 1	0.032 3
	(0.734 9)	(0.735 6)	(0.747 2)	(0.729 2)
_cons	0.412 9***	0.412 4***	0.410 5***	0.407 3***
	(2.856 1)	(2.851 6)	(2.839 2)	(2.814 8)
Year FE	Yes	Yes	Yes	Yes
Industry FE	Yes	Yes	Yes	Yes
N	3 342	3 342	3 342	3 342
r2_a	0.220 9	0.220 9	0.221 1	0.221 2

注：t statistics in parentheses；* $p < 0.1$，** $p < 0.05$，*** $p < 0.01$。

4.4.4.2 增加控制变量

机构持股与管理层业绩预告行为的关系可能在一定程度上受到治理层和管理层行为的影响，因此，公司治理以及外部监督因素也会影响两者的关系。为进一步控制遗漏变量的问题，本书借鉴以往的研究，加入了两个方面的控制变量。机构大股东（BIGINSOWN）和董监高持股比例（DJG-SHR）。其中，按照（杜勇，孙帆，邓旭，2021）[1] 对 BIGINSOWN 的度量方式，如果机构持股比例超过 10%，则 BIGINSOWN 取值为 1，否则为 0。增加控制变量机构大股东和董监高持股进行稳健性检验的回归结果见表4-10。结果表明，检验结果与主要结论没有明显差异。

表 4-10　稳健性检验：增加控制变量机构大股东和董监高持股回归结果

	(1) PRECISION	(2) PRECISION	(3) PRECISION	(4) PRECISION
Coz_dum	−0.017 0*			
	(−1.955 9)			

① 杜勇，孙帆，邓旭. 共同机构所有权与企业盈余管理［J］. 中国工业经济，2021（6）：155-173.

表4-10（续）

	（1） PRECISION	（2） PRECISION	（3） PRECISION	（4） PRECISION
Coz_num		−0.021 8* （−1.787 1）		
Coz_degree			−0.012 0** （−2.008 2）	
Coz_rate				−0.082 9** （−2.315 1）
BIGINSOWN	−0.021 7** （−2.544 4）	−0.021 8** （−2.554 1）	−0.021 8** （−2.558 0）	−0.022 0*** （−2.581 7）
DJGSHR	−0.045 2* （−1.791 8）	−0.045 0* （−1.784 1）	−0.044 8* （−1.775 9）	−0.045 1* （−1.791 4）
INSOWN	−0.056 0*** （−2.785 4）	−0.055 9*** （−2.782 9）	−0.055 5*** （−2.761 6）	−0.055 7*** （−2.774 7）
BIGOWN1	0.060 4** （2.456 7）	0.060 4** （2.459 2）	0.060 2** （2.449 1）	0.065 3*** （2.650 4）
SIZE	−0.010 5*** （−3.226 6）	−0.010 5*** （−3.223 9）	−0.010 4*** （−3.186 0）	−0.010 1*** （−3.104 5）
LEV	−0.027 1 （−1.433 8）	−0.027 1 （−1.434 8）	−0.027 3 （−1.444 3）	−0.027 8 （−1.470 7）
GSALES	−0.052 3*** （−9.595 8）	−0.052 3*** （−9.592 9）	−0.052 4*** （−9.611 0）	−0.052 4*** （−9.612 9）
ROA	−0.504 4*** （−9.477 7）	−0.504 1*** （−9.470 3）	−0.504 6*** （−9.479 2）	−0.505 4*** （−9.487 6）
OCF	−0.161 8*** （−3.756 0）	−0.162 1*** （−3.761 9）	−0.161 5*** （−3.749 4）	−0.162 7*** （−3.779 8）
DUAL	0.002 7 （0.441 0）	0.002 7 （0.445 6）	0.002 6 （0.438 2）	0.002 3 （0.388 6）
BRD	−0.005 6 （−0.527 0）	−0.005 6 （−0.524 4）	−0.005 5 （−0.515 1）	−0.005 2 （−0.486 8）
Big4	0.002 4 （0.159 6）	0.002 4 （0.153 5）	0.002 8 （0.183 0）	0.002 1 （0.140 3）
MGTSHR	−0.044 6* （−1.865 9）	−0.044 7* （−1.869 9）	−0.044 6* （−1.867 5）	−0.044 8* （−1.875 4）
PAY	0.014 1*** （3.150 8）	0.014 0*** （3.139 4）	0.014 1*** （3.155 8）	0.014 1*** （3.164 6）

表4-10(续)

	(1) PRECISION	(2) PRECISION	(3) PRECISION	(4) PRECISION
ANA_TEAM	−0.014 5 ***	−0.014 6 ***	−0.014 6 ***	−0.014 9 ***
	(−4.922 7)	(−4.934 4)	(−4.950 1)	(−5.050 1)
VOL	−0.023 1 ***	−0.023 1 ***	−0.023 1 ***	−0.023 3 ***
	(−4.680 9)	(−4.682 5)	(−4.691 8)	(−4.722 1)
_cons	0.472 0 ***	0.472 8 ***	0.468 9 ***	0.461 5 ***
	(5.057 7)	(5.055 9)	(5.012 6)	(4.948 5)
Year FE	Yes	Yes	Yes	Yes
Industry FE	Yes	Yes	Yes	Yes
N	8 425	8 425	8 425	8 425
r2_a	0.107 0	0.107 0	0.107 1	0.107 4

4.4.4.3 更换共有股东指标

改变共同机构投资者界定门槛。参考潘越等（2020）[①]、杜勇和胡红燕（2022）[②] 的研究，本书以 3% 为标准分别重新计算机构共同持股的指标（Coz_dum3、Coz_num3、Coz_degree3 和 Coz_rate3）。如表 4-11 Panel A 展示的结果发现，当以 3% 作为构建"门槛"时，Coz_dum3、Coz_num3、Coz_degree3、Coz_rate3 的回归系数分别为−0.006 4（$t=0.943$ 2）、−0.007 3（$t=0.812$ 6）、−0.004 6（$t=0.965$ 8）、−0.074 6（$t=-2.245$ 9），其中 Coz_rate 的估计系数在 5% 水平显著。此外，如表 4-11 Panel B 展示的结果发现，本书以 10% 为标准分别重新计算机构共同持股的指标（Coz_dum10、Coz_num10、Coz_degree10 和 Coz_rate10）。结果发现，当以 10% 作为构建"门槛"时，Coz_dum10、Coz_num10、Coz_degree10 和 Coz_rate10 的回归系数分别为−0.029 1（$t=-2.469$ 8）、−0.041 9（$t=-2.469$ 8）、−0.017 7（$t=-2.230$ 7）、−0.079 3（$t=-2.140$ 8），以上结果均在 5% 水平显著。以 10% 作为共同机构投资者的门槛时，系数最大，与杜勇与胡红燕的研究发现基本一致。这也说明只有当机构投资者持股比例足够大时，投资者才有动力监督和提升管理层的业绩预告行为，并且持股比例越大干预动力越强，间接支持了回归结果的准确性。更换自变量界定门槛3%和10%进行稳健性检验的回归结果见表4-11。

---

① 潘越，汤旭东，宁博，等.连锁股东与企业投资效率：治理协同还是竞争合谋 [J]. 中国工业经济，2020（2）：136-164.

② 杜勇，胡红燕.机构共同持股与企业财务重述 [J].证券市场导报，2022（2）：67-79.

表 4-11　稳健性检验：更换自变量界定门槛 3% 和 10% 的回归结果

Panel A	更换自变量界定门槛 3% 回归结果			
	（1） PRECISION	（2） PRECISION	（3） PRECISION	（4） PRECISION
Coz_dum3	−0.006 4 （−0.943 2）			
Coz_num3		−0.007 3 （−0.812 6）		
Coz_degree3			−0.004 6 （−0.965 8）	
Coz_rate3				−0.074 6** （−2.245 9）
CVs	Yes	Yes	Yes	Yes
_cons	0.443 0*** （4.862 5）	0.444 2*** （4.870 7）	0.440 7*** （4.811 6）	0.420 7*** （4.592 7）
Year FE	Yes	Yes	Yes	Yes
Ind FE	Yes	Yes	Yes	Yes
N	8 425	8 425	8 425	8 425
r2_a	0.105 8	0.105 7	0.105 8	0.106 4
Panel B	更换自变量界定门槛 10% 回归结果			
	（1） PRECISION	（2） PRECISION	（3） PRECISION	（4） PRECISION
Coz_dum10	−0.029 1** （−2.469 8）			
Coz_num10		−0.041 9** （−2.469 8）		
Coz_degree10			−0.017 7** （−2.230 7）	
Coz_rate10				−0.079 3** （−2.140 8）
CVs	Yes	Yes	Yes	Yes
_cons	0.418 5*** （4.546 3）	0.418 5*** （4.546 3）	0.420 9*** （4.572 6）	0.423 3*** （4.624 2）
Year FE	Yes	Yes	Yes	Yes
Ind FE	Yes	Yes	Yes	Yes
N	8 425	8 425	8 425	8 425
r2_a	0.106 5	0.106 5	0.106 4	0.106 3

4.4.4.4　控制行业时间的趋势

考虑到样本期间，不同制造业、媒体等行业在样本期间会经历不同周期性变化。此外，不同行业的管理层业绩预告行为可能因不同年度内出台的对于不同行业业绩预告信息披露政策而受到差异性影响。这些因素也会改变机构投资者的权益配置。因此，如果上述因素进入残差项，可能会对本书的回归产生偏误。本书参考潘越等（潘越，等，2019，2020；杨兴全，张记元，2022)[①] 的研究思路，在模型（4-1）中进一步控制了行业乘以年度的固定效应（Industry * Year），以消除行业宏观因素对回归结果的偏误。重新回归的结果如表4-12第（1）—（4）列所示，在考虑了行业时间趋势后，共有股东（Coz_dum、Coz_num、Coz_degree、Coz_rate）的系数在对管理层业绩预告精确度的回归中依然显著为正，说明其影响依然存在。控制行业的时间趋势进行稳健性检验的回归结果见表4-12。

表4-12　稳健性检验：控制行业的时间趋势

	（1）PRECISION	（2）PRECISION	（3）PRECISION	（4）PRECISION
Coz_dum	-0.017 4**			
	(-1.984 7)			
Coz_num		-0.022 5*		
		(-1.831 0)		
Coz_degree			-0.012 5**	
			(-2.076 9)	
Coz_rate				-0.085 0**
				(-2.344 1)
CVs	Yes	Yes	Yes	Yes
_cons	0.647 2***	0.648 0***	0.643 8***	0.637 1***
	(4.259 8)	(4.262 5)	(4.232 7)	(4.190 3)
Industry FE	Yes	Yes	Yes	Yes
Year FE	Yes	Yes	Yes	Yes

① 潘越，汤旭东，宁博，等.连锁股东与企业投资效率：治理协同还是竞争合谋 [J].中国工业经济，2020（2）：136-164.

杨兴全，张记元.连锁股东与企业多元化经营：加速扩张还是聚焦主业 [J].现代财经（天津财经大学学报），2022，42（5）：36-55.

杨兴全，张记元.连锁股东与企业金融化：抑制还是促进 [J].中南财经政法大学学报，2022（2）：27-40.

表4-12(续)

	（1） PRECISION	（2） PRECISION	（3） PRECISION	（4） PRECISION
N	8 425	8 425	8 425	8 425
r2_a	0.111 5	0.111 4	0.111 5	0.111 8

注: t statistics in parentheses; * $p < 0.1$, ** $p < 0.05$, *** $p < 0.01$。

4.4.4.5 更换业绩预告精确度指标

前文以预测净利润上限与下限的差值除以上下限均值的绝对值来计算业绩预告精确度，在稳健性测试部分，参考陈胜蓝、王可心（2017）[①] 和常利民（2022）[②] 的研究思路，本书直接采用预测净利润上限与下限差值除以年初资产总额并取绝对值度量管理层业绩预告精确度（PRECISION2）。PRECISION2 值越小，即点估计时为 0，其精确度也越高。重新代入模型（4-1）后，更换业绩预告精确度指标的结果见表 4-13。结果可知，Coz_dum、Coz_num、Coz_degree、Coz_rate 的回归系数显著为负，说明共有股东能提升业绩预告的精确度，支持了本章的研究结论，表明以上研究具备稳健性。

表 4-13 稳健性检验：更换业绩预告精确度指标

	（1） PRECISION2	（2） PRECISION2	（3） PRECISION2	（4） PRECISION2
Coz_dum	−0.001 6 *** （−3.513 0）			
Coz_num		−0.002 2 *** （−3.586 7）		
Coz_degree			−0.001 3 *** （−4.337 7）	
Coz_rate				−0.004 7 *** （−3.255 9）
INSOWN	−0.001 4 * （−1.646 6）	−0.001 4 （−1.631 0）	−0.001 4 （−1.586 3）	−0.001 6 * （−1.805 0）

① 陈胜蓝，王可心. 经济政策不确定性和公司业绩预告 ［J］. 投资研究，2017，36（5）：103-119.

② 常利民. 商誉减值与公司业绩预告行为 ［J］. 证券市场导报，2022（1）：62-71.

表4-13(续)

	(1) PRECISION2	(2) PRECISION2	(3) PRECISION2	(4) PRECISION2
BIGOWN1	0.004 5***	0.004 5***	0.004 5***	0.004 9***
	(3.578 1)	(3.575 7)	(3.557 7)	(3.842 0)
SIZE	−0.001 5***	−0.001 5***	−0.001 5***	−0.001 5***
	(−7.700 3)	(−7.663 4)	(−7.589 1)	(−7.747 6)
LEV	−0.005 1***	−0.005 1***	−0.005 1***	−0.005 1***
	(−5.086 0)	(−5.097 5)	(−5.123 4)	(−5.077 1)
GSALES	0.002 5***	0.002 5***	0.002 5***	0.002 5***
	(6.126 4)	(6.134 5)	(6.111 6)	(6.145 9)
ROA	0.018 7***	0.018 7***	0.018 7***	0.018 8***
	(4.047 9)	(4.052 3)	(4.043 4)	(4.053 4)
OCF	0.016 3***	0.016 3***	0.016 3***	0.016 2***
	(6.564 4)	(6.560 2)	(6.588 3)	(6.523 2)
DUAL	−0.000 2	−0.000 2	−0.000 2	−0.000 2
	(−0.578 1)	(−0.578 8)	(−0.599 1)	(−0.595 0)
BRD	0.000 7	0.000 7	0.000 7	0.000 7
	(1.334 1)	(1.345 9)	(1.368 1)	(1.336 5)
Big4	−0.000 7	−0.000 7	−0.000 7	−0.000 8
	(−0.917 4)	(−0.902 6)	(−0.835 6)	(−1.050 1)
MGTSHR	0.002 5*	0.002 5*	0.002 5*	0.002 4*
	(1.836 6)	(1.846 1)	(1.862 5)	(1.770 3)
PAY	0.001 4***	0.001 4***	0.001 4***	0.001 4***
	(5.210 2)	(5.200 7)	(5.234 5)	(5.189 0)
ANA_TEAM	0.001 2***	0.001 2***	0.001 2***	0.001 1***
	(6.928 0)	(6.916 3)	(6.896 5)	(6.696 5)
VOL	0.001 3***	0.001 3***	0.001 3***	0.001 3***
	(5.421 4)	(5.416 6)	(5.393 2)	(5.390 0)
_cons	0.022 4***	0.022 3***	0.021 9***	0.022 7***
	(4.415 0)	(4.395 2)	(4.305 5)	(4.486 6)
Industry FE	Yes	Yes	Yes	Yes
Year FE	Yes	Yes	Yes	Yes
N	8 428	8 428	8 428	8 428
r2_a	0.183 0	0.183 0	0.183 6	0.182 5

注: t statistics in parentheses; * $p < 0.1$, ** $p < 0.05$, *** $p < 0.01$。

4.4.5 进一步分析

4.4.5.1 调节效应

（1）消息类型调节作用

根据以往文献，由于坏消息对股票价格会形成冲击，公司管理层会运用模糊业绩预告宽度和范围的披露策略来掩饰坏消息对未来股价的冲击，从而避免公司股价水平大幅下跌；因此，坏消息总是提前披露但精确度不高（胡威，2011）[1]。而对于好消息，公司管理层可能会更精确地预告未来盈利情况，从而提升公司股价水平。设置业绩预告消息类型哑变量（NEWS），参考（袁振超，岳衡，谈文峰，2014；李志生，等，2017）[2]，业绩预告类型属于"续盈""预增""略增""扭亏"定义为好消息，News取值为1，其他类型为坏消息，NEWS取值为0。在模型（4-1）中分别加入消息类型（NEWS），以及 NEWS 与共有股东（Coz）的交乘项（Coz * NEWS），考察消息类型对于共有股东（Coz）与企业业绩预告信息披露质量之间相关关系的调节效应。回归结果如表 4-14 列（1）—（4）所示，Coz_dum/2/3/5 * NEWS 的回归系数均显著为正，说明在"好消息"情形下，共有股东对业绩预告精确度具有较弱的正向作用。尽管共有股东和消息类型都对提升业绩预告精确度具有正向治理作用，但二者却会相互弱化对方的作用，即好消息会弱化共有股东对业绩预告精确度的影响。这表明，就业绩预告精确度而言，共有股东与消息类型可能是一种替代机制，共有股东对管理层业绩预告精确度策略性披露行为的治理作用，更多地体现在"坏消息"情形下。消息类型对共有股东与业绩预告精确度的调节作用的结果见表 4-14。

---

[1] 胡威.管理层盈利预测精确度影响因素及其经济后果研究：来自中国A股市场的经验证据[J].财经问题研究，2011（11）：67-74.

[2] 袁振超，岳衡，谈文峰.代理成本、所有权性质与业绩预告精确度[J].南开管理评论，2014，17（3）：49-61.

李志生，李好，马伟力，等.融资融券交易的信息治理效应[J].经济研究，2017，52（11）：150-164.

表 4-14　消息类型对共有股东与业绩预告精确度的调节作用

	（1）PRECISION	（2）PRECISION	（3）PRECISION	（4）PRECISION
Coz_dum	-0.053 6***			
	(-2.803 5)			
Coz_dum * NEWS	0.048 1**			
	(2.505 3)			
Coz_num		-0.068 1**		
		(-2.510 5)		
NEWS * Coz_num		0.060 4**		
		(2.251 5)		
Coz_degree			-0.033 1**	
			(-2.561 3)	
NEWS * Coz_degree			0.028 1**	
			(2.199 5)	
Coz_rate				-0.173 3**
				(-2.559 2)
NEWS * Coz_rate				0.131 5**
				(2.035 2)
NEWS	-0.133 0***	-0.132 6***	-0.132 4***	-0.131 2***
	(-16.989 4)	(-16.943 6)	(-16.955 8)	(-17.116 0)
CVs	Yes	Yes	Yes	Yes
_cons	0.492 5***	0.492 8***	0.490 0***	0.480 5***
	(5.390 9)	(5.385 4)	(5.350 4)	(5.255 0)
Year FE	Yes	Yes	Yes	Yes
Industry FE	Yes	Yes	Yes	Yes
r2_a	0.156 2	0.156 0	0.156 0	0.156 1
N	8 425	8 425	8 425	8 425

注：t statistics in parentheses；* $p < 0.1$，** $p < 0.05$，*** $p < 0.01$。

（2）盈余管理调节作用

会计盈余是公司非常重要的财务特质信息，不同程度的盈余管理会导致有差异的会计信息透明度，从而使机构投资者对业绩预告的精确度产生不同的影响（Hutton et al.，2009）。对于盈余管理程度较高的公司，其信息透明度十分低（王雄元，刘焱，全怡，2009）①。机构投资者通过公开途径获取的信息并不十分准确、真实（王亚平，刘慧龙，吴联生，2009；张硕，赵葹雷，傅绍正，2021）②。机构投资者通过实地调研获取的额外信息也十分有限（廖义刚，李玉昊，杨雨馨，2021）③。本节利用 Jones 模型计算盈余管理程度。设置盈余管理虚拟变量（DADUM），若高于行业年度均值，则为 1，意味着盈余管理程度高；否则为 0。

在模型（4-1）中分别加入共有股东（Coz）与盈余管理虚拟变量（DADUM）的交乘项（Coz * DADUM），回归结果如表 4-15 第（1）—（3）列所示，Coz_dum/ Coz_num/ Coz_degree * NEWS 的回归系数均为正。其中共有股东存在与高盈余管理虚拟变量（DADUM）的交乘项（Coz_dum * DADUM）在 1% 的显著性水平显著；共有股东数量及其联结程度与高盈余管理虚拟变量（DADUM）的交乘项（Coz_num * DADUM）在 5% 的显著性水平显著。当 Coz_dum 和 Coz_num 作为解释变量时，在"盈余管理程度高"情形下，共有股东对业绩预告信息披露质量为负。这与前期研究结论保持一致，即盈余动机越强，上市公司会公布精确度较低的业绩预告，以掩饰真实成绩（胡威，2011）④。可能的解释是：第一，当公司具有很强的盈余管理动机时，共有股东从外部公开渠道获取信息或者通过实地调研获取的信息都缺乏信息含量，造成业绩预告的精确度越低。第二，根据前文理论推导，虽然共有股东在同一行业间持股会缓解产品市场竞争而导致管理层放松对专有信息的披露，然而产品市场竞争下降，同时也会纵容管理层机会主义行为，从而引发其对信息披露采取模糊披露策略，降低外界发现管理层可能的自利动机。盈余管理对共有股东与业绩预告精确度的调节作用的结果见表 4-15。

---

① 王雄元，刘焱，全怡. 产品市场竞争、信息透明度与公司价值：来自 2005 年深市上市公司的经验数据 [J]. 财贸经济，2009（10）：30-36.

② 王亚平，刘慧龙，吴联生. 信息透明度、机构投资者与股价同步性 [J]. 金融研究，2009（12）：162-174.

张硕，赵葹雷，傅绍正. 业绩预告的类型会影响其准确性吗?：基于盈余管理动机视角 [J]. 科学决策，2021（7）：91-111.

③ 廖义刚，李玉昊，杨雨馨. 机构投资者实地调研有助于提升业绩预告精确度吗?：基于盈余管理与市场化进程视角的经验证据 [J]. 财务研究，2021（2）：40-50.

④ 胡威. 管理层盈利预测精确度影响因素及其经济后果研究：来自中国 A 股市场的经验证据 [J]. 财经问题研究，2011（11）：67-74.

表 4-15 盈余管理对共有股东与业绩预告精确度的调节作用

	（1）PRECISION	（2）PRECISION	（3）PRECISION	（4）PRECISION
Coz_dum	-0.034 7***			
	(-3.082 4)			
Coz_dum * DADUM	0.038 2***			
	(2.578 7)			
Coz_num		-0.044 6***		
		(-2.889 0)		
Coz_num * DADUM		0.049 4**		
		(2.437 5)		
Coz_degree			-0.020 8***	
			(-2.762 5)	
Coz_degree * DADUM			0.019 7**	
			(1.974 6)	
Coz_rate				-0.105 1**
				(-2.366 7)
Coz_rate * DADUM				0.052 2
				(0.904 3)
DADUM	-0.023 5***	-0.023 3***	-0.022 6***	-0.020 7***
	(-3.798 9)	(-3.765 7)	(-3.675 8)	(-3.421 7)
CVs	Yes	Yes	Yes	Yes
_cons	0.438 4***	0.439 1***	0.436 2***	0.428 3***
	(4.782 7)	(4.781 0)	(4.748 0)	(4.670 8)
Year FE	Yes	Yes	Yes	Yes
Industry FE	Yes	Yes	Yes	Yes
N	8 376	8 376	8 376	8 376
r2_a	0.107 7	0.107 6	0.107 5	0.107 5

注：t statistics in parentheses；* $p < 0.1$，** $p < 0.05$，*** $p < 0.01$。

4.4.5.2 异质性影响

(1) 产权性质异质性影响

中国实行公有制为主体、多种所有制经济共同发展的基本经济制度，市场中存在着数量庞大的国有企业、民营企业和混合所有制企业。前两类企业因为产权性质的差异，在公司治理和经营目标方面存在明显的差异（廖冠民，沈红波，2014）[1]。国有企业由于与地方政府的天然渊源，拥有更多的资源优势，公司治理机制更加完备，国有企业大股东能够运用资源来协助各种内部和外部机制发挥治理效应，从而提升信息披露质量（陈冬华，梁上坤，2010；焦健，刘银国，刘想，2017；严由亮，李烨，2018）[2]。而且，国有企业在发布各种信息披露定期或不定期报告时，通常还需要国资委等主管部门的审批，这无疑对共有股东的外部监督形成一种替代。而非国有企业由于自身缺乏完备的外部监督机制，更依赖于机构投资者对管理层的监督。因而，相对于国有企业，非国有企业共有股东发挥提升业绩预告精确度的治理效应更加明显。

表 4-16 Panel A 报告了基于产权性质视角的异质性影响回归结果。在国有企业和非国有企业组，共有股东存在、共有股东数量及联结程度、共有股东持股比例的估计系数均为负；在非国有企业组，共有股东联结程度及持股比例（Coz_degree/Coz_rate）为负，分别通过 5%、1% 显著性水平检验。这说明，相对于国有企业，在非国有企业中共有股东发挥提升业绩预告精确度的治理效应更明显。

① 廖冠民，沈红波.国有企业的政策性负担：动因、后果及治理 [J].中国工业经济，2014 (6)：96-108.

② 陈冬华，梁上坤.在职消费、股权制衡及其经济后果：来自中国上市公司的经验证据 [J].上海立信会计学院学报，2010，24 (1)：19-27，97.

焦健，刘银国，刘想.股权制衡、董事会异质性与大股东掏空 [J].经济学动态，2017 (8)：62-73.

严由亮，李烨.高管薪酬激励、股权制衡与企业绩效 [J].财会通讯，2018 (6)：46-50.

表 4-16 产权性质、产品市场竞争、业绩预告乐观偏差异质性影响

	PRECISION (1)	PRECISION (2)	PRECISION (3)	PRECISION (4)	PRECISION (5)	PRECISION (6)	PRECISION (7)	PRECISION (8)
	SOE	Non-SOE	SOE	Non-SOE	SOE	Non-SOE	SOE	Non-SOE
Panel A			产权性质异质性影响					
Coz_dum	-0.012 5 (-0.752 2)	-0.015 4 (-1.576 8)						
Coz_num			-0.011 5 (-0.512 5)	-0.022 0 (-1.579 0)				
Coz_degree					-0.006 0 (-0.554 1)	-0.013 6** (-2.066 9)		
Coz_rate							-0.039 4 (-0.822 5)	-0.154 7*** (-2.763 4)
CVs	Yes	Yes	Yes	Yes	Yes	Yes	Yes	Yes
_cons	0.474 3** (2.286 0)	0.362 9*** (3.274 8)	0.480 2** (2.313 8)	0.362 8*** (3.273 1)	0.478 6** (2.307 2)	0.359 1*** (3.241 3)	0.469 2** (2.261 8)	0.351 3*** (3.173 8)
Year FE	Yes	Yes	Yes	Yes	Yes	Yes	Yes	Yes
Ind FE	Yes	Yes	Yes	Yes	Yes	Yes	Yes	Yes
N	1 829	6 020	1 829	6 020	1 829	6 020	1 829	6 020
r2_a	0.073 2	0.130 9	0.073 0	0.130 9	0.073 0	0.131 0	0.073 3	0.131 4
Panel B			产品市场竞争异质性影响					
	产品市场竞争较低	产品市场竞争较高	产品市场竞争较低	产品市场竞争较高	产品市场竞争较低	产品市场竞争较高	产品市场竞争较低	产品市场竞争较高
Coz_dum	-0.020 8* (-1.785 6)	-0.010 2 (-0.798 6)						
Coz_num			-0.026 3 (-1.643 7)	-0.012 4 (-0.672 2)				
Coz_degree					-0.014 0* (-1.749 5)	-0.007 9 (-0.897 4)		

表4-16（续）

	PRECISION (1)	PRECISION (2)	PRECISION (3)	PRECISION (4)	PRECISION (5)	PRECISION (6)	PRECISION (7)	PRECISION (8)
Coz_rate							-0.066 6 (-1.490 1)	-0.088 1 (-1.562 4)
CVs	Yes	Yes	Yes	Yes	Yes	Yes	Yes	Yes
_cons	0.492 3*** (4.103 6)	0.177 6 (1.263 7)	0.493 4*** (4.104 9)	0.178 9 (1.270 3)	0.499 8*** (4.074 4)	0.174 5 (1.237 8)	0.489 6*** (4.056 0)	0.163 6 (1.167 7)
Year FE	Yes	Yes	Yes	Yes	Yes	Yes	Yes	Yes
Industry FE	Yes	Yes	Yes	Yes	Yes	Yes	Yes	Yes
N	4 418	4 007	4 418	4 007	4 418	4 007	4 418	4 007
r2_a	0.104 8	0.108 1	0.104 7	0.108 0	0.104 8	0.108 1	0.104 7	0.108 7

Panel C

业绩预告乐观偏差异质性影响

	高估盈余 (1)	低估盈余 (2)	高估盈余 (3)	低估盈余 (4)	高估盈余 (5)	低估盈余 (6)	高估盈余 (7)	低估盈余 (8)
Coz_dum	-0.031 2** (-2.296 3)	-0.007 6 (-0.625 2)						
Coz_num			-0.044 2** (-2.346 2)	-0.004 3 (-0.256 1)				
Coz_degree					-0.021 0** (-2.232 5)	-0.005 6 (-0.696 3)		
Coz_rate							-0.148 3*** (-2.614 2)	-0.049 2 (-1.114 8)
CVs	Yes	Yes	Yes	Yes	Yes	Yes	Yes	Yes
_cons	0.185 9 (1.309 0)	0.653 5*** (5.340 7)	0.183 2 (1.287 8)	0.660 0*** (5.384 2)	0.181 (1.296 4)	0.651 3*** (5.314 8)	0.169 7 (1.186 0)	0.642 7*** (5.274 6)
Year FE	Yes	Yes	Yes	Yes	Yes	Yes	Yes	Yes
Industry FE	Yes	Yes	Yes	Yes	Yes	Yes	Yes	Yes
N	3 997	3 850	3 997	3 850	3 997	3 850	3 997	3 850
r2_a	0.078 3	0.145 6	0.078 4	0.145 5	0.078 3	0.145 6	0.078 9	0.145 9

（2）产品市场竞争异质性影响

产品市场竞争作为重要的外部环境，可视作在信息披露层面的一种互补或替代效应，继而影响披露质量（王雄元，刘焱，全怡，2009；申景奇，伊志宏，2010；伊志宏，姜付秀，秦义虎，2010）[①]。从专有化成本的视角来看，财务报表可以向竞争对手披露专有信息（Dye，1986）。这些特定信息极易为竞争对手所利用，进而影响公司的竞争地位（王雄元，喻长秋，2014）[②]。面对竞争压力，管理者会权衡通过年报披露专有信息的风险。如果专有信息成本超过资本市场收益，企业将减少或停止向外输出信息的动力（傅传锐，洪运超，2018；傅传锐，等，2018）[③]。因此，竞争成本的存在会抑制公司披露信息的意愿。本书可以推测，共有股东对业绩预告信息披露精确度的正向影响在产品市场竞争水平较高的行业不显著。

为了验证这一机制，本书根据赫芬达尔指数的计算方法构建行业集中度（等于以行业内营业收入前五名的企业的平方和），并以年度中位数设立虚拟变量（m_HHI_dum），若企业所在的行业的集中度高于当年所有行业的中位数，则取值为 1，否则为 0。

本书以产品市场竞争的行业年度中位数将样本公司分为两组，得出 m_HHI_dum =1（产品市场竞争水平较低）和 m_HHI_dum =0（产品市场竞争水平较高）两种不同市场竞争状态。利用模型（4-1）重新回归，表4-16 Panel B 报告了基于产品市场竞争视角的异质性影响回归结果。在第（2）（4）（6）（8）列的回归结果中，当市场竞争较高时，共有股东存在（Coz_dum）、共有股东数量及其联结程度（Coz_num、Coz_degree）、共有股东持股比例（Coz_rate）的系数为负但不显著，表明在产品市场竞争水平较高时，共有股东的信息治理作用有限。可能存在的原因是因为，从管理层的角度来看，在产品竞争程度较高时，业绩信息披露的专有性成本对竞争优

---

① 王雄元，刘焱，全怡. 产品市场竞争、信息透明度与公司价值：来自2005年深市上市公司的经验数据 [J]. 财贸经济，2009（10）：30-36.

申景奇，伊志宏. 产品市场竞争与机构投资者的治理效应：基于盈余管理的视角 [J]. 山西财经大学学报，2010，32（11）：50-59.

伊志宏，姜付秀，秦义虎. 产品市场竞争、公司治理与信息披露质量 [J]. 管理世界，2010（1）：133-141，161，188.

② 王雄元，喻长秋. 专有化成本与公司自愿性信息披露：基于客户信息披露的分析 [J]. 财经研究，2014，40（12）：27-38.

③ 傅传锐，洪运超. 公司治理、产品市场竞争与智力资本自愿信息披露：基于我国A股高科技行业的实证研究 [J]. 中国软科学，2018（5）：123-134.

傅传锐，杨涵，潘静珍，等. 高管背景特征、产品市场竞争与智力资本信息披露：来自我国A股高科技行业的经验证据 [J]. 财经理论与实践，2018，39（5）：80-87.

势和盈利空间产生挤压，管理层出于风险规避心理，使其倾向于较少地披露利润的准确区间，导致共有股东的信息治理效应不明显。而产品竞争程度较低组相较于产品市场竞争程度高组，Coz_dum、Coz_degree的估计系数显著为负，可能存在的原因是企业在整个行业中具有更强的市场实力和垄断租金，管理层并不十分担忧未来经营业绩的不确定性，也并不担心业绩预告中包含的专有化信息为人所利用，为了遵守监管披露要求以及维护自身声誉，进而在客观上提升管理层对披露更精确的业绩预告内容的可能性。

（3）业绩预告乐观偏差异质性影响

借鉴 Baik et al.（2011）、廖义刚和邓贤琨（2017）[①]、刘柏和卢家锐（2018）[②]、宋云玲等（2022）[③] 对业绩预告乐观偏差衡量方法，如果企业盈余的预测值比实际值高，则 FE 取值为 1，代表高估盈余组；否则为 0，代表低估盈余组。由于企业高估和低估盈余的动机可能不同，针对主假设，本书对高估盈余和低估盈余样本（根据 FE 划分）进行了分组检验。得出 FE＝0（低估盈余）和 FE＝1（高估盈余）两种乐观偏差分组的结果。表 4-16 Panel C 报告了基于业绩预告乐观偏差视角的异质性影响回归结果。从第（1）（3）（5）（7）列结果看出，在高估盈余的样本中，企业共有股东与业绩预告精确性显著正相关；而在低估盈余的样本中，企业共有股东与业绩预告精确性没有明显关系。企业共有股东主要在高估盈余的情况下发挥提高业绩预告精确性的作用。

4.4.5.3　经济后果

（1）权威机构评级

本章认为共有股东在寻求利益最大化过程中，发挥了机构协同效应和监督治理效应，为上市公司带来了积极治理，提升了管理层业绩预告精度。那么，这种提升理论上应该能够得到权威机构的认可。为回答这个问题，本书手工收集了深圳证券交易所官网对会计信息质量的考评结果（disclo_rank2），该结果属于权威机构对会计信息披露质量评级，因而可以用于检验共有股东对上市公司业绩预告信息披露的治理是否得到了权威机构的认可。

---

① 廖义刚，邓贤琨. 业绩预告偏离度、内部控制质量与审计收费 [J]. 审计研究，2017（4）：56-64.

② 刘柏，卢家锐. "好公民" 还是 "好演员"：企业社会责任行为异象研究：基于企业业绩预告视角 [J]. 财经研究，2018，44（5）：97-108.

③ 宋云玲，吕佳宁，黄晓蓓，等. 管理者动态过度乐观与业绩预告质量 [J]. 管理评论，2022，34（5）：188-201.

宋云玲，宋衍蘅. 业绩预告及时性与可靠性的权衡：基于经济政策不确定性视角 [J]. 管理评论，2022，34（1）：268-282.

按照张宗新，杨飞，袁庆海（2007）[①]、王雄元，刘焱，全怡（2009）[②]、徐寿福（2013）[③]的度量方法，深圳证券交易所公布的结果若为优秀，disclo_rank2 等于 4；若为良好，disclo_rank2 等于 3；若为合格，disclo_rank2 等于 2；否则 Rank 等于 1。评分越高，代表对上市公司业绩预告信息披露质量的肯定程度越高。设置交互项 Coz * PRECISION 代入基准回归模型进行验证。共有股东与业绩预告精确度经济后果（权威机构评级）的检验结果见表 4-17 Panel A。结果显示，共有股东存在（Coz_dum）、共有股东数量及其联结程度（Coz_num、Coz_degree）对深圳证券交易所评级（disclo_rank2）的估计系数为正，且 Coz_dum * PRECISION、Coz_num * PRECISION、Coz_degree * PRECISION 对深圳证券交易所评级（disclo_rank2）的估计系数为正，且具有统计显著性。结果说明，共有股东提高了深圳证券交易对上市公司信息披露的考评等级，而这种提高通过提升业绩预告得以实现。也可以说，共有股东对上市公司业绩预告的监督和治理得到了权威机构的肯定。

（2）审计费用降低

业绩预告作为管理层披露中一项重要的盈余预测会计信息，那么，业绩预告准确度信息是会计信息质量最重要的内容之一（Kim & Shi, 2011）。前期研究表明，业绩预告偏离度与审计收费正相关（廖义刚，邓贤琨，2017）[④]。共有股东对上市公司业绩预告质量的提升应有助于审计师进行年报审计，出具公允的审计意见。因此，本书选择审计收费进行经济后果检验，对上市公司审计费用取自然对数（FEE）进行衡量。共有股东与业绩预告精确度经济后果（审计费用）的检验结果见表 4-17 Panel B。结果表明，共有股东存在与业绩预告精确度交乘项（PRECISION * Coz_dum）、共有股东数量、联结程度、共有股东持股比例与业绩预告精确度交乘项（PRECISION * Coz_num、PRECISION * Coz_degree、PRECISION * Coz_rate）的回归系数均显著为负，说明上市公司共有股东对业绩预告的协同和监督治理提高了信息披露质量，从而降低了审计师审计难度，减少了审计师审计收费。

---

① 张宗新，杨飞，袁庆海.上市公司信息披露质量提升能否改进公司绩效？：基于 2002—2005 年深市上市公司的经验证据 [J].会计研究，2007（10）：16-23，95.

② 王雄元，刘焱，全怡.产品市场竞争、信息透明度与公司价值：来自 2005 年深市上市公司的经验数据 [J].财贸经济，2009（10）：30-36.

③ 徐寿福.信息披露、公司治理与现金股利政策：来自深市 A 股上市公司的经验证据 [J].证券市场导报，2013（1）：29-36.

④ 廖义刚，邓贤琨.业绩预告偏离度、内部控制质量与审计收费 [J].审计研究，2017（4）：56-64.

表 4-17 共有股东与业绩预告精确度经济后果（权威机构评级、审计费用）

Panel A	(1)	(2)	(3)	(4)	(5)	(6)	(7)	(8)
	disclo_rank2	disclo_rank2	disclo_rank2	disclo_rank2	disclo_rank2	disclo_rank2	disclo_rank2	disclo_rank2
				经济后果：权威机构评级	权威机构评级			
Coz_dum	0.127 3 (0.818 0)	-0.164 1 (-0.767 5)						
Coz_dum * PRECISION		1.311 3** (2.122 4)						
Coz_num			0.186 5 (0.846 8)	-0.220 4 (-0.720 5)				
Coz_num * PRECISION				1.825 1** (2.061 5)				
Coz_degree					0.081 4 (0.731 0)	-0.116 6 (-0.758 7)		
Coz_degree * PRECISION						0.868 8** (2.102 7)		
Coz_rate							0.447 3 (0.717 0)	-0.124 2 (-0.135 8)
Coz_rate * PRECISION								2.360 7 (0.856 2)
PRECISION		-0.530 9*** (-4.075 5)		-0.529 3*** (-4.063 7)		-0.528 0*** (-4.052 4)		-0.491 0*** (-3.734 4)
CVs	Yes	Yes	Yes	Yes	Yes	Yes	Yes	Yes
Year FE	Yes	Yes	Yes	Yes	Yes	Yes	Yes	Yes
Industry FE	Yes	Yes	Yes	Yes	Yes	Yes	Yes	Yes
r2_p	0.122 5	0.124 0	0.122 5	0.124 0	0.122 5	0.124 0	0.122 5	0.123 6
N	6 582	6 556	6 582	6 556	6 582	6 556	6 582	6 556

表4-17(续)

Panel B	(1)	(2)	(3)	(4)	(5)	(6)	(7)	(8)
	auditfee	auditfee	auditfee	auditfee	auditfee	auditfee	auditfee	auditfee
				经济后果：审计费用				
Coz_dum	0.006 7 (0.373 9)	0.037 4 (1.586 0)						
Coz_dum * PRECISION		-0.171 0* (-1.912 9)						
Coz_num			0.012 4 (0.485 8)	0.054 7 (1.605 7)				
Coz_num * PRECISION				-0.237 8* (-1.949 5)				
Coz_degree					0.007 7 (0.629 2)	0.028 3* (1.756 1)		
Coz_degree * PRECISION						-0.115 6* (-1.938 3)		
Coz_rate							0.076 2 (0.999 5)	0.182 6** (1.984 5)
Coz_rate * PRECISION								-0.458 6** (-2.041 2)
PRECISION		0.009 6 (0.453 4)		0.009 8 (0.465 8)		0.010 0 (0.473 6)		0.011 4 (0.938 5)
_cons	4.862 6*** (34.719 7)	4.869 8*** (34.671 6)	4.866 4*** (34.765 6)	4.874 3*** (34.708 9)	4.870 6*** (34.781 6)	4.877 9*** (34.723 4)	4.885 2*** (34.887 1)	5.665 9*** (25.090 9)
Year FE	Yes	Yes	Yes	Yes	Yes	Yes	Yes	Yes
Industry FE	Yes	Yes	Yes	Yes	Yes	Yes	Yes	Yes
r2_a	0.639 8	0.640 0	0.639 8	0.640 0	0.639 8	0.640 0	0.639 9	
N	8 399	8 399	8 399	8 399	8 399	8 399	8 399	8 399

4.5 本章小结

业绩预告信息制度作为定期财务报告披露的"前奏"与补充在我国不断完善,在缓解信息不对称、维护投资者权益保护、提高信息透明度方面有着显著作用。本书将行业共有股东纳入业绩预告信息披露质量的研究框架中,是对研究业绩预告信息质量影响因素相关文献的一个重要补充。本书基于竞争缓解、溢出效应和监管要求三个角度,基于2014—2021年沪深两市A股上市公司数据,探究了共有股东与管理层业绩预告质量之间的关系。研究发现:①共有股东对业绩预告精确度具有正向影响。为了验证本书结论的可靠性,在经过赫克曼(Heckman)二阶段回归、工具变量回归等一系列内生性检验后,回归结果依然显著。通过子样本回归、增加控制变量、改变共有股东界定门槛、改变被解释变量度量方式和控制行业的时间趋势的稳健性检验之后,本书的主要回归结果依然成立。②进一步研究发现,发布好消息、盈余管理程度高会弱化共有股东对业绩预告精确度的正向影响。异质性影响发现,在非国有产权性质、产品市场竞争低、乐观预期下,共有股东对业绩预告信息披露质量正向影响更加明显。经过结果检验后,研究发现共有股东通过提升业绩预告精确度不仅能得到深交所评级认可,还能使审计费用降低。

本章的研究具有如下几点启示:首先,本书基于管理层业绩预告精确度的视角,以中国上市公司数据首次探讨了行业共有股东对于管理层业绩预告信息披露质量的影响,丰富了股东影响管理层行为决策的经典文献,更加深刻地揭示了共有股东在产品市场竞争中对管理层业绩预告信息披露行为变化的影响。其次,上市公司要意识到机构共有股东对完善自愿性披露所发挥的积极作用。充分利用共有股东在资金规模、行业经验以及信息搜集与解析等优势,提高自愿性信息披露质量。最后,政府监管层应该在制度层面发挥共有股东治理职能,一方面积极引入共有股东从而参与公司信息治理,另一方面鼓励并推进上市公司主动自愿披露共有股东持股情况,以充分发挥信息中介的监督和治理作用。

5 共有股东与 MD&A 文本信息披露质量

5.1 问题的提出

我国上交所和深交所颁布了相应的考评办法、制度规章，将财务报告是否简明、易懂、清晰作为高质量信息披露的考评项①，意在指导上市公司使用通俗易懂的语言进行信息披露。因此，财务报告是否简明清晰、通俗易懂，有无使用晦涩、复杂、冗长等语言形式导致会计信息使用者难以理解，决定了财务报告的阅读难易程度。可读性低的财务报告构成交易障碍，有损社会效率与福利（Boubaker et al., 2019; Feng, 2008）。年报作为公司对外披露的信息文件中关键的组成部分之一，直接受现行会计准则的指导和影响。当前文本信息可读性的研究大多集中于年报可读性，国内外学者对年报可读性的衡量与检验、影响因素和经济后果做了大量丰富研究（Bonsall, 2017; Byoung-Hyoun et al., 2017; 王华杰，王克敏，2018; 逯东，宋昕倍，龚祎，2020; 徐巍，姚振晔，陈冬华，2021）②。作为非财务

---

① 《上海证券交易所上市公司信息披露工作评价办法（2017年修订）》，http://www.sse.com.cn/lawandrules/sserules/listing/stock/c/c_20170623_4330438. shtml;《深圳证券交易所上市公司信息披露考核办法（2020年修订）》，http://www.szse.cn/disclosure/notice/t20200904_581281. html.

② 王华杰，王克敏. 应计操纵与年报文本信息语气操纵研究 [J]. 会计研究，2018（4）：45-51.

逯东，宋昕倍，龚祎. 控股股东股权质押与年报文本信息可读性 [J]. 财贸研究，2020, 31（5）：77-96.

徐巍，姚振晔，陈冬华. 中文年报可读性：衡量与检验 [J]. 会计研究，2021（3）：28-44.

信息的重要来源，管理层讨论与分析（Managerial Discussion and Analysis，MD&A）涵盖了大量的对财务报表文字性的分析与补充，既能对历史财务信息作进一步说明与解释，又能提供前瞻性的非财务信息和未来信息。国外诸多实证研究证实，MD&A 具有能克服财务报表及附注对专业性要求较高的特点，有助于为信息用户提供增量信息、缓解代理冲突和优化经济决策，缩小中小投资者和机构及大股东之间的信息认知差距（李燕媛，2018）①。可以说，MD&A 是财务报告体系中最具可读性的部分。

我国自 2002 年从西方国家资本市场引入"管理层讨论与分析"信息披露制度以来，我国证监会强调 MD&A 需要清晰易懂。而 MD&A 叙述性的内容形式，相较于财务报表中数字信息，决定了管理层在生成和披露该信息时具有很强的主观性和自由裁量权。因此，MD&A 尚未发挥出如美国等西方国家指出的"心脏和灵魂"等积极作用，反而成为信息披露"藏污纳垢"的新途径。因此，MD&A 是否简明清晰、通俗易懂决定了 MD&A 阅读难易程度，可理解为 MD&A 文本可读性。公司治理是 MD&A 信息生成的重要微观制度环境，高质量的 MD&A 建立在有效的公司治理基础上。良好健全的公司治理结构是 MD&A 信息生成的重要制度环境，也是管理层勤勉尽责披露信息的内在保证（王啸，2002）②。机构投资者是 MD&A 文本信息的主要用户，对会计信息有更强的甄别和解析能力。共同机构投资者拥有更强大的信息整合和信息集成优势。那么，MD&A 可读性是否因存在共有机构股东而发生变化？本书拟研究共有股东与 MD&A 可读性之间的关系。

基于上述分析，本书检验了共有股东与 MD&A 可读性之间的关系。研究发现：共有股东对 MD&A 可读性具有正向影响，共有股东发挥了协同治理效应，改善了上市公司 MD&A 可读性文本质量。本书采用赫克曼（Heckman）二阶段回归、倾向得分匹配（PSM）、$t+n$ 期因变量等方法解决内生性后，继而进行了一系列稳健性检验，均证明主要结论具有可靠性。进一步研究发现，在代理成本高的公司，共有股东对 MD&A 可读性的弱化作用更明显，而卖空机制加强了机构监督治理效应。共有股东对改善 MD&A 可读性的协同治理效应在市场化水平较高、管理层发布坏消息的样

---

① 李燕媛.上市公司管理层讨论与分析信息披露问题研究 [M].北京：中国社会科学出版社，2018.

② 王啸.美国"管理层讨论与分析"及对我国的借鉴 [J].证券市场导报，2002（8）：24-28.

本中更为明显，同时发现共有股东通过提高 MD&A 文本质量从而提升了企业价值。

本书可能存在的边际贡献和意义：首先，现有文献主要从公司业绩、管理层特征、治理结构、公司规模及行业以及外部融资需求等视角考察对 MD&A 信息披露质量的影响（陆宇建，吴祖光，2010；郑艳秋，曹静娴，2012；程新生，刘建梅，程悦，2015；张志红，李红梅，宋艺，2022）①。本书从共有股东出发，考察其对 MD&A 可读性的影响，从文本质量特征丰富了 MD&A 信息质量影响因素的文献。其次，本书从公司治理微观层面深化机构投资者对 MD&A 可读性的理解，现有研究主要基于股权特征、董事会独立性、管理层激励来研究 MD&A 信息生成的内部制度环境，而忽视了机构投资者对 MD&A 文本特征的影响。相比于一般投资者，机构投资者在会计信息搜集和解析方面具有优势，是 MD&A 信息的主要用户。机构持股比例越高，越有动力和压力关注 MD&A 信息披露。最后，本书的研究丰富了非财务信息 MD&A 章节文本信息披露质量文献，拓展了文本可读性指标衡量与检验范畴，有助于监管层完善信息披露制度，缓解信息不对称，为提高 MD&A 的阅读接受程度提供了政策依据。

5.2　理论推导与研究假设

管理层讨论与分析作为文本信息披露的载体，是财务信息的必要、有益补充，多方面展示了公司当前发展状况和经营前景。作为自愿性信息披露的重要报告，MD&A 中涵盖的可读性信息十分丰富。就信息形式而言，文本信息相比于财务信息，具有更强的预测性、叙述性，以及较差的可鉴性等特征，相对比财务报告中的数据以及财务附注中对财务数据的阐释

① 陆宇建，吴祖光. 我国上市公司管理层讨论与分析披露质量研究 [J]. 科学经济社会，2010，28（3）：43-48.

郑艳秋，曹静娴. 上市公司管理层讨论与分析信息披露质量影响因素分析：基于食品行业上市公司 2006 年~2009 年经验数据的研究 [J]. 财会通讯，2012（20）：41-42.

程新生，刘建梅，程悦. 相得益彰抑或掩人耳目：盈余操纵与 MD&A 中非财务信息披露 [J]. 会计研究，2015（8）：11-18，96.

张志红，李红梅，宋艺. 审计委员会财务专长对管理层策略披露行为的治理效应：基于"管理层讨论与分析"的证据 [J]. 审计与经济研究，2022，37（2）：34-45.

等，管理层在披露 MD&A 时的主观性和灵活性更强，其酌情权比披露财务信息时更大（程新生，刘建梅，程悦，2015；赵璨，陈仕华，曹伟，2020）①。已有研究表明，投资者在进行投资决策时，受到了文本信息的影响（林乐，谢德仁，2016）②。管理层利用文本信息为数据信息提供辅助与修饰的特点，对非财务文本信息进行修饰甚至操纵。尤其当业绩差的时候，公司在披露信息时使用复杂的长句或晦涩的会计术语进行语言管理，以此干扰信息使用者的理解（Bloomfield, 2008；Feng, 2008）。研究发现，管理层善于运用语言趋利避害。披露好消息，往往更直白、更清晰；而披露坏消息，则用语更为复杂、冗长、晦涩，生僻字词较多，增加投资者对文字信息的解析成本，通过上述策略性披露 MD&A 信息形式的途径以达到自利性目的，并且提高文本的阅读难度和复杂度是最为隐蔽、操纵空间最大及成本最小的方式之一（逯东，宋昕倍，龚祎，2020；丁业楠，王建新，2021）③。

良好健全的公司治理结构是 MD&A 信息生成的重要内部制度环境，也是管理层勤勉尽责披露信息的内在保证（王啸，2002）④。现有文献主要考虑了股权特征、董事会独立性、高管激励、审计委员会等公司治理因素对 MD&A 信息治理的影响因素（李燕媛，2018）⑤。机构投资者作为 MD&A 信息的主要用户，同时在会计信息搜集、加工、分析和传播方面具有优势。机构投资者更加熟知 MD&A 报告中预示的前瞻性信息，因此，他们对于管理层提供的会计信息比普通股东具有更强的解读和鉴别能力（He et al., 2019）。机构投资者有能力在审阅年报时甄别管理层是否使用"语言

---

① 程新生，刘建梅，程悦.相得益彰抑或掩人耳目：盈余操纵与 MD&A 中非财务信息披露 [J].会计研究，2015 (8)：11-18, 96.

赵璨，陈仕华，曹伟."互联网+"信息披露：实质性陈述还是策略性炒作：基于股价崩盘风险的证据 [J].中国工业经济，2020 (3)：174-192.

② 林乐，谢德仁.投资者会听话听音吗?：基于管理层语调视角的实证研究 [J].财经研究，2016, 42 (7)：28-39.

③ 逯东，宋昕倍，龚祎.控股股东股权质押与年报文本信息可读性 [J].财贸研究，2020, 31 (5)：77-96.

丁亚楠，王建新."浑水摸鱼"还是"自证清白"：经济政策不确定性与信息披露：基于年报可读性的探究 [J].外国经济与管理，2021, 43 (11)：70-85.

④ 王啸.美国"管理层讨论与分析"及对我国的借鉴 [J].证券市场导报，2002 (8)：24-28.

⑤ 李燕媛.上市公司管理层讨论与分析信息披露问题研究 [M]：北京：中国社会科学出版社，2018.

管理"掩盖业绩下滑,从而在股东大会或董事会提出反对票。共有股东是指在某一行业内同时持有两家及以上上市公司股权的机构投资者(Jack & Jiekun,2017)。经前文分析,共有股东在资本市场中越来越普遍。共有股东相较于单一企业被单一机构持股或被多个大股东持股,其拥有更强大的整合效应、集成效应和规模效应(杜勇,孙帆,邓旭,2021)①。机构投资者在行业内某一家企业中获取的非财务信息形成解析经验或行业专长,并将其迁移到被共同持有的同行业其他企业中,因而可以极大地降低监督成本(Jang et al.,2022;S. Ramalingegowda et al.,2021)。理论和实证研究发现,信息披露有助于行业内信息转移和协同(Baginski,1987)。根据分析模型,一家公司的披露可以为相关公司创造流动性溢出导致正外部性(Admati & Pfleiderer,2000;Dye,1985)。赫等(He et al.,2018)发现,在股东发起的治理提案中,共有股东更有可能投票反对管理层,这表明共有股东考虑到治理不善对其他投资组合公司的负面外部性。某一公司在行业中进行更大程度的信息披露可能会对该行业内其他公司的流动性和资本成本产生溢出效应(Bushee & Leuz,2005;Shroff et al.,2017)。相反地,如果企业通过增加阅读难度的披露方式降低非财务信息披露质量,将会扭曲同行业其他企业的投资决策,降低同行业公司价值(Beatty et al.,2013),最终降低整体投资组合的投资回报,使得共有股东投资效率损失(Jack & Jiekun,2017)。行业共同所有制为公司内部化正外部性起到激励作用,减少同行业投资组合竞争,从而增加信息披露,使得文字信息更加简明易懂。

以上两个论点支持共同所有权增加了公司 MD&A 可读性的披露动机。为此,本章节提出假设 H5-1a。

H5-1a:在其他条件一定时,拥有共有股东的上市公司的 MD&A 可读性更高。

资本具有天然的逐利性,基于整体投资组合价值最大化的投资决策目标,行业共有股东不仅要面对组合内企业的互相竞争和不完全契约冲突,还要面对来自非共同持股企业的竞争和冲突(Park et al.,2019)。面对"外敌"的"攘外"需求,共有股东有动机和能力主导建立"合谋同盟"

---

① 杜勇,孙帆,邓旭.共同机构所有权与企业盈余管理 [J].中国工业经济,2021 (6):155-173.

（Jose Azar et al.，2018；Rogers et al.，2014），通过推动组合内企业进行非财务信息语言管理，例如使用篇幅冗长、语言更加晦涩难懂的方式以提升报告阅读难度。共有股东具有行业枢纽等特征，普遍拥有更多获取企业专有信息的渠道和机会（杜勇，孙帆，邓旭，2021）[①]。降低 MD&A 阅读难度反而会阻碍专有信息的盈利能力，共有股东有动机合谋操纵公司内部信息。各企业往往会进一步对真实的经营状况的发展前景用复杂的语言进行修饰与管理，使得非文本财务信息的可读性下降。为了维持信息优势并从中获利，共有股东会持续制造信息不对称壁垒，从而诱导或扭曲同行业非共同持股企业的交易认知和判断，以此加重市场第二类代理问题。

此外，共有股东对管理层策略性披露行为的评估缺乏严格的标准，因而无法准确地评判。经验是个人认知与洞察力的决定因素。机构投资者一般拥有较为丰富的知识或者在同行业其他公司持股调研期间积累了相应的管理能力，已经习惯于从专业角度理解文本信息中复杂、冗长的文字信息，其对文本难易度的主观评判反而不利于识别和降低阅读难度。最后，鉴于中国对强制披露有严格的法律法规要求，企业现有的定量信息披露中可能有足够的信息，而对于诸如行业发展趋势、未来发展机遇及挑战、重大计划等 MD&A 文字定性信息披露，由于确知性程度低，监管难度大，管理层很可能表明此类披露不需要额外文字就可以符合相关监管要求。

基于竞争合谋、定性信息可鉴性低以及确知性低造成监管难三个论点，支持共同所有权降低公司 MD&A 可读性的披露动机。为此，本章提出假设 H5-1b。

H5-1b：在其他条件一定时，拥有共有股东的上市公司的 MD&A 可读性更低。

---

① 杜勇，孙帆，邓旭. 共同机构所有权与企业盈余管理 [J]. 中国工业经济，2021（6）：155-173.

5.3 研究设计、数据与变量选择

5.3.1 样本选择和数据来源

本书以 2007—2020 年中国沪深两市 A 股上市公司为研究对象。2007年是中国会计准则国际趋同的一个重要时点，2007 年以前年份，上市公司财务报告披露格式未统一，文本在转化时数据缺失严重；此外，为避免从2007 年起开始实行《中华人民共和国公司法》《中华人民共和国证券法》《中华人民共和国企业会计准则》所引起的环境变化对信息披露质量产生影响，出于稳健性考虑，本书选取 2007 年作为样本起始年份。按如下原则筛选样本：①考虑到金融行业所适用的会计准则的特殊性，剔除金融行业上市公司；②剔除 ST、＊ST 类，保留非 ST 类上市公司；③剔除 IPO 当年的样本；④剔除文本特征数据、财务数据及其他主要变量缺失的样本。对所有连续变量在 1% 水平上进行缩尾处理。本章所采用的有关共有股东、信息披露以及公司财务和公司治理数据均来自国泰安 CSMAR 数据库。本章所采取的财务报告中管理层讨论与分析（MD&A）章节的文本可读性数据借助 Wingo 财经文本数据平台经过深度学习构建而成①（罗进辉，黄泽悦，林小靖，2019；丁亚楠，王建新，2021；胡楠，薛付婧，王昊楠，2021）②。本书将时间固定效应（Year FE）、行业固定效应（Industry FE）纳入所有多元指标中，以反映年份的时间趋势和行业趋势。本书中主要变量描述性统计、相关性分析以及多元回归分析研究均采用 STATA 17.0 软件处理所得。

---

① 文构财经文本数据平台由西安交通大学管理学院胡楠教授及其团队开发，网址：www.wingodata.com. 胡楠等（2021）、罗进辉等（2019）、丁亚楠和王建新（2021）等学者利用该平台所构建的文本可读性指标发表文本分析研究。

② 罗进辉，黄泽悦，林小靖.年报可读性与盈余反应系数 [J].财务研究，2019（6）：15-30.

丁亚楠，王建新.“浑水摸鱼”还是“自证清白”：经济政策不确定性与信息披露：基于年报可读性的探究 [J].外国经济与管理，2021，43（11）：70-85.

胡楠，薛付婧，王昊楠.管理者短视主义影响企业长期投资吗?：基于文本分析和机器学习 [J].管理世界，2021，37（5）：139-156, 11, 19-21.

5.3.2 模型设定

为验证共有股东与管理层讨论与分析（MD&A）章节文本可读性的关系，本章构建如下模型：

$$\text{READMDA}_{i,t} = \beta_0 + \beta_1 \text{Coz}_{i,t} + \gamma \text{ Controls}_{i,t} + \sum_t \text{Year}_t \text{ FE} + \sum_j Industry_j \text{ FE} + \varepsilon_{i,t} \tag{5-1}$$

其中，$\text{READMDA}_{i,t}$ 为管理层讨论与分析（MD&A）章节文本可读性，作为非财务信息披露文本质量的代理变量；其值越高，文本可读性越高。$\text{Coz}_{i,t}$ 为上市公司共有股东情况，以 Coz_dum、Coz_num、Coz_degree、Coz_rate 表示。如果共有股东 $\text{Coz}_{i,t}$ 的回归系数 β_1 显著为正，意味着共有股东提升了 MD&A 文本可读性，则协同治理的假设得到支持；反之，如果共有股东 $\text{Coz}_{i,t}$ 的回归系数 β_1 显著为负，意味着共有股东的存在降低了 MD&A 文本可读性，则竞争合谋的效应将会得到支持。$\text{Controls}_{i,t}$ 为一系列控制变量，Year_t、$Industry_j$ 分别为年度、行业固定效应。$\varepsilon_{i,t}$ 为误差项。同时，为避免异方差和序列相关的影响，我们还对异方差-稳健标准误差在公司层面上进行了聚类（cluster）调整（Cameron & Miller, 2015）。

5.3.3 关键变量定义

5.3.3.1 管理层讨论与分析（MD&A）文本可读性（READMDA）

文本是由句子构成的，句子由一系列的词汇构成。然而，传统的文本可读性度量方式，往往忽略了词汇的前后搭配顺序。本章节朴素贝叶斯的假设下，即假设文本中句子相互独立，并考虑句中词汇的前后搭配顺序，将文本中各个句子生成概率乘积的对数似然的均值，来表征词对搭配被人们所熟知的程度，以此来定义文本可读性。WinGo 文本数据库构建的可读性指标采用深度学习算法构建，基于神经概率语言模型提出顺序简易型大小，其构建过程如下（Mikolov et al., 2013；Shin et al., 2020）：①利用分词（Word Embedding），将输入模型每个词表示成一个密集的固定长度的实值向量，然后语义相近的词在向量空间上具有相同的向量表示；②借鉴 Hierarchical Softmax 和 Negative Sampling 的优化思想，可计算得到句子的生成概率；③再将各个句子生成概率乘积的对数均值作为该文档的可读性度量。用公式（5-2）表示为

$$\text{READMDA} = \frac{1}{N} \sum_{S=1}^{N} \log \text{Ps} \tag{5-2}$$

其中，Ps 表示句子 S 生成的概率，N 表示构成文本的句子数。该方法将语料分词后用向量表示，计算单词序列（句子）出现的概率，报告文本中句子的条件生成概率的对数均值。其值越高，则概率越高，表示文本中词对搭配顺序在语料中出现的频率越高、词对组合越被阅读者所熟知，则文本可读性越好；反之，表示词对在语料中出现的频率越低、词对组合越不被阅读者所熟知，则文本可读性越差。

5.3.3.2 共有股东（Coz）

借鉴 Chen et al.（2021）；Jack & Jiekun（2017）；Park et al.（2019）；潘越等（2020）；杜勇和马文龙（2021）；杜勇，孙帆，邓旭（2021）、杜勇，胡红燕（2022）；杜勇，孙帆，胡红燕（2022）；杨兴全，张记元（2022）[①] 的做法，利用季度数据保留持股比例 5% 以上（包含 5%）的机构投资者，若样本中机构投资者在同一季度、同一行业 2 家及以上其他公司持股也不低于 5%，则说明存在共有股东。本书共从四个维度构建反映上市公司被共有股东持股的指标：①是否存在共有股东哑变量：季度上，如果当年由共有股东持股该上市公司，取值 1，否则取值 0。②共有股东数量：季度上，上市公司共被几家共有股东持有，再求这一数值的年度均值。③共有股东联结程度：季度上，每个公司所有共有股东平均持有同行业公司的个数。④共有股东持股比例。具体计算方式见变量定义表。选择机构投资者持股比例为 5% 作为门槛，是因为持股 5% 以上的股东更有可能干预公司的治理、对公司经营决策实施重大影响（Betty 等，2013；Bharath 等，2013），同时中国相关证券法律法规也规定持股 5% 的门槛是重大股权的警示线。另外，在具体计算时，解释变量基于季度数据计算，意味着如果公司在年度任一季度被共有股东持有股份，则年度上被判定为存在共有股东。首先，计算出季度指标，继而将季度数据取年度均值作为年度指标数据。

---

① 潘越，汤旭东，宁博，等.连锁股东与企业投资效率：治理协同还是竞争合谋 [J].中国工业经济，2020 (2)：136-164.

杜勇，马文龙.机构共同持股与企业全要素生产率 [J].上海财经大学学报，2021，23 (5)：81-95.

杜勇，孙帆，邓旭.共同机构所有权与企业盈余管理 [J].中国工业经济，2021 (6)：155-173.

杜勇，胡红燕.机构共同持股与企业财务重述 [J].证券市场导报，2022 (2)：67-79.

杜勇，孙帆，胡红燕.共同机构所有权与企业产能利用率 [J].财经研究，2022：1-18.

杨兴全，张记元.连锁股东与企业多元化经营：加速扩张还是聚焦主业 [J].现代财经（天津财经大学学报），2022，42 (5)：36-55.

5.3.4　控制变量定义

为了降低公司财务特征、公司股权特征及公司治理特征等因素对文本可读性的影响，借鉴冯（Feng，2008），帕克等（Park et al.，2019），帕夫利切克等（Pawliczek et al.，2018），张秀敏、刘星辰、汪瑾（2017）[①]，张秀敏、高云霞、高洁（2021）[②] 等研究成果，将控制变量的选取和定义示意如下：

第一，在股权特征方面。股东是否有能力监督管理层将会影响管理层发布的财务报告信息质量（袁振超，岳衡，谈文峰，2014）[③]。基于前人研究发现，股权集中度与披露负相关（Ajinkya et al.，2005）。因此，引入大股东持股比例（BIGOWN1），将其定义为由第一大股东拥有的公司股份百分比。之前的研究发现外部机构投资者与信息披露呈正相关（Boone & White，2015；Chau & Gray，2002）。此外，本书考查共有股东对管理层业绩预告信息质量的影响。共有股东属于机构投资者范畴，因此控制机构投资者持股比例（INSOWN）。将 LnZ2 衡量股权制衡度定义为第二至第十大股东之间持股比例和与第一大股东持股比例的比值，并加 1 取对数。

第二，控制已知影响经理人发布 MD&A 的财务特征。本书使用公司规模（SIZE）、资产负债率（LEV）、总资产收益率（ROA）、盈余管理空间（DA）、公司市账比（MTB）、成长性（GSALES）、个股回报率（RET）、股票回报波动率（SD_RET）（逯东，宋昕倍，龚祎，2020；孟庆斌，杨俊华，鲁冰，2020；徐巍，姚振晔，陈冬华，2021；张志红，李红梅，宋艺，2022）[④]。SIZE 衡量公司规模，定义为公司年末总资产的自然对数。更大规

[①] 张秀敏，刘星辰，汪瑾.阅读难易程度与信息披露质量：基于易读衡量和关联因素视角的分析 [J].当代经济管理，2017，39（6）：64-69.

[②] 张秀敏，高云霞，高洁.企业年报阅读难易程度的衡量与影响因素研究：基于管理者操纵视角 [J].审计与经济研究，2021，36（1）：79-89.

[③] 袁振超，岳衡，谈文峰.代理成本、所有权性质与业绩预告精确度 [J].南开管理评论，2014，17（3）：49-61.

[④] 逯东，宋昕倍，龚祎.控股股东股权质押与年报文本信息可读性 [J].财贸研究，2020，31（5）：77-96.

孟庆斌，杨俊华，鲁冰.管理层讨论与分析的信息含量能够降低股价同步性吗？：基于文本向量化方法的经验证据 [Z]：中国会计评论，2020：549-574.

徐巍，姚振晔，陈冬华.中文年报可读性：衡量与检验 [J].会计研究，2021（3）：28-44.

张志红，李红梅，宋艺.审计委员会财务专长对管理层策略性披露行为的治理效应：基于"管理层讨论与分析"的证据 [J].审计与经济研究，2022，37（2）：34-45.

模的公司更倾向于发布 MD&A，因此控制公司规模（SIZE）。LEV 表示公司资产负债率，定义为总负债除以总资产。高负债的公司在发布 MD&A 时不够稳定和精准。前期文献认为机构股东共同所有权与盈利能力和业绩有关（Azar，2017）。因为业绩表现好的公司与信息披露正相关，所以本书控制公司盈利能力（ROA）。DA 表示盈余管理空间，定义为使用修正 JONES 模型式（1）计算的绝对应计盈余管理。MTB 表示公司市账比，定义为股权市值除以股权账面价值，加 1 取对数。GSALES 衡量公司成长性，定义为年营业收入的增长率，体现外部融资动机。RET 代表个股回报率，定义为公司股票年个股回报率。SD_RET 代表股票收益波动性，定义为公司股票年个股回报率标准差。

第三，信息环境方面。ANAT 表示分析师跟踪数目，代表外部环境信息需求（袁振超，岳衡，谈文峰，2014）[1]；定义为一年内对该公司进行过跟踪分析的分析师团队数量，加 1 取自然对数。

第四，激励方面。高管激励能够抑制代理问题，倾向于发布较高质量的信息披露报告（鲁清仿，杨雪晴，2020；傅传锐，等，2021）[2]。PAY 衡量高管薪酬，定义为前三高管薪酬取自然对数。

第五，在治理特征方面，根据以往文献，本章选取审计师事务所是否"四大"（Big4）、董事会规模（BRD）、董事长和总经理两职合一（DUAL）、独立董事比例（INDIRECT）作为公司外部和内部治理特征控制变量（陈银娥，江媛，2017；孟庆斌，杨俊华，鲁冰，2020；张璋，汪猛，2021）[3]。变量的名称和定义见表 5-1。本书控制了年度和行业固定效应。

---

① 袁振超，岳衡，谈文峰.代理成本、所有权性质与业绩预告精确度 [J].南开管理评论，2014，17（3）：49-61.

② 鲁清仿，杨雪晴.管理层能力对信息披露质量的影响研究 [J].科研管理，2020，41（7）：210-220.

傅传锐，陈鑫，陈奋强，等.高管薪酬激励能促进智力资本自愿信息披露吗?：基于我国上市公司智力资本信息披露指数的分析 [J].福州大学学报（哲学社会科学版），2021，35（1）：31-38.

③ 陈银娥，江媛.管理层权力、制度环境与董事会报告可读性：来自我国上市公司的经验证据 [Z].珞珈管理评论，2017：84-99.

孟庆斌，杨俊华，鲁冰.管理层讨论与分析的信息含量能够降低股价同步性吗?：基于文本向量化方法的经验证据 [Z]：中国会计评论，2020：549-574.

张璋，汪猛.融券卖空能提高公司管理层讨论与分析的披露质量吗 [J].财会月刊，2021（6）：85-93.

表 5-1 变量的名称和定义

变量名	变量符号	变量定义
被解释变量		
管理层讨论与分析章节可读性	READMDA	MD&A 报告中句子的条件生成概率的均值。其值越高，文本可读性越高；反之，则表示词对在语料中出现的频率低，文本可读性越差
解释变量		
是否存在共有股东	Coz_dum	哑变量，季度上，如果当年由共有股东持股该上市公司，取值 1，否则取值 0
共有股东联结数量	Coz_num	季度上，上市公司共被几家共有股东持有，再求这一数值的年度均值，加 1 取对数
共有股东联结程度	Coz_degree	季度上，每个公司所有共有股东平均持有同行业公司的个数，加 1 取对数
共有股东持股比例	Coz_rate	季度上，共有股东持股比例之和，再年度平均
控制变量		
公司规模	SIZE	公司年末总资产自然对数
公司财务杠杆	LEV	杠杆率
公司盈利能力	ROA	总资产回报率，净利润/总资产平均余额，总资产平均余额＝(资产合计期末余额+资产合计期初余额)/2
盈余管理空间	DA	修正的 Jones 模型计算的应计盈余的绝对值
公司账面市值比	MTB	股权市值除以股权账面价值，加 1，取对数
公司成长性	GSALES	企业销售收入增长率
个股回报率	RET	公司股票年个股回报率
股票收益波动	SD_RET	公司股票年个股回报率标准差
管理层薪酬	PAY	高级管理人员前三名平均薪酬的自然对数
机构股东持有比例	INSOWN	机构投资者所持股份之和除以已发行股份总数计算
股权制衡度	LnZ2	第二至第十大股东之间持股比例和与第一大股东持股比例的比值（加 1 取对数）)
第一大股东持股比例	BIGOWN1	第一大股东持股比例
董事会规模	BRD	董事会总席位数原值，取对数

表5-1(续)

变量名	变量符号	变量定义
独立董事占比	INDIRECT	独立董事人数除以董事会总人数
两职合一	DUAL	董事长与总经理两职合一
审计师类型	Big4	若上市公司年报的审计师事务所四大会计师事务所,Big4 取值为 1,否则为 0
分析师跟踪团队数量	ANA_TEAM	在一年内,对该公司进行过跟踪分析的分析师团队数量加 1,取自然对数
年度固定效应	Year FE	年度虚拟变量
行业固定效应	Ind FE	行业虚拟变量。按照证监会行业代码 2012 年分类标准,将制造业按照二级代码分类,其余行业按照一级代码分类

5.4 实证结果与分析

5.4.1 样本描述

5.4.1.1 描述性统计分析

主要变量的描述性统计结果见表 5-2。样本中管理层讨论与分析的可读性均值为-24.957 2,最大值和最小值分别为-14.790 4、-38.885 8,标准差为 4.901 8。可以看出不同的样本公司间 MD&A 可读性存在较大差异,也反映出信息披露治理存在问题,公司有很大空间操控 MD&A 文本信息。

表 5-2 描述性统计结果

Variable	N	Mean	p50	Min	Max	SD
Coz_dum	18 131	0.115 5	0.000 0	0.000 0	1.000 0	0.319 6
Coz_num	18 131	0.082 4	0.000 0	0.000 0	0.895 9	0.228 8
Coz_degree	18 131	0.166 3	0.000 0	0.000 0	1.791 8	0.472 5
Coz_rate	18 131	0.031 7	0.000 0	0.000 0	0.563 6	0.105 1
READMDA	18 131	-24.957 2	-24.568 3	-38.885 8	-14.790 4	4.901 8

表5-2(续)

Variable	N	Mean	p50	Min	Max	SD
SIZE	18 131	22. 306 4	22. 151 1	20. 031 4	25. 933 7	1. 251 0
LEV	18 131	0. 438 4	0. 439 0	0. 053 9	0. 876 8	0. 202 0
ROA	18 131	0. 051 3	0. 045 3	−0. 151 3	0. 228 0	0. 054 8
DA	18 131	0. 067 1	0. 044 9	0. 000 8	0. 395 6	0. 071 1
MTB	18 131	1. 392 9	1. 334 6	0. 479 3	2. 851 8	0. 500 8
GSALES	18 131	0. 215 6	0. 135 9	−0. 487 0	2. 905 3	0. 438 6
RET	18 131	0. 239 0	0. 044 3	−0. 702 0	3. 169 5	0. 716 8
SD RET	18 131	0. 030 0	0. 028 5	0. 013 2	0. 057 1	0. 009 2
PAY	18 131	13. 257 6	13. 237 5	11. 404 2	15. 363 8	0. 758 4
INSOWN	18 131	0. 466 8	0. 501 0	0. 008 4	0. 899 0	0. 240 4
BIGOWN1	18 131	0. 349 5	0. 333 6	0. 091 3	0. 736 5	0. 147 1
lnZ2	18 131	0. 574 5	0. 522 7	0. 039 6	1. 589 5	0. 362 2
BRD	18 131	2. 288 0	2. 302 6	1. 609 4	2. 890 4	0. 240 2
INDIRECT	18 131	0. 378 5	0. 363 6	0. 250 0	0. 600 0	0. 069 9
DUAL	18 131	0. 249 6	0. 000 0	0. 000 0	1. 000 0	0. 432 8
Big4	18 131	0. 062 0	0. 000 0	0. 000 0	1. 000 0	0. 241 1
ANAT	18 131	1. 986 6	1. 945 9	0. 000 0	3. 828 6	0. 929 8

解释变量方面,样本中是否存在共有股东、共有股东数量、共有股东联结程度、共有股东持股比例的标准差均大于均值,表明企业间共有股东特性存在较大差异。我国有11.55%的公司存在共有股东(Coz_dum 的均值为 11.55%),说明共有股东仍只存在于较少部分企业中,且 Coz_dum 的标准差为 0.319 6,表明企业间共有股东存在较大差异;共有股东数量(Coz_num)的标准差为 0.228 8,大于其均值(0.082 4);共有股东持股比例均值为 3.17%,最大值为 56.36%,与相关文献基本保持一致(潘越,等,2020;杜勇,马文龙,2021;杜勇,孙帆,邓旭,2021;杜勇,胡红燕,

2022；杜勇，孙帆，胡红燕，2022；杨兴全，张记元，2022)[①]。机构投资者共同持有同行业上市公司股票的持股比例均值为 3.17%，最大值为56.36%，与相关文献基本保持一致（潘越，等，2020；杜勇，马文龙，2021；杜勇，孙帆，邓旭，2021；杜勇，胡红燕，2022；杜勇，孙帆，胡红燕，2022)[②]。

控制变量方面，在样本中，公司规模的均值为 22.306 4，财务杠杆约为 43.84%，总资产净利率均值为 5.13%，市账比均值为 1.393，营业收入增长均值为 21.6%，股票回报率均值为 0.239，股票收益波动均值为 0.03。盈余管理空间均值和中位数分别为 0.067 1、0.044 9。前三高管平均薪酬均值为 13.258。机构投资者持股比例均值为 46.7%，第一大股东持股比例均值为 34.9%，股权制衡度均值为 0.575。我国上市公司董事会规模（BRD）最小值为 1.609，最大值为 2.890，即董事会人数在 5~15 人。独立董事占比均值为 0.379，意味着独立董事占董事会总人数的比例超过了1/3，符合我国上市公司独立董事相关制度。两职合一均值为 0.25，由国际四大会计师事务所审计均值为 0.062，分析师跟踪团队数目均值为 1.987。

5.4.1.2 单变量差异性检验

单变量均值和中位数差异分析的检验结果见表 5-3。由表 5-3 Panel A 可知，在有共有股东的样本中，管理层分析与讨论章节可读性 READMDA

---

① 潘越，汤旭东，宁博，等.连锁股东与企业投资效率：治理协同还是竞争合谋 [J].中国工业经济，2020 (2)：136-164.

杜勇，马文龙.机构共同持股与企业全要素生产率 [J].上海财经大学学报，2021, 23 (5)：81-95.

杜勇，孙帆，邓旭.共同机构所有权与企业盈余管理 [J].中国工业经济，2021 (6)：155-173.

杜勇，胡红燕.机构共同持股与企业财务重述 [J].证券市场导报，2022 (2)：67-79.

杜勇，孙帆，胡红燕.共同机构所有权与企业产能利用率 [J].财经研究，2022：1-18.

杨兴全，张记元.连锁股东与企业多元化经营：加速扩张还是聚焦主业 [J].现代财经（天津财经大学学报），2022, 42 (5)：36-55.

② 潘越，汤旭东，宁博，等.连锁股东与企业投资效率：治理协同还是竞争合谋 [J].中国工业经济，2020 (2)：136-164.

杜勇，马文龙.机构共同持股与企业全要素生产率 [J].上海财经大学学报，2021, 23 (5)：81-95.

杜勇，孙帆，邓旭.共同机构所有权与企业盈余管理 [J].中国工业经济，2021 (6)：155-173.

杜勇，胡红燕.机构共同持股与企业财务重述 [J].证券市场导报，2022 (2)：67-79.

杜勇，孙帆，胡红燕.共同机构所有权与企业产能利用率 [J].财经研究，2022：1-18.

均值为-24.660；在无共有股东的样本中，管理层分析与讨论章节可读性均值为-24.983，两者在1%水平上通过均值差异性检验。这说明，对于存在共有股东而言，公司管理层分析与讨论章节可读性更高。表5-3 Panel B报告了单变量中位数差异性检验结果，也得到类似结论。初步支持本书研究假设。

表5-3　均值和中位数差异分析

Panel A	均值差异检验				
Variables	G1（0）	Mean1	G2（1）	Mean2	MeanDiff
READMDA	16 401	-24.983	2 133	-24.660	-0.323***
Panel B	中位数差异检验				
Variables	G1（0）	Median1	G2（1）	Median2	Chi2
READMDA	16 401	-24.589	2 133	-24.332	3.828*

5.4.1.3　相关系数矩阵

表5-4列示了主要变量的皮尔森（Pearson）相关系数。自变量共有股东的指标（Coz_dum、Coz_num、Coz_degree、Coz_rate）包括控制变量与管理层分析与讨论章节可读性（READMDA）之间具有显著的相关关系。具体来看，共有股东存在（Coz_dum）与管理层分析与讨论章节可读性（READMDA）在1%水平上显著为正；共有股东数量、共有股东联结程度、共有股东持股比例（Coz_num、Coz_degree、Coz_rate）与管理层分析与讨论章节文本可读性（READMDA）均在1%水平上显著为正。这说明，共有股东与公司管理层分析与讨论章节可读性正相关，初步验证了本章节的研究假设。此外，控制变量基本与READMDA呈现显著的相关关系，其选取也是较为合适的。没有变量之间的相关系数超过0.5，其相关系数都比较小，模型的各个变量之间不存在严重的多重共线性。但上述结果并未考虑行业趋势、时间趋势等特征因素的影响，尚需要通过回归分析加以检验。相关性分析见表5-4。

表 5-4　相关性分析

	Coz_dum	Coz_num	Coz_degree	Coz_rate	READMDA	SIZE	LEV
Coz_dum	1						
Coz_num	0.996***	1					
Coz_degree	0.974***	0.977***	1				
Coz_rate	0.835***	0.845***	0.839***	1			
READMDA	0.021***	0.023***	0.027***	0.037***	1		
SIZE	0.274***	0.279***	0.290***	0.255***	0.017**	1	
LEV	0.124***	0.127***	0.131***	0.134***	0.023***	0.524***	1
ROA	-0.012*	-0.014*	-0.019***	-0.034***	-0.026***	-0.087***	-0.388***
DA	-0.053***	-0.055***	-0.059***	-0.046***	-0.038***	-0.090***	0.070***
MTB	-0.102***	-0.106***	-0.114***	-0.112***	-0.030***	-0.468***	-0.180***
GSALES	-0.035***	-0.035***	-0.039***	-0.033***	-0.047***	0.014*	0.051***
RET	-0.002 00	-0.002 00	-0.008 00	-0.004 00	-0.018**	-0.091***	0.014*
SD RET	-0.080***	-0.082***	-0.092***	-0.066***	-0.017***	-0.273***	-0.036***
PAY	0.130***	0.130***	0.137***	0.084***	-0.062***	0.469***	0.079***
INSOWN	0.236***	0.240***	0.240***	0.248***	0.034***	0.401***	0.259***
BIGOWN1	0.054***	0.054***	0.056***	0.152***	0.045***	0.171***	0.104***
lnZ2	0.012*	0.016*	0.012*	-0.081***	-0.060***	-0.116***	-0.179***
BRD	0.132***	0.136***	0.140***	0.124***	0.035***	0.249***	0.150***
INDIRECT	-0.046***	-0.045***	-0.043***	-0.044***	-0.017**	-0.043***	-0.073***
DUAL	-0.080***	-0.082***	-0.085***	-0.100***	-0.041***	-0.153***	-0.147***
Big4	0.176***	0.178***	0.184***	0.168***	-0.036***	0.304***	0.099***
ANAT	0.097***	0.099***	0.096***	0.063***	-0.071***	0.309***	-0.039***

表5-4（续）

	ROA	DA	MTB	GSALES	RET	SD RET	PAY
ROA	1						
DA	-0.021***	1					
MTB	0.273***	0.112***	1				
GSALES	0.210***	0.195***	0.138***	1			
RET	0.138***	0.044***	0.479***	0.096***	1		
SD RET	-0.049***	0.092***	0.417***	0.067***	0.389***	1	
PAY	0.170***	-0.087***	-0.126***	-0.007 00	-0.094***	-0.202***	1
INSOWN	0.087***	-0.007 00	-0.082***	0.035***	0.055***	-0.099***	0.125***
BIGOWN1	0.071***	0.025***	-0.054***	0.016**	0.008 00	-0.047***	-0.064***
lnZ2	0.049***	-0.003 00	0.081***	0.059***	-0.014*	0.019**	0.139***
BRD	-0.059***	-0.039***	-0.119***	0.010 0	-0.017	-0.063***	0.100***
INDIRECT	0.031***	0.007 00	0.065***	-0.002 00	0.019***	0.041***	0.024***
DUAL	0.042***	0.018**	0.111***	0.020***	-0.004 00	0.040***	0.043***
Big4	0.029***	-0.036***	-0.098***	-0.022***	-0.004 00	-0.086***	0.206***
ANAT	0.387***	-0.040***	0.105***	0.073***	0.011 0	-0.116***	0.313***

表5-4（续）

	INSOWN	BIGOWN1	lnZ2	BRD	INDIRECT	DUAL	Big4	ANAT
INSOWN	1							
BIGOWN1	0.506***	1						
lnZ2	-0.284***	-0.778***	1					
BRD	0.199***	0.004 00	0.012*	1				
INDIRECT	-0.124***	0.002 00	0.017**	-0.148***	1			
DUAL	-0.219***	-0.074***	0.104***	-0.133***	0.105***	1		
Big4	0.214***	0.126***	-0.049***	0.102***	-0.019	-0.059***	1	
ANAT	0.188***	0.028	0.075***	0.053***	0.014*	0.020***	0.138***	1

注：* $p < 0.1$，** $p < 0.05$，*** $p < 0.01$。

5.4.2 实证结果分析

为检验本书研究假设，采用基准模型（5-1）进行回归分析。共有股东、滞后一期共有股东与 MD&A 可读性的基准回归结果见表 5-5。通过表 5-5（1）-（4）列可知，共有股东 Coz_dum、Coz_num、Coz_degree、Coz_rate 的回归估计系数显著为正，分别约为 0.426 8（$T=1.900\ 8$）、0.656 4（$T=2.063\ 6$）、0.313 3（$T=1.973\ 1$）、1.512 5（$T=2.183\ 7$），并至少在 10% 水平上通过显著性检验。作为稳健性检验，采用共有股东滞后一期作为替换变量，也得到类似结论。表 5-5（5）—（8）列，共有股东滞后一期变量 L. Coz_dum、L. Coz_num、L. Coz_degree、L. Coz_rate 的回归系数仍均显著为正，并至少在 10% 水平上通过显著性检验。这说明，共有股东存在，公司管理层分析与讨论章节可读性更高，支持研究假设 5-1a。基准回归结果支持协同治理效应，即共同机构股东可以提升非财务文本信息披露质量。从控制变量来看，SIZE 越大，MD&A 可读性越低，与 Li（2008）以及（王华杰，王克敏，2018）[①] 回归结果一致，企业规模越大，出具报告的复杂程度提升，导致年报可读性下降。ROA 越大，MD&A 可读性越高，可读性与企业盈利能力呈正相关，与（张秀敏，高云霞，高洁，2021）[②] 结果基本保持一致。

---

① 王华杰，王克敏.应计操纵与年报文本信息语气操纵研究_王华杰 [J].会计研究，2018（4）：45-51.

② 张秀敏，高云霞，高洁.企业年报阅读难易程度的衡量与影响因素研究：基于管理者操纵视角 [J].审计与经济研究，2021，36（1）：79-89.

表 5-5 共有股东、滞后一期共有股东与 MD&A 可读性的基准回归结果

	(1) READMDA	(2) READMDA	(3) READMDA	(4) READMDA	(5) READMDA	(6) READMDA	(7) READMDA	(8) READMDA
Coz_dum	0.426 8* (1.900 8)							
Coz_num		0.656 4** (2.063 6)						
Coz_degree			0.313 3** (1.973 1)					
Coz_rate				1.512 5** (2.183 7)				
L. Coz_dum					0.460 4* (1.789 9)			
L. Coz_num						0.703 4* (1.931 1)		
L. Coz_degree							0.352 8* (1.945 3)	
L. Coz_rate								1.656 2** (2.166 6)
SIZE	-0.290 2** (-2.484 1)	-0.293 1** (-2.509 4)	-0.292 9** (-2.507 0)	-0.291 0** (-2.490 4)	-0.268 6** (-2.056 1)	-0.271 3** (-2.076 4)	-0.273 1** (-2.088 5)	-0.271 7** (-2.078 2)
LEV	1.540 8*** (3.299 7)	1.543 6*** (3.304 8)	1.540 7*** (3.297 9)	1.541 4*** (3.300 2)	1.779 1*** (3.318 5)	1.781 6*** (3.322 1)	1.780 9*** (3.319 5)	1.788 1*** (3.336 3)

表5-5(续)

	(1) READMDA	(2) READMDA	(3) READMDA	(4) READMDA	(5) READMDA	(6) READMDA	(7) READMDA	(8) READMDA
ROA	6.830 9*** (5.634 0)	6.838 8*** (5.640 3)	6.839 9*** (5.639 7)	6.875 7*** (5.675 8)	8.039 5*** (5.837 8)	8.047 7*** (5.842 9)	8.042 6*** (5.839 0)	8.070 5*** (5.869 0)
DA	-0.432 6 (-0.711 6)	-0.429 3 (-0.706 3)	-0.428 1 (-0.704 0)	-0.430 9 (-0.708 2)	0.170 8 (0.239 1)	0.173 7 (0.243 2)	0.168 9 (0.236 5)	0.184 5 (0.258 2)
MTB	-0.810 0*** (-4.119 3)	-0.811 4*** (-4.127 3)	-0.809 8*** (-4.119 5)	-0.801 8*** (-4.081 6)	-1.043 9*** (-4.614 2)	-1.044 7*** (-4.618 4)	-1.043 5*** (-4.613 9)	-1.035 6*** (-4.579 8)
GSALES	-0.519 1*** (-6.030 5)	-0.517 9*** (-6.016 9)	-0.517 3*** (-6.012 5)	-0.519 4*** (-6.022 9)	-0.597 4*** (-5.649 9)	-0.595 9*** (-5.636 6)	-0.594 7*** (-5.623 6)	-0.597 5*** (-5.640 6)
RET	0.341 8*** (4.114 4)	0.341 7*** (4.113 1)	0.341 1*** (4.108 3)	0.341 1*** (4.102 7)	0.485 2*** (4.932 3)	0.485 4*** (4.934 4)	0.484 1*** (4.924 5)	0.484 7*** (4.928 6)
SD_RET	-10.668 8 (-1.149 1)	-10.659 4 (-1.148 1)	-10.618 1 (-1.143 8)	-10.850 5 (-1.169 2)	-14.810 8 (-1.367 4)	-14.838 5 (-1.370 0)	-14.822 9 (-1.368 7)	-15.275 9 (-1.411 6)
PAY	-0.542 0*** (-4.396 5)	-0.541 5*** (-4.394 0)	-0.541 5*** (-4.393 5)	-0.543 3*** (-4.409 2)	-0.562 6*** (-4.081 0)	-0.562 1*** (-4.079 2)	-0.562 0*** (-4.077 5)	-0.564 0*** (-4.094 4)
INSOWN	1.243 8*** (3.218 4)	1.234 1*** (3.191 7)	1.236 1*** (3.197 8)	1.258 2*** (3.268 7)	1.193 6*** (2.708 1)	1.184 2*** (2.685 5)	1.181 2*** (2.680 6)	1.202 2*** (2.736 1)
BIGOWN1	-0.488 9 (-0.556 1)	-0.492 4 (-0.560 0)	-0.488 6 (-0.555 8)	-0.604 8 (-0.685 4)	-0.720 0 (-0.713 5)	-0.724 4 (-0.717 8)	-0.717 8 (-0.711 3)	-0.841 9 (-0.830 8)
lnZ2	-0.534 4* (-1.753 0)	-0.541 6* (-1.777 0)	-0.537 8* (-1.764 7)	-0.533 7 (-1.753 2)	-0.605 8* (-1.721 6)	-0.612 8* (-1.741 6)	-0.610 5* (-1.735 9)	-0.607 4* (-1.728 8)

表5-5（续）

	(1) READMDA	(2) READMDA	(3) READMDA	(4) READMDA	(5) READMDA	(6) READMDA	(7) READMDA	(8) READMDA
BRD	0.235 5	0.232 3	0.232 2	0.233 0	0.324 8	0.321 7	0.320 8	0.321 3
	(1.020 9)	(1.007 5)	(1.006 9)	(1.010 8)	(1.251 0)	(1.239 5)	(1.235 9)	(1.239 0)
INDIRECT	-1.153 1	-1.157 2	-1.159 8	-1.152 1	-1.308 3*	-1.313 8*	-1.312 5*	-1.299 1
	(-1.610 9)	(-1.616 9)	(-1.620 5)	(-1.609 6)	(-1.648 0)	(-1.655 2)	(-1.653 5)	(-1.635 6)
DUAL	-0.268 7*	-0.268 5*	-0.267 1*	-0.262 3*	-0.264 2	-0.264 0	-0.262 5	-0.259 0
	(-1.757 4)	(-1.756 0)	(-1.746 3)	(-1.715 6)	(-1.525 8)	(-1.524 8)	(-1.515 7)	(-1.496 0)
Big4	-0.473 2	-0.477 5	-0.480 8	-0.475 5	-0.598 5	-0.603 0	-0.607 9	-0.602 1
	(-1.370 0)	(-1.381 4)	(-1.390 1)	(-1.378 4)	(-1.618 8)	(-1.630 0)	(-1.642 2)	(-1.630 7)
ANAT	-0.259 0***	-0.259 0***	-0.258 6***	-0.256 8***	-0.199 9**	-0.199 9**	-0.199 5**	-0.198 2**
	(-3.323 9)	(-3.324 0)	(-3.319 9)	(-3.292 3)	(-2.295 3)	(-2.295 7)	(-2.291 6)	(-2.274 3)
_cons	-13.113 3***	-13.036 7***	-13.041 0***	-13.059 5***	-12.846 6***	-12.776 0***	-12.731 1***	-12.723 9***
	(-4.841 1)	(-4.814 6)	(-4.813 9)	(-4.830 2)	(-4.289 1)	(-4.266 7)	(-4.247 6)	(-4.250 5)
Year FE	Yes	Yes	Yes	Yes	Yes	Yes	Yes	Yes
Industry FE	Yes	Yes	Yes	Yes	Yes	Yes	Yes	Yes
N	18 131	18 131	18 131	18 131	14 228	14 228	14 228	14 228
r2_a	0.113 2	0.113 3	0.113 3	0.113 4	0.116 0	0.116 1	0.116 2	0.116 3

注：括号内为根据异方差-稳健标准误计算的以及在公司层面聚类的 t 值；* $p < 0.1$，** $p < 0.05$，*** $p < 0.01$。

5.4.3 内生性检验

基准回归部分已经初步证明，共有股东会提升管理层讨论与分析章节的可读性。然而，本书的研究结果可能存在内生性的问题。内生性来源的一个可能是，较大型的机构或者个人在配置权益资产时由于信息更加充分、自身行业专业知识丰富，能够通过财务信息了解足够企业内部经营情况，使得一些本身依赖于非财务信息的企业拥有了更多的共有股东。接下来，本书将分别采用赫克曼（Heckman）二阶段回归、倾向得分匹配等方法对上述问题进行处理。

5.4.3.1 赫克曼（Heckman）二阶段回归

机构在选择投资组合的时候往往存在一定的主观投资偏好，并不是随机选择，某些机构更偏好于某种类型的股票组合。因此，同行业的公司由于存在某些共同特征而为某些机构特别偏好，形成共有股东较多的一个因素，这样就可能导致自选择问题。换言之，本书的结果可能由于同行业驱动，而非共有股东形成。为了消除自选择问题可能造成的估计偏差，本书采取赫克曼（Heckman）二阶段法来加以处理。具体地，本书构建 Probit 回归模型以检验企业在上一期的财务变量和公司治理变量与其下一期共有股东（Coz_dum）之间的相关性。具体模型如下：

$$Coz\_dum_{i,t} = \theta + \lambda LagControls_{i,t} + \mu_{i,t} \tag{5-3}$$

$LagControls_{i,t}$ 为一组企业内部特征变量集合，包含企业规模滞后项（LagSIZE），财务杠杆滞后项（LagLEV）、盈利能力滞后项（LagROA）、市账比滞后项（LagMTB）、成长能力滞后项（LagGSALES）、第一大股东滞后项（LagBIGOWN1）、股权制衡度滞后项（LaglnZ2）、董事会规模滞后项（LagBRD）、独立董事比例滞后项（LagINDIRECT）、两职合一滞后项（LagDUAL）。在模型（5-3）的基础上，本书构建逆米尔斯（IMR），再将之作为控制变量加入基准回归中，从而纠正选择性偏差对主要结果的干扰。

共有股东与 MD&A 可读性的赫克曼（Heckman）二阶段回归的结果见表 5-6。回归结果如表 5-6（1）—（3）列所示，IMR 的系数在对 MD&A 可读性（READMDA）的回归中均在 1% 的显著性水平上显著；此外，Coz_num、Coz_degree、Coz_rate 的系数在对 READMDA 的回归中依然显著为正，VIF 小于 10，不存在多重共线问题。表明在控制选择性偏差之后，本书基本结论依然成立。

表 5-6　共有股东与 MD&A 可读性的赫克曼（Heckman）二阶段回归

	(1) READMDA	(2) READMDA	(3) READMDA
Coz_num	0.611 8* (0.346 0)		
Coz_degree		0.288 4* (0.170 5)	
Coz_rate			1.559 2** (0.766 2)
IMR	−0.982 9*** (0.316 0)	−0.982 7*** (0.315 9)	−0.987 9*** (0.315 2)
SIZE	−0.586 8*** (0.159 0)	−0.586 3*** (0.159 1)	−0.587 7*** (0.159 0)
LEV	2.106 4*** (0.550 5)	2.102 8*** (0.550 6)	2.109 3*** (0.550 4)
ROA	8.251 2*** (1.406 9)	8.247 4*** (1.407 0)	8.292 3*** (1.405 2)
DA	0.365 9 (0.725 6)	0.367 4 (0.725 9)	0.365 5 (0.726 1)
MTB	−1.252 5*** (0.236 5)	−1.249 9*** (0.236 4)	−1.239 8*** (0.236 4)
GSALES	−0.536 3*** (0.106 6)	−0.535 7*** (0.106 6)	−0.537 0*** (0.106 7)
RET	0.635 6*** (0.104 9)	0.636 3*** (0.104 8)	0.635 9*** (0.104 9)
SD_RET	−15.982 9 (11.215 0)	−16.010 9 (11.215 3)	−16.274 4 (11.210 8)
PAY	−0.589 4*** (0.139 9)	−0.589 6*** (0.139 9)	−0.592 9*** (0.139 9)
INSOWN	1.206 6*** (0.451 9)	1.209 3*** (0.451 8)	1.226 9*** (0.449 5)
BIGOWN1	−0.975 2 (1.022 5)	−0.973 4 (1.022 4)	−1.104 0 (1.026 1)
lnZ2	−0.887 1** (0.355 5)	−0.884 2** (0.355 5)	−0.885 0** (0.354 9)

表5-6(续)

	(1) READMDA	(2) READMDA	(3) READMDA
BRD	0.226 1	0.226 1	0.221 8
	(0.257 8)	(0.257 8)	(0.257 5)
INDIRECT	−1.022 4	−1.022 3	−1.012 9
	(0.804 6)	(0.804 7)	(0.804 8)
DUAL	−0.124 8	−0.123 5	−0.118 4
	(0.174 8)	(0.174 9)	(0.174 8)
Big4	−0.625 3*	−0.627 0*	−0.626 7*
	(0.370 9)	(0.371 0)	(0.370 2)
ANAT	−0.184 2**	−0.183 6**	−0.181 4**
	(0.088 8)	(0.088 8)	(0.088 8)
_cons	−2.451 2	−2.456 6	−2.350 2
	(4.186 1)	(4.187 9)	(4.180 8)
Year fe	Yes	Yes	Yes
Industry fe	Yes	Yes	Yes
r2_a	0.118 3	0.118 3	0.118 6
N	13 760	13 760	13 760

注: Standard errors in parentheses; * $p < 0.10$, ** $p < 0.05$, *** $p < 0.01$, VIF = 4.51。

5.4.3.2 PSM-OLS

为缓解样本选择偏差问题，本书采取 PSM 检验内生性。将拥有共有股东的公司作为处理组，以前文所述的一系列控制变量（SIZE、LEV、ROA、DA、MTB、GSALES、RET、SD_RET、PAY、INSOWN、BIGOWN1、lnZ2、BRD、INDIRECT、DUAL、Big4、ANA_T）作为匹配变量；然后，使用半径卡尺匹配为处理组寻找特征相似的对照组。具体步骤如下：使用倾向得分的标准差乘以 0.25，即（0.137×0.25 = 0.03），意味着对倾向得分相差0.03%的观测值进行半径（卡尺）匹配。此外，本书进行了匹配平衡性检验，结果显示匹配变量的标准化偏差（% bias）均小于 5%，且所有变量的标准化偏差均大幅缩小，同时 t 检验结果均不显著，说明处理组与对照组无系统性差异，协变量的选择较为合适，匹配结果可靠。进行核匹配，也得到相似结果。MD&A 可读性的平均处理效应（ATT）为 0.298 8，在5%的水平上显著。这表明拥有共有股东的上市公司，相较于与其特征相似的其他上市公司，其 MD&A 可读性平均要高 0.298 8。在此基础上，将处理组和匹配上的对照组样本进行回归检验。共有股东与 MD&A 可读性的 PSM-OLS 检验结果见表 5-7。结果表明，共有股东（Coz_num、Coz_degree、Coz_rate）的系数均在 1% 水平上显著为正，该结果与基准回归结论保持一致。

表 5-7　共有股东与 MD&A 可读性的 PSM-OLS 检验

	（1） READMDA	（2） READMDA	（3） READMDA
Coz_num	0. 645 1***		
	(4. 044 4)		
Coz_degree		0. 311 2***	
		(3. 987 7)	
Coz_rate			1. 464 8***
			(4. 312 0)
SIZE	-0. 303 4***	-0. 303 5***	-0. 300 9***
	(-5. 264 0)	(-5. 264 2)	(-5. 223 5)
LEV	1. 595 5***	1. 593 0***	1. 593 5***
	(6. 176 3)	(6. 166 1)	(6. 167 5)
ROA	6. 841 7***	6. 843 3***	6. 875 9***
	(8. 093 2)	(8. 095 6)	(8. 134 8)
DA	-0. 389 9	-0. 388 3	-0. 391 5
	(-0. 755 9)	(-0. 752 6)	(-0. 758 4)
MTB	-0. 839 9***	-0. 838 5***	-0. 830 2***
	(-7. 334 6)	(-7. 323 8)	(-7. 249 3)
GSALES	-0. 523 0***	-0. 522 2***	-0. 524 6***
	(-6. 096 4)	(-6. 087 8)	(-6. 115 6)
RET	0. 343 8***	0. 343 2***	0. 343 3***
	(4. 052 9)	(4. 046 0)	(4. 044 2)
SD_RET	-11. 059 3	-11. 013 5	-11. 248 4
	(-1. 505 1)	(-1. 499 1)	(-1. 531 1)
PAY	-0. 543 6***	-0. 543 5***	-0. 545 3***
	(-8. 809 9)	(-8. 809 8)	(-8. 836 8)
INSOWN	1. 275 7***	1. 276 8***	1. 301 3***
	(6. 343 5)	(6. 351 3)	(6. 502 2)
BIGOWN1	-0. 528 1	-0. 524 4	-0. 638 0
	(-1. 188 7)	(-1. 180 5)	(-1. 433 9)

表5-7(续)

	(1) READMDA	(2) READMDA	(3) READMDA
lnZ2	−0.543 2***	−0.539 8***	−0.534 7***
	(−3.339 8)	(−3.319 5)	(−3.291 0)
BRD	0.248 5	0.248 0	0.249 7*
	(1.640 6)	(1.638 0)	(1.649 0)
INDIRECT	−1.275 6**	−1.278 2**	−1.271 2**
	(−2.526 1)	(−2.531 2)	(−2.516 5)
DUAL	−0.262 2***	−0.260 8***	−0.256 2***
	(−3.071 2)	(−3.054 3)	(−3.001 2)
Big4	−0.468 6***	−0.472 2***	−0.465 7***
	(−2.982 2)	(−3.003 1)	(−2.964 3)
ANAT	−0.244 4***	−0.244 0***	0.242 2***
	(5.083 4)	(−5.076 5)	(−5.036 0)
_cons	−12.771 8***	−12.768 3***	−12.805 8***
	(−9.045 3)	(−9.039 5)	(−9.078 0)
Year FE	Yes	Yes	Yes
Industry FE	Yes	Yes	Yes
N	18 010	18 010	18 010
r2_a	0.112 8	0.112 8	0.112 9

5.4.3.3 $t+n$ 期因变量

参考杜勇和马文龙(2021)的研究思路,共有股东与 MD&A 可读性 $t+n$ 期因变量的回归结果见表5-8。表中(1)—(4)列分别为共有股东(Coz_num)与因变量第 $t+1$ 期、因变量第 $t+2$ 期、因变量第 $t+3$ 期、因变量第 $t+4$ 期 MD&A 文本可读性的回归结果。结果显示,表5-8(1)—(3)列 Coz_num 的估计系数分别为 0.677 7、0.664 1、0.741 3,均在 10%的统计水平上显著,说明在消除因果倒置产生的内生性问题后,本书的结论依然成立。表5-8列(4)为共有股东与 READMDA$_{t+4}$ 的回归结果,系数为 0.729 8,未通过显著性检验。该回归结果显示,机构共同持股后可以长期影响企业管理层讨论与分析章节可读性,且该影响最长可达四年。

表 5-8　共有股东与 MD&A 可读性 $t+n$ 期因变量

	(1) READMDA$_{t+1}$	(2) READMDA$_{t+2}$	(3) READMDA$_{t+3}$	(4) READMDA$_{t+4}$
Coz_num	0.677 7*	0.664 1*	0.741 3*	0.729 8
	(1.850 8)	(1.675 3)	(1.762 7)	(1.619 0)
_cons	−13.130 5***	−13.343 0***	−13.813 5***	−13.890 8***
	(−4.399 5)	(−4.268 7)	(−4.238 4)	(−4.060 4)
Year FE	Yes	Yes	Yes	Yes
Industry FE	Yes	Yes	Yes	Yes
N	14 224	12 177	10 432	8 895
r2_a	0.116 3	0.122 1	0.128 6	0.135 7

5.4.4　稳健性检验

5.4.4.1　子样本回归（2013—2020 年）

尽管前文基准回归已控制年度，但随着证监会 2012 年 9 月起对管理层讨论与分析部分信息披露要求进行完善，要求语言标书平实、清晰易懂，即增加可读性，力戒空洞、格式化，并强调披露内容应具备可靠性、相关性和关联性（孟庆斌，杨俊华，鲁冰，2020）①。基于此，本书对 2013—2020 年度进行子样本回归。子样本（2013—2020 年）回归进行稳健性检验的回归结果见表 5-9。在划分子样本后，共有股东对 MD&A 可读性的回归系数为，且在 10% 水平上显著，进一步验证了主回归结果的可靠性。

表 5-9　稳健性检验：子样本（2013—2020 年）回归

	(1) READMDA	(2) READMDA	(3) READMDA	(4) READMDA
Coz_dum	0.422 6*			
	(1.703 2)			
Coz_num		0.623 6*		
		(1.784 7)		
Coz_degree			0.287 3*	
			(1.705 1)	

---

① 孟庆斌，杨俊华，鲁冰.管理层讨论与分析的信息含量能够降低股价同步性吗？：基于文本向量化方法的经验证据 [Z]：中国会计评论，2020：549-574.

表5-9(续)

	（1） READMDA	（2） READMDA	（3） READMDA	（4） READMDA
Coz_rate				1.480 4 [*]
				(1.823 0)
CVs	Yes	Yes	Yes	Yes
_cons	−10.422 4 [***]	−10.363 9 [***]	−10.393 8 [***]	−10.402 8 [***]
	(−3.241 9)	(−3.223 3)	(−3.231 6)	(−3.245 7)
Year FE	Yes	Yes	Yes	Yes
Industry FE	Yes	Yes	Yes	Yes
N	11 999	11 999	11 999	11 999
r2_a	0.129 5	0.129 5	0.129 5	0.129 6

注：t statistics in parentheses；[*] $p < 0.1$，[**] $p < 0.05$，[***] $p < 0.01$。

5.4.4.2　控制其他因素

共有股东与 MD&A 信息披露行为的关系可能在一定程度上受到管理层行为的影响，公司治理以及管理层因素会影响两者的关系。因此，本书借鉴以往的研究（杜勇，孙帆，邓旭，2021；张秀敏，高云霞，高洁，2021）[①]，加入了机构大股东（BIGINSOWN）、监事会人数（BOS）两个方面的控制变量。增加机构大股东和监事会规模两个控制变量后的回归结果见表 5-10，结果表明，与上文没有明显差异。监事会规模越大、监管程度越强，对 MD&A 易读性的改善越能起到显著作用，与（杜勇，孙帆，邓旭，2021；张秀敏，高云霞，高洁，2021）[②] 的研究结果保持一致。

[①] 杜勇，孙帆，邓旭.共同机构所有权与企业盈余管理［J］.中国工业经济，2021（6）：155-173.

张秀敏，高云霞，高洁.企业年报阅读难易程度的衡量与影响因素研究：基于管理者操纵视角［J］.审计与经济研究，2021，36（1）：79-89.

[②] 杜勇，孙帆，邓旭.共同机构所有权与企业盈余管理［J］.中国工业经济，2021（6）：155-173.

张秀敏，高云霞，高洁.企业年报阅读难易程度的衡量与影响因素研究：基于管理者操纵视角［J］.审计与经济研究，2021，36（1）：79-89.

表 5-10　稳健性检验：增加控制变量机构大股东和监事会规模回归结果

	(1) READMDA	(2) READMDA	(3) READMDA	(4) READMDA
Coz_dum	0.400 0[*] (1.781 4)			
Coz_num		0.616 1[*] (1.936 7)		
Coz_degree			0.293 4[*] (1.848 2)	
Coz_rate				1.424 3[**] (2.061 9)
BIGINSOWN	−0.353 7 (−1.613 0)	−0.350 2 (−1.597 0)	−0.349 1 (−1.591 9)	−0.346 5 (−1.581 2)
BOS	0.147 4[*] (1.956 7)	0.146 7[*] (1.948 5)	0.146 9[*] (1.950 4)	0.146 6[*] (1.947 1)
CVs	Yes	Yes	Yes	Yes
_cons	−12.570 7[***] (−4.603 8)	−12.502 8[***] (−4.580 5)	−12.509 4[***] (−4.581 0)	−12.526 6[***] (−4.595 3)
Year FE	Yes	Yes	Yes	Yes
Industry FE	Yes	Yes	Yes	Yes
N	18 131	18 131	18 131	18 131
r2_a	0.114 3	0.114 5	0.114 4	0.114 6

注：t statistics in parentheses；[*] $p < 0.1$，[**] $p < 0.05$，[***] $p < 0.01$。

5.4.4.3　更换共有股东界定门槛

改变共同机构投资者界定门槛。参考潘越等（2020）[①]、杜勇和胡红燕（2022）[②] 的研究，本书以 3% 为标准分别重新计算机构共同持股的指标（Coz_dum3、Coz_num3、Coz_degree3 和 Coz_rate3）。改变共有股东的界定门槛进行稳健性检验的结果见表 5-11。Panel A 的结果表明，当以 3% 作为构建"门槛"时，Coz_dum3、Coz_num3、Coz_degree3、Coz_rate3 的回归系数显著为正。本书以 10% 为标准分别重新计算机构共同持股的指标（Coz_dum10、Coz_num10、Coz_degree10 和 Coz_rate10）。Panel B 的结果表明，当以 10% 作为构建"门槛"时，Coz_dum10、Coz_num10、Coz_

---

①　潘越，汤旭东，宁博，等. 连锁股东与企业投资效率：治理协同还是竞争合谋 [J]. 中国工业经济，2020（2）：136-164.

②　杜勇，胡红燕. 机构共同持股与企业财务重述 [J]. 证券市场导报，2022（2）：67-79.

degree10 和 Coz_rate10 的回归系数显著为正。但以 10% 作为共同机构投资者的门槛时，系数最大。这也说明只有当机构持股比例足够大时才有动力监督和关注管理层讨论与分析可读性，并且持股比例越大干预动力越强，间接证明了回归结果的可靠性。

表 5-11　稳健性检验：改变共有股东的界定门槛

Panel A	更换自变量界定门槛 3% 回归结果			
	（1） READMDA	（2） READMDA	（3） READMDA	（4） READMDA
Coz_dum3	0.280 7* （1.883 7）			
Coz_num3		0.454 9** （2.175 8）		
Coz_degree3			0.247 7** （2.167 4）	
Coz_rate3				1.337 6** （1.987 0）
CVs	Yes	Yes	Yes	Yes
_cons	−13.341 8*** （−4.920 6）	−13.230 1*** （−4.877 6）	−13.122 2*** （−4.830 0）	−13.115 9*** （−4.841 7）
Year FE	Yes	Yes	Yes	Yes
Industry FE	Yes	Yes	Yes	Yes
N	18 131	18 131	18 131	18 131
r2_a	0.113 0	0.113 2	0.113 3	0.113 3
Panel B	更换自变量界定门槛 10% 回归结果			
	（1） READMDA	（2） READMDA	（3） READMDA	（4） READMDA
Coz_dum10	0.522 4** （1.990 2）			
Coz_num10		0.753 6** （1.990 2）		
Coz_degree10			0.388 1** （2.136 5）	
Coz_rate10				1.644 4** （2.328 7）
CVs	Yes	Yes	Yes	Yes
_cons	−13.148 4*** （−4.861 7）	−13.148 4*** （−4.861 7）	−13.068 5*** （−4.828 5）	−13.077 9*** （−4.840 1）

表5-11(续)

Year FE	Yes	Yes	Yes	Yes
Industry FE	Yes	Yes	Yes	Yes
N	18 131	18 131	18 131	18 131
r2_a	0. 113 3	0. 113 3	0. 113 4	0. 113 5

注：t statistics in parentheses；* $p < 0.1$，** $p < 0.05$，*** $p < 0.01$。

5.4.4.4 更换被解释变量的度量方式

在本部分对被解释变量管理层讨论与分析章节可读性（READMDA）以及解释变量股东（Coz_num、Coz_degree、Coz_rate）进行去中心化处理。首先，计算出被解释变量（READMDA）及解释变量（Coz_num、Coz_degree、Coz_rate）的年度行业均值，其次将被解释变量减去所对应的均值最后用去中心化的被解释变量（c_READMDA）和去中心化的解释变量（c_Coz_num、c_Coz_degree、c_Coz_rate）进行控制年度和行业效应的混合OLS效应检验。用中心化被解释变量和解释变量的度量方式进行稳健性检验的结果见表5-12。去中心化后的管理层讨论与分析章节可读性（c_READMDA）与去中心化后的共有股东（Coz_dum、c_Coz_num、c_Coz_degree、c_Coz_rate）在全样本中均显著为正，说明从整体而言，共有股东能显著提升管理层讨论与分析章节可读性，表明研究结果具有稳健性。

表 5-12 稳健性检验：中心化被解释变量和解释变量的度量方式

	(1) c_READMDA	(2) c_READMDA	(3) c_READMDA	(4) c_READMDA
Coz_dum	0. 396 8* (1. 764 5)			
c_Coz_num		0. 627 7* (1. 956 4)		
c_Coz_degree			0. 301 4* (1. 882 7)	
c_Coz_rate				1. 451 9** (2. 088 3)
CVs	Yes	Yes	Yes	Yes
_cons	13. 082 3*** (4. 847 6)	13. 186 1*** (4. 885 7)	13. 181 2*** (4. 881 1)	13. 169 4*** (4. 887 7)
Industry FE	Yes	Yes	Yes	Yes
Year FE	Yes	Yes	Yes	Yes

表5-12(续)

	(1) c_READMDA	(2) c_READMDA	(3) c_READMDA	(4) c_READMDA
N	18 131	18 131	18 131	18 131
r2_a	0.021 5	0.021 6	0.021 6	0.021 7

注：t statistics in parentheses；* $p < 0.1$，** $p < 0.05$，*** $p < 0.01$。

5.4.4.5 控制行业的时间趋势

考虑到样本期间，不同制造业、媒体等各行业都会经历不同周期变化。并且不同年度内出台的信息披露政策等因素可能会对不同行业的信息披露产生差异性影响，如针对污染行业出台的信息披露要求或指南。同时这些因素也会改变机构投资者的权益组合配置。因此，如上所述因素进入残差项，可能会对本书的回归产生偏误。本书参考潘越等（2019，2020）[①]的研究思路，进一步控制了行业乘以年度（Industry * Year）的固定效应，以消除宏观因素对回归结果的偏误影响。控制行业的时间趋势进行稳健性检验的结果见表5-13。结果显示，共有股东（Coz_dum、Coz_num、Coz_degree 和 Coz_rate）的系数在对 MD&A 可读性的回归中依然显著为正，说明其影响依然存在。

表 5-13　稳健性检验：控制行业的时间趋势

	(1) READMDA	(2) READMDA	(3) READMDA	(4) READMDA
Coz_dum	0.404 0*			
	(1.774 9)			
Coz_num		0.624 1*		
		(1.934 5)		
Coz_degree			0.299 5*	
			(1.860 2)	
Coz_rate				1.440 1**
				(2.057 9)
CVs	Yes	Yes	Yes	Yes

---

① 潘越，宁博，纪翔阁，等.民营资本的宗族烙印：来自融资约束视角的证据 [J].经济研究，2019，54（7）：94-110.

潘越，汤旭东，宁博，等.连锁股东与企业投资效率：治理协同还是竞争合谋 [J].中国工业经济，2020（2）：136-164.

表5-13(续)

	(1) READMDA	(2) READMDA	(3) READMDA	(4) READMDA
_cons	−12.704 7 ***	−12.629 9 ***	−12.635 1 ***	−12.637 1 ***
	(−4.334 2)	(−4.310 4)	(−4.310 1)	(−4.317 3)
Industry * Year	Yes	Yes	Yes	Yes
Industry FE	Yes	Yes	Yes	Yes
Year FE	Yes	Yes	Yes	Yes
N	18 131	18 131	18 131	18 131
r2_a	0.114 7	0.114 9	0.114 8	0.115 0

注: t statistics in parentheses; * $p < 0.1$, ** $p < 0.05$, *** $p < 0.01$。

5.4.5 进一步分析

5.4.5.1 调节作用

(1) 第一类代理成本调节作用。

根据前文机制分析,公司管理层或大股东具有自由裁量权,增加了代理成本,管理层并不愿意过多地将信息披露给外部投资者,使得企业内部和外部信息高度不对称,进而影响管理层讨论与分析的信息披露可读性。因此,本书引入代理成本(FEE)作为调节变量。参考袁振超、岳衡、谈文峰(2014)[①],采取管理费用率(管理费用/营业收入)衡量第一类代理成本。为了避免多重共线的影响并方便解释分析,采取李明辉(2019)[②]的做法将解释变量(Coz_num)进行了组内去中心化处理。为了考察代理成本的调节作用,我们在基准模型(5-1)中加入代理成本与共有股东的交互项,即Coz_num * FEE。代理成本作为机制影响的检验结果见表5-14。如表5-14第(1)列所示,交互项Coz_num * FEE的系数都显著为负,可见代理成本弱化了共有股东对管理层讨论与分析可读性的正向作用,Coz_num与Coz_num * FEE的系数之和也显著为负,表明在代理成本较高的公司,共有股东对管理层讨论与分析章节可读性具有更较弱的负向作用。总

---

① 袁振超,岳衡,谈文峰.代理成本、所有权性质与业绩预告精确度 [J].南开管理评论,2014,17 (3):49-61.

② 李明辉.社会信任对审计师变更的影响:基于CGSS调查数据的研究 [J].审计研究,2019 (1):110-119.

地来说，代理成本会弱化共有股东对管理层讨论与分析章节可读性的影响。这表明，就管理层讨论与分析的可读性而言，共有股东与管理层代理成本之间可能是一种替代关系，共有股东对 MD&A 可读性的治理作用，更多地体现在代理成本较低的企业。

（2）卖空的调节作用。

卖空作为公司外部治理机制之一，能够约束管理层机会主义行为。融资融券的交易的发展标志着"单边市"交易模式的结束，机构投资者因此获得规避风险的工具，提高了市场效率。本章预期在卖空样本中，共有股东与 MD&A 可读性正向关系得到强化。设置卖空机制变量（Short），借鉴（李志生，等，2017；王春燕，张玉明，朱磊，2018)[①]，公司当年为融资融券标的，Short 取值为 1，否则为 0。基准回归模型（5-1）中分别加入共有股东与卖空机制的交乘项（Coz * Short）。卖空作为机制影响的检验结果见表 5-14。表 5-14 第（2）列，在卖空限制下共有股东提升 MD&A 可读性的作用更显著。总地来说，卖空机制则会强化共有股东与 MD&A 可读性的正向关系。

表 5-14　代理成本、卖空作为机制影响的检验结果

	（1） READMDA	（2） READMDA
Coz_num	1. 122 4**	
	（2. 529 1）	
Coz_num * FEE	-6. 403 3*	
	（-1. 775 7）	
FEE	-0. 035 3	
	（-1. 210 7）	
Coz_rate		0. 531 7
		（0. 627 3）
Coz_rate * Short		1. 805 2*
		（1. 789 2）

---

① 李志生，李好，马伟力，等. 融资融券交易的信息治理效应 [J]. 经济研究，2017, 52 (11)：150-164.

王春燕，张玉明，朱磊. 卖空真的会促进企业的创新投资吗?：基于双重差分模型的检验 [J]. 证券市场导报，2018 (5)：52-61.

表5-14(续)

	（1） READMDA	（2） READMDA
Short		0. 042 6
		(0. 242 4)
SIZE	−0. 304 7 ***	−0. 311 8 **
	(−2. 597 8)	(−2. 453 3)
LEV	1. 538 0 ***	1. 637 0 ***
	(3. 293 8)	(3. 410 9)
ROA	6. 694 8 ***	7. 288 0 ***
	(5. 514 2)	(5. 765 7)
DA	−0. 417 5	−0. 323 2
	(−0. 686 2)	(−0. 515 2)
MTB	−0. 802 1 ***	−0. 809 8 ***
	(−4. 072 8)	(−3. 944 6)
GSALES	−0. 521 9 ***	−0. 543 8 ***
	(−6. 055 5)	(−5. 985 0)
RET	0. 340 8 ***	0. 371 2 ***
	(4. 105 4)	(4. 302 8)
SD_RET	−10. 914 6	−13. 339 9
	(−1. 172 8)	(−1. 404 8)
PAY	−0. 535 1 ***	−0. 574 4 ***
	(−4. 344 0)	(−4. 516 3)
INSOWN	1. 246 6 ***	1. 224 0 ***
	(3. 223 0)	(3. 130 5)
BIGOWN1	−0. 503 3	−0. 390 4
	(−0. 572 2)	(−0. 428 1)
lnZ2	−0. 544 2 *	−0. 449 7
	(−1. 786 4)	(−1. 422 3)
BRD	0. 233 3	0. 151 2
	(1. 011 5)	(0. 640 2)
INDIRECT	−1. 168 9	−1. 254 4 *
	(−1. 634 2)	(−1. 698 2)
DUAL	−0. 270 7 *	−0. 275 1 *
	(−1. 772 1)	(−1. 757 6)

表5-14(续)

	(1) READMDA	(2) READMDA
Big4	−0.490 0	−0.511 5
	(−1.419 5)	(−1.407 5)
ANA_TEAM	−0.260 5***	−0.260 6***
	(−3.344 1)	(−3.240 0)
_cons	−12.860 0***	−12.070 8***
	(−4.739 2)	(−4.213 0)
Year FE	Yes	Yes
Industry FE	Yes	Yes
N	18 131	17 377
r2_a	0.113 6	0.116 2

5.4.5.2 异质性影响

（1）市场化进程。

机构投资者对上市公司的治理在一定程度上内生于所处地区的外部环境，地区制度环境的优劣可以反映在地区市场化进程水平的差异上（夏立军，方轶强，2005；张志红，李红梅，宋艺，2022)[①]。为了考察市场化水平的异质性影响，我们在模型（5-1）中加入市场化进程指数虚拟变量与机构共有股东的交互项 Coz * MKT_DUM。具体做法是使用樊纲等披露的地区市场化进程指数分省份分年度的中位数，将大于中位数取值为 1，表示地区市场化进程程度更高；反之取值为 0，表示地区市场化进程程度更低（曾三云，刘文军，龙君，2015；刘放，杨筝，杨曦，2016；李明辉，2019)[②]。本书认为，外部制度环境将与机构投资者的治理形成补充，高效

---

① 夏立军，方轶强. 政府控制、治理环境与公司价值：来自中国证券市场的经验证据 [J]. 经济研究，2005（5）：40-51.

张志红，李红梅，宋艺. 审计委员会财务专长对管理层策略性披露行为的治理效应：基于"管理层讨论与分析"的证据 [J]. 审计与经济研究，2022，37（2）：34-45.

② 曾三云，刘文军，龙君. 制度环境、CEO 背景特征与现金持有量 [J]. 山西财经大学学报，2015，37（4）：57-66.

刘放，杨筝，杨曦. 制度环境、税收激励与企业创新投入 [J]. 管理评论，2016，28（2）：61-73.

李明辉. 社会信任对审计师变更的影响：基于 CGSS 调查数据的研究 [J]. 审计研究，2019（1）：110-119.

监督管理层 MD&A 信息的披露。市场化程度分组检验结果见表5-15，反映了以市场化进程虚拟变量（MKT_DUM）分组对基准模型（5-1）重新回归的结果。如表5-15第（1）列所示，共有股东对 MD&A 可读性的正向影响在市场化进程高组的估计系数在10%水平上显著为正，而表5-15第（2）列的回归结果中，Coz_rate 的系数为正但不显著，表明在市场化低的情形下，共有股东的治理作用有限，说明地区市场化进程（Market）能够显著促进共有股东对管理层披露非财务信息行为的作用。

（2）消息类型。

管理层会根据好、坏消息来调整信息披露的语言形式以实现策略性的披露，比如对文本的可读性、相似性及语调等方面（常利民，2022；张志红，李红梅，宋艺，2022)[①]。在坏消息情形下，管理层拥有更强的模糊动机，通过增加阅读难度来实现策略性的信息披露，以应对坏消息对股价的负面冲击。消息类型分组检验结果见表5-15，反映了以消息性质（NEWS）分组对基准模型（5-1）重新回归的结果。如表5-15第（4）列所示，Coz_degree 的系数在10%水平上显著为正，表明在"坏消息"情形下，共有股东对管理层调整 MD&A 可读性行为的治理作用更显著。而在表5-15第（3）列的回归结果中，Coz_degree 的系数为正但不显著，表明在"好消息"情形下，共有股东对管理层没有显著影响。可能的原因在于，共有股东的实践经验和丰富的专业知识能够识别"坏消息"情形下，管理层企图通过调整会计术语密度的手段来实现诱导投资者的目的。

表5-15　市场化程度、消息类型分组检验结果

	市场化高组 READMDA	市场化低组 READMDA	好消息组 READMDA	坏消息组 READMDA
Coz_rate	4.064 1*	2.365 0		
	(1.808 9)	(0.947 3)		
Coz_degree			0.269 9	0.432 6*
			(1.459 5)	(1.839 8)

---

① 常利民. 商誉减值与公司业绩预告行为 [J]. 证券市场导报，2022 (1)：62-71.
张志红，李红梅，宋艺. 审计委员会财务专长对管理层策略性披露行为的治理效应：基于"管理层讨论与分析"的证据 [J]. 审计与经济研究，2022, 37 (2)：34-45.

表5-15(续)

	市场化高组 READMDA	市场化低组 READMDA	好消息组 READMDA	坏消息组 READMDA
SIZE	−0.280 2	−0.401 8*	−0.253 2*	−0.048 8
	(−1.344 0)	(−1.876 4)	(−1.852 9)	(−0.307 8)
LEV	1.180 0	1.851 4**	1.416 3**	1.316 8*
	(1.481 8)	(2.359 4)	(2.494 8)	(1.924 8)
ROA	11.628 1***	10.110 2***	10.742 3***	6.233 9***
	(5.375 3)	(5.541 5)	(5.840 0)	(3.226 1)
DA	−0.840 6	−0.574 7	−1.067 7	0.227 7
	(−0.626 8)	(−0.545 8)	(−1.323 4)	(0.191 3)
MTB	−0.863 4**	−0.564 6*	−0.925 6***	−0.393 8
	(−2.319 6)	(−1.696 2)	(−3.729 0)	(−1.310 2)
GSALES	−0.485 9**	−0.832 0***	−0.562 8***	−0.072 8
	(−2.295 8)	(−4.087 6)	(−4.993 7)	(−0.338 6)
RET	0.248 2	0.255 6	0.218 7*	0.326 7
	(1.216 4)	(1.591 8)	(1.951 3)	(1.469 1)
SD_RET	−13.469 8	20.809 4	5.432 8	−33.131 3**
	(−0.720 2)	(1.381 5)	(0.461 2)	(−1.967 3)
PAY	−0.449 7**	−0.575 2***	−0.332 7**	−0.877 9***
	(−2.052 4)	(−2.786 6)	(−2.361 4)	(−5.147 1)
INSOWN	1.183 9**	0.918 4*	1.203 3***	1.315 2**
	(2.237 7)	(1.823 3)	(2.827 1)	(2.523 4)
BIGOWN1	0.407 3	−0.694 6	0.135 0	−1.347 0
	(0.229 0)	(−0.425 1)	(0.131 2)	(−1.131 8)
lnZ2	0.243 4	−0.464 9	−0.335 9	−0.792 0*
	(0.397 4)	(−0.836 5)	(−0.924 7)	(−1.878 1)
BRD	−0.211 1	−0.017 4	−0.065 0	0.245 5
	(−0.517 7)	(−0.048 3)	(−0.231 1)	(0.681 2)
INDIRECT	−0.896 5	−0.233 3	−1.877 8**	1.395 4
	(−0.683 5)	(−0.218 5)	(−2.106 8)	(1.224 6)
DUAL	−0.098 6	−0.217 2	−0.189 6	−0.361 7*
	(−0.439 3)	(−1.005 0)	(−1.063 2)	(−1.659 3)
Big4	−0.104 3	−0.452 8	−0.532 5	−0.857 2*
	(−0.126 0)	(−0.583 7)	(−1.203 1)	(−1.725 1)
ANAT	−0.609 4***	−0.409 8***	−0.449 9***	−0.226 3*
	(−4.440 0)	(−3.383 2)	(−4.788 1)	(−1.884 3)

表5-15(续)

	市场化高组 READMDA	市场化低组 READMDA	好消息组 READMDA	坏消息组 READMDA
_cons	−10.972 9 **	−9.180 2 *	−16.290 3 ***	−12.136 3 ***
	(−2.243 9)	(−1.958 1)	(−5.172 5)	(−3.266 0)
Year FE	Yes	Yes	Yes	Yes
Industry FE	Yes	Yes	Yes	Yes
N	3 253	4 775	8 674	3 627
r2_a	0.118 2	0.140 3	0.118 7	0.120 7

5.4.5.3 经济后果

本书使用 TobinQ 值（TobinQ、TobinQ$_{t+1}$）作为企业价值的衡量指标，构建共有股东（Coz）与 MD&A 可读性（READMDA）的交互项（Coz * READMDA），考察由共有股东驱动的非财务信息是否能提升企业价值的影响。参照（仇莹，张志宏，2016；徐光华，等，2022)[①] 的相关研究，本书选取企业规模（SIZE）、资产负债率（LEV）、偿债能力（OCF）、发展能力（GSALES）、市账比（MTB）、从 $T−2$ 年到第 T 年的 TobinQ 标准差（TobinQ_SD）、股权集中度（BIGOWN1）、机构投资者（INSOWN）为控制变量。共有股东与 MD&A 可读性经济后果（TobinQ）的检验结果见表 5-16（1）、（2）、（5）、（6）列的结果显示，Coz_dum、Coz_dum * READMDA 以及 Coz_num、Coz_num * READMDA 的对 TobinQ 的回归系数均为正，且具有统计显著性。结果说明，共有股东的存在提高了企业价值，而这种提高是通过提升 MD&A 信息质量得以实现的。表 5-16（3）、（4）、（7）、（8）列的结果显示，Coz_dum、Coz_dum * READMDA 以及 Coz_num、Coz_num * READMDA 的对 TobinQ$_{t+1}$ 的回归系数均为正，且具有统计显著性。结果说明，共有股东的存在提高了企业价值，而这种提高是通过提升 MD&A 信息质量得以实现的，且可以影响到未来一年的企业价值。通过 MD&A 信息披露与企业价值之间的关系，发现 MD&A 文本可读性与企业未来的价值变化具有一致性。财务报表使用者可以利用 MD&A 的信息内容和语言形式，从而更加准确地判断企业经营状况的变化，有助于其理性研判企业价值。

---

① 仇莹，张志宏.存货异常增加与盈利预测相关性研究：基于"管理层讨论与分析"存货信息披露 [J].湖南师范大学社会科学学报，2016，45（4）：110-116.

徐光华，卓瑶瑶，张艺萌，等.ESG信息披露会提高企业价值吗？[J].财会通讯，2022（4）：33-37.

表 5-16 共有股东与 MD&A 可读性经济后果（TobinQ）

	(1) TobinQ	(2) TobinQ	(3) $TobinQ_{t+1}$	(4) $TobinQ_{t+1}$	(5) TobinQ	(6) TobinQ	(7) $TobinQ_{t+1}$	(8) $TobinQ_{t+1}$
Coz_dum	0.058 2* (1.852 7)	0.335 8*** (3.053 2)	0.038 4 (0.754 7)	0.495 2** (2.241 6)				
READMDA * Coz_dum		0.013 5** (2.547 2)		0.019 0** (2.033 2)				
Coz_num					0.083 6* (1.868 8)	0.561 0*** (3.167 5)	0.060 6 (0.855 0)	0.742 6** (2.387 8)
READMDA * Coz_num						0.019 7*** (2.638 0)		0.028 4** (2.160 2)
READMDA		0.004 1** (2.449 0)		0.003 3 (1.162 0)		0.004 1** (2.425 8)		0.003 3 (1.137 7)
CV (TobinQ) s	Yes	Yes	Yes	Yes	Yes	Yes	Yes	Yes
_cons	-1.573 3*** (-5.159 9)	-1.517 5*** (-4.954 3)	2.246 1*** (4.473 9)	2.301 9*** (4.560 7)	-1.568 2*** (-5.141 7)	-1.513 4*** (-4.940 6)	2.254 6*** (4.485 4)	2.309 4*** (4.570 6)
Year FE	Yes	Yes	Yes	Yes	Yes	Yes	Yes	Yes
Industry FE	Yes	Yes	Yes	Yes	Yes	Yes	Yes	Yes
N	9 404	9 404	6 208	6 208	9 404	9 404	6 208	6 208
r2_a	0.799 8	0.800 3	0.579 7	0.580 0	0.799 8	0.800 3	0.579 7	0.580 1

注：t statistics in parentheses；* $p < 0.1$，** $p < 0.05$，*** $p < 0.01$。

5.5　本章小结

本书基于中国现实情景下 A 股上市公司样本，基于信息不对称、委托代理和专有信息等理论，2007—2020 年沪深两市从财务报告中管理层讨论与分析章节的可读性视角，探究了共有股东与 MD&A 可读性之间的关系，为共同机构股东发挥协同治理效应提供了新的证据。研究发现：①共有股东对 MD&A 可读性具有正向影响。为了验证本书结论的可靠性，在经过赫克曼（Heckman）二阶段回归，倾向得分匹配等一系列内生性检验后，回归结果依然显著。通过子样本回归、增加控制变量、改变共有股东界定门槛、改变被解释变量度量方式和控制行业的时间趋势的稳健性检验之后，本书的主要回归结果依然成立。②进一步分析表明，在代理成本高的公司，共有股东对 MD&A 可读性的弱化作用更明显；而卖空机制加强了机构监督治理效应。共有股东对改善 MD&A 可读性的协同治理效应在市场化水平较高、管理层发布坏消息的样本中更为明显，同时发现共有股东通过提高 MD&A 文本质量从而提升了企业价值。

本书对共有股东与 MD&A 可读性之间关系的研究，现有文献尚未涉及，因此，丰富了共有股东行为后果以及基于 MD&A 视角的非财务信息可读性影响因素的研究，是对现有文献的增量贡献与补充。本章的研究具有如下几点启示：首先，MD&A 作为财务报告体系中最具"可读性"的非财务信息部分，是信息披露质量的一个重要的表征，从理论研究和各国监管层的实践来看，MD&A 可读性越来越受到关注和重视。提供简洁清晰、通俗易懂、非模板化、可读性较高的 MD&A 是上市公司的重要责任。其次，上市公司要意识到机构共有股东对完善财务报告中非财务信息披露所发挥的积极作用。充分利用共有股东在资金规模、行业经验以及信息搜集与解析等优势，提高非财务信息语言形式披露质量。最后，政府监管层应该在制度层面为发展共有股东治理环境，一方面引入共有股东改善治理结构，另一方面推进公司对大股东有效披露共有股东持股情况，充分发挥信息中介的监督和治理作用。

6 研究结论、研究启示、研究局限与展望

6.1 研究结论

本书通过定义概念、文献回顾、理论构建和实证检验，围绕共有股东这一独特的所有权结构如何影响企业信息披露质量为研究内容进行系统、细致的研究。

本书首先对共有股东与信息披露质量概念进行界定，并梳理了当前国内外研究对这些概念衡量与检验的主流方式。其次，本书依次对国内外关于共有股东的基础理论及实证检验进行分类梳理。现阶段，国内外文献对共有股东对企业发展的影响的相关基础理论存在"效率化"和"非效率化"的意见分歧，为后文共有股东如何影响企业信息披露质量的理论分析与假设提出奠定坚实基础。接着，本书将机构投资者、共有股东、财务信息披露质量、业绩预告信息披露质量以及 MD&A 文本信息披露质量等信息披露质量特性纳入文献回顾框架，并对其相关基础理论及实证检验的文献按照驱动因素、经济后果、影响机理等框架分类进行细致而系统的梳理、回顾及述评。本书分别在第 3、4 及 5 章分别理论分析并实证检验了共有股东对财务信息披露质量、业绩预告信息披露质量以及 MD&A 文本信息披露质量等方面的影响。

本书的研究发现与研究结果如下：第一，以 KV 指数作为整体考量财务信息披露质量的代理变量，共有股东对财务信息披露质量的影响体现为"竞争合谋"，导致对财务信息披露质量具有负向影响。在采用工具变量回归、赫克曼（Heckman）二阶段回归、倾向得分匹配（PSM）等内生性方

法检验后以及在采用替换解释变量和被解释变量指标和安慰剂检验等一系列稳健性检验后，结论依然稳健。在影响机制分析中，行业集中度加强了共有股东对财务信息披露质量负向影响，为"合谋舞弊"假说提供了证据。进一步研究发现，共有股东与企业财务报表信息披露质量的负向关系主要存在于公司治理水平低、非国有产权、低融资约束、短期机构投资者的公司中；最后，经济后果检验发现，共有股东通过弱化财务信息披露质量导致了流动性减弱，不利于市场流动性。第二，以业绩预告精确度作为其信息披露质量的代理变量，共有股东的影响体现出"缓解竞争""溢出效应""治理监督"职能，其对业绩预告精确度具有正向影响。在采用赫克曼（Heckman）二阶段回归和工具变量回归等内生性方法检验后以及在采用替换解释变量和被解释变量指标及子样本回归等一系列稳健性检验后，结论依然稳健。进一步研究发现，发布好消息、盈余管理程度高会弱化共有股东对业绩预告精确度的正向影响。异质性影响发现，在非国有产权性质、产品市场竞争低、乐观预期下，共有股东对业绩预告信息披露质量正向影响更加明显，同时发现共有股东通过提升业绩预告精确度得到了深交所评级认可及导致了审计费用降低的经济后果。第三，共有股东对MD&A可读性具有正向影响，表现为"协同治理"效应，改善了上市公司MD&A可读性文本质量。本章在采用赫克曼（Heckman）二阶段回归、倾向得分匹配等方法解决内生性后以及在采取一系列稳健性检验后，结论依然成立。进一步研究发现，在代理成本高的公司，共有股东对MD&A可读性的弱化作用更明显，而卖空机制加强了机构监督治理效应。共有股东对改善MD&A可读性的协同治理效应在市场化水平较高、管理层发布坏消息的样本中更为明显，同时发现共有股东通过提高MD&A文本质量从而提升了企业价值。

6.2 研究启示

信息披露是公司治理的重要表征之一，而公司治理水平又直接影响着信息披露的内容、形式和质量。共有股东作为投资组合的重要纽带，在企业间发挥竞争、联盟、合谋的影响远大于单一机构或多个机构对某一企业持股，继而为投资组合利益最大化导致信息披露意愿降低。一些机构大股东直接向竞争对手投资持股渐成常态，但在其动机、作用机制、行为影响、市场反应等方面尚无清晰定论。根据经典文献，股东偏好影响管理层的目标与行为决策（Shleifer & Vishny，1986）。可以看到，关于共有股东的探讨也是关乎管理层激励的探讨。当股东分散时，管理层因为缺乏监督选择机会主义行为，加大代理冲突；当普通股股东占主导地位时，管理层可以选择随着股东竞争偏好的转变而改变管理目标与决策，从而从大股东处受益。随着共有股东这一横向利益在同行业企业中产生，共有股东显然比分散股东更有能力关心和改善公司信息环境治理。因此，本书对全面探析新兴市场经济转轨时期企业间的复杂股权关系提供了新的理论支撑和经验。本书的研究结果也体现出共有股东对资本市场信息环境的影响可能对不同性质的信息披露质量的影响不同。

一方面，本书第 3 章的研究发现了共有股东对财务信息披露质量的影响可能源于合谋舞弊动机。在进一步分析研究中还发现，在产品市场竞争低的情况下，共有股东通过合谋舞弊以降低财务信息披露质量的效应更强。机构注重短期利益发展，不仅意味着更低的财务信息质量，而且随着机构对公司影响力不断提升，人们对共有股东是否会利用权力和影响力相互共谋获取超额收益提供了思考。此外，共有机构所有权导致市场竞争降低，少部分大型垄断企业对行业发展有较大的话语权，通过降低竞争、提高垄断、控制供给等途径获取更高的超额利润便能吸引足够股东投资，因而并不需要更多地进行高质量信息披露吸引投资者，垄断扰乱市场信息环境。然而，值得注意的是，股东对投资组合公司竞争的影响部分也与这些公司自身所在产品市场竞争有关（Posner，2021）。同时，中国资本市场散户较多，中小投资者盲从性较高，对交易量信息的依赖程度更高。因而，不可否认的是，使用交易量波动依存法衡量整体财务信息质量的外部影响因素很多，也为后期继续探究共有股东对信息披露质量的影响留出空间。另一方面，本书第 4 章和第 5 章的研究发现，共同股东对业绩预告信息披露质量和 MD&A 非财务文本信息披露质量有积极影响，特别地，本书在第 6 章记录了共有股东通过改善 MD&A 文本信息的阅读难易程度的信息质量从而提升企业 TobinQ 值，表明共有股东通过尽可能多地呈现自愿性非财务信息披露来影响投资者的投资决策，说明了共有股东通过促进信息传播和知情交易，有助于提高信息披露内容和形式质量，这与当前 Jang 等（2022）的研究发现一致（Jang et al.，2022）。

因此，本书既为反垄断法律法规完善提供证据，也为监管层完善上市公司被共有股东具体持股情况如何进行公开披露提供了参考依据。第一，完善资本市场信息披露制度，加强对信息使用者的利益保护。加强对上市公司信息披露的监管，加大对违反强制性信息披露、提供或隐瞒虚假财务数据的公司行为的处罚力度。鼓励自愿性信息披露，提升盈利预测的精确性，保障盈利预测信息披露含量，坚决打击使用陈词滥调、空洞刻板手段操纵前瞻性信息披露而增加信息使用者解析难度等披露行为。第二，监管部门应重视共有股东在缓解代理冲突、完善公司治理中发挥的积极作用，积极探讨并有序推进上市公司本身对有无共同机构股东的信息披露制度，建立信号提醒，优化信息环境，保护利益相关者利益。第三，相关政府部门应意识到共同所有权的正外部性，关注到共有股东在相互竞争的投资组合公司之间所发挥的协调与合作的努力，为共有持股机制多样化、多元化发展创造积极制度环境；另外，诸如法院和反垄断机构应当设计出更为敏感而复杂的反垄断法和鼓励竞争的相关法规有效阻断寡头形成，防止股东与管理层共谋。

6.3 研究局限与展望

受本人的理论学识局限、数据获取及运用能力等方面的限制，本书可能存在以下不足之处：

其一，对于某些量化难度较大的信息披露质量指标没有纳入分析框架之中。希望未来能够掌握更加科学的数据筛选和量化能力，进一步拓展相关研究。在未来研究中，可以从文本特征其他指标衡量，譬如信息披露情感特征、语法、语气、语调、语态的运用、自利性归因等方面开展测度，继续拓展构建共有股东对资本市场信息披露环境的影响的研究分析框架。

其二，本书已将一系列控制变量包括在所有差异模型中，还进行了一系列的稳健性测试，并重点解释和讨论这些模型的结果。然而，尽管已通过工具变量 2SLS 和 GMM 估计、倾向得分匹配、Hechman 二阶段、$t+n$ 因变量等一系列丰富的内生性检验，但本书实证内生性分析还存在一些局限性，即缺乏一个事实性的共有股东的外生冲击，因此，不能完全排除选择偏差影响互为因果的可能性。在未来研究中，可能从机构合并等方面寻找外生冲击改善内生性问题。

其三，尽管本书已经探讨了稳定型和交易型不同类型的机构投资者对管理层信息披露行为及决策的异质性影响。未来的研究还可以以其他分类方式将机构投资者进行分类以探索异质性影响。

在未来的研究中，第一，可考察市场对共有股东本身的市场反应以及如何体现股价的信息性。第二，可考察共有股东影响信息披露质量的市场反应与经济后果，并进一步探索这些变化可否传递到股价的信息含量或股价信息性，从而影响信息使用者的投资决策。第三，可考察共有股东影响信息披露后的同群效应。

参考文献

英文参考文献

[1] Abramova I, Core J E, Sutherland A. Institutional investor attention and firm disclosure [J]. The Accounting Review, 2020, 95 (6): 1-21.

[2] Admati A R, Pfleiderer P. The "wall street walk" and shareholder activism: exit as a form of voice [J]. The Review of Financial Studies, 2009, 22 (7): 2645-2685.

[3] Admati A R, Pfleiderer P. Forcing firms to talk: financial disclosure regulation and externalities [J]. The Review of Financial Studies, 2015, 13 (3): 479-519.

[4] Admati A R, Pfleiderer P, Zechner J. Large shareholder activism, risk sharing, and financial market equilibrium [J]. Journal of Political Economy, 1994, 102 (6): 1097-130.

[5] Aghion P, Van Reenen J, Zingales L. Innovation and institutional ownership [J]. American Economic Review, 2013, 103 (1): 277-304.

[6] Ajina A, Laouiti M, Msolli B. Guiding through the fog: does annual report readability reveal earnings management? [J]. Research in International Business and Finance, 2016, 38: 509-516.

[7] AJINKYA B, BHOJRAJ S, SENGUPTA P. The association between outside directors, institutional investors and the properties of management earnings forecasts [J]. Journal of Accounting Research, 2005, 43 (3): 343-376.

[8] Aleksanyan M. Valuation and value relevance of the firm-level, and geographic and business segment-level accounting information [D]. Glasgow, Great Britain: University of Glasgow, 2004.

[9] Ali A, Klasa S, Yeung E. Industry concentration and corporate disclosure policy [J]. Journal of Accounting and Economics, 2014, 58 (2-3): 240-264.

[10] Almadi M, Lazic P. CEO incentive compensation and earnings management: The implications of institutions and governance systems [J]. Management Decision, 2016, 54 (10): 2447-2461.

[11] Altass S M O. Annual report readability and the audit function [D]. Leeds, Great Britain: University of Leeds, 2016.

[12] Amihud Y. Illiquidity and stock returns: cross-section and time-series effects [J]. Journal of financial markets, 2002, 5 (1): 31-56.

[13] Anilowski C, Feng M, Skinner D J. Does earnings guidance affect market returns? The nature and information content of aggregate earnings guidance [J]. Journal of accounting and Economics, 2007, 44 (1-2): 36-63.

[14] Antón M, Ederer F, Giné M, et al. Common ownership, competition, and top management incentives [EB/OL]. [2022-12-01]. Available at: https://elischolar. library. yale. edu/cowles - discussion - paper - series/2570.

[15] Antón M, Ederer F, Giné M, et al. Innovation: the bright side of common ownership? [EB/OL]. [2022-12-01]. Available at SSRN 3099578, 2021.

[16] Anton M, Polk C. Connected stocks [J]. The Journal of Finance, 2014, 69 (3): 1099-1127.

[17] Appel I R, Gormley T A, Keim D B. Passive investors, not passive owners [J]. Journal of Financial Economics, 2016, 121 (1): 111-141.

[18] Arif S, De George E T. The dark side of low financial reporting frequency: Investors' reliance on alternative sources of earnings news and excessive information spillovers [J]. The Accounting Review, 2020, 95 (6): 23-49.

[19] Ascioglu A, Hegde S P, McDermott J B. Auditor compensation, disclosure quality, and market liquidity: Evidence from the stock market [J]. Journal of Accounting and Public Policy, 2005, 24 (4): 325-354.

[20] Azar J. A new look at oligopoly: Implicit collusion through portfolio diversification [D]. Princeton, USA: Princeton University, 2012.

[21] Azar J. Portfolio diversification, market power, and the theory of the

firm [J]. Market Power, and the Theory of the Firm (August 23, 2017), 2017.

[22] Azar J. Common shareholders and interlocking directors: The relation between two corporate networks [J]. Journal of Competition Law & Economics, 2022, 18 (1): 75-98.

[23] Azar J, Schmalz M C. Common ownership of competitors raises antitrust concerns [J]. Journal of European Competition Law & Practice, 2017, 8 (5): 329-332.

[24] Azar J, Schmalz M C, Tecu I. Competitive effects of common ownership: evidence from the airline industry [DB/OL]. (2014-01-31) [2022-12-01]. https://www. mendeley. com/catalogue/60dc6149 - 91f8 - 34f1 - aefd - 11832be4c510/.

[25] Azar J, Schmalz M C, Tecu I. Anticompetitive effects of common ownership [J]. The Journal of Finance, 2018, 73 (4): 1513-1565.

[26] Azar J , Schmalz M C , Tecu I. Internet appendix for: "Anticompetitive effects of common ownership" [DB/OL]. [2022-12-01]. http://papers. ssrn.com/sol3/Delivery.cfm? abstractid=3176479.

[27] Azar J, Vives X. Common ownership and the secular stagnation hypothesis; proceedings of the AEA Papers and Proceedings, F, 2019 [C].

[28] Azar J, Vives X. Reply to: Comments on "General equilibrium oligopoly and ownership structure" [J]. Econometrica, 2021, 89 (3): 1061-1063.

[29] Backus M, Conlon C, Sinkinson M. Common ownership in America: 1980-2017 [J]. American Economic Journal: Microeconomics, 2021, 13 (3): 273-308.

[30] Badertscher B, Shroff N, White H D. Externalities of public firm presence: Evidence from private firms' investment decisions [J]. Journal of Financial Economics, 2013, 109 (3): 682-706.

[31] Baginski S P. Intraindustry information transfers associated with management forecasts of earnings [J]. Journal of Accounting Research, 1987: 196-216.

[32] Baik B, Farber D B, Lee S. CEO ability and management earnings forecasts [J]. Contemporary accounting research, 2011, 28 (5): 1645-1468.

[33] Baik B, Kim J – M, Kim K, et al. Hedge fund ownership and voluntary disclosure [J]. Review of Quantitative Finance and Accounting, 2020, 54: 877–910.

[34] Baker J B, Salop S C. Antitrust, competition policy, and inequality [J]. Geo LJ Online, 2015, 104: 1.

[35] Bartov E, Mohanram P S. Does income statement placement matter to investors? The case of gains/losses from early debt extinguishment [J]. The Accounting Review, 2014, 89 (6): 2021–2055.

[36] Bayona A, López Á L, Manganelli A–G. Common ownership, corporate control and price competition [J]. Journal of Economic Behavior & Organization, 2022, 200: 1066–1075.

[37] Beatty A, Liao S, Yu J J. The spillover effect of fraudulent financial reporting on peer firms' investments [J]. Journal of Accounting and Economics, 2013, 55 (2–3): 183–205.

[38] Beyer A, Cohen D A, Lys T Z, et al. The financial reporting environment: Review of the recent literature [J]. Journal of accounting and economics, 2010, 50 (2–3): 296–343.

[39] Bertomeu J, Liang P J. Disclosure policy and industry fluctuations [J]. Management Science, 2015, 61 (6): 1292–1305.

[40] Bharath S T, Jayaraman S, Nagar V. Exit as governance: An empirical analysis [J]. The Journal of Finance, 2013, 68 (6): 2515–2547.

[41] Bhide A. The hidden costs of stock market liquidity [J]. Journal of financial economics, 1993, 34 (1): 31–51.

[42] Bird A, Karolyi S A. Do institutional investors demand public disclosure? [J]. The Review of Financial Studies, 2016, 29 (12): 3245–3277.

[43] Bloomfield R. Discussion of "annual report readability, current earnings, and earnings persistence" [J]. Journal of Accounting and Economics, 2008, 45 (2–3): 248–252.

[44] Bloom N, Schankerman M, Van Reenen J. Identifying technology spillovers and product market rivalry [J]. Econometrica, 2013, 81 (4): 1347–1393.

[45] Boni L, Womack K L. Analysts, industries, and price momentum

[J]. Journal of Financial and Quantitative analysis, 2006, 41 (1): 85-109.

[46] Bonsall S B, Miller B P. The impact of narrative disclosure readability on bond ratings and the cost of debt [J]. Review of Accounting Studies, 2017, 22: 608-643.

[47] Boone A L, White J T. The effect of institutional ownership on firm transparency and information production [J]. Journal of Financial Economics, 2015, 117 (3): 508-533.

[48] Boubaker S, Gounopoulos D, Rjiba H. Annual report readability and stock liquidity [J]. Financial Markets, Institutions & Instruments, 2019, 28 (2): 159-186.

[49] Bourveau T, Schoenfeld J. Shareholder activism and voluntary disclosure [J]. Review of Accounting Studies, 2017, 22: 1307-1339.

[50] Bradley D, Gokkaya S, Liu X. Before an analyst becomes an analyst: Does industry experience matter? [J]. The Journal of Finance, 2017, 72 (2): 751-792.

[51] Bresnahan T F, Salop S C. Quantifying the competitive effects of production joint ventures [J]. International Journal of Industrial Organization, 1986, 4 (2): 155-175.

[52] Brooks C, Chen Z, Zeng Y. Institutional cross-ownership and corporate strategy: The case of mergers and acquisitions [J]. Journal of Corporate Finance, 2018, 48: 187-216.

[53] Bushee B J. Institutional investors, long-term investment, and earnings management [M]. Michigan, USA: University of Michigan, 1997.

[54] Bushee B J. Do institutional investors prefer near-term earnings over long-run value? [J]. Contemporary accounting research, 2001, 18 (2): 207-246.

[55] Bushee B J, Goodman T H. Which institutional investors trade based on private information about earnings and returns? [J]. Journal of Accounting Research, 2007, 45 (2): 289-321.

[56] Bushee B J, Leuz C. Economic consequences of SEC disclosure regulation: evidence from the OTC bulletin board [J]. Journal of accounting and economics, 2005, 39 (2): 233-264.

[57] Bychkova S M, Karelskaia S N, Abdalova E B, et al. Social responsibility as the dominant driver of the evolution of reporting from financial to non-financial: theory and methodology [J]. Foods & Raw Materials, 2021, 9 (1): 135−145.

[58] Callen J L, Fang X. Institutional investor stability and crash risk: Monitoring versus short−termism? [J]. Journal of Banking & Finance, 2013, 37 (8): 3047−3063.

[59] Cameron A C, Miller D L. A practitioner's guide to cluster−robust inference [J]. Journal of human resources, 2015, 50 (2): 317−372.

[60] Chakrabarty B, Seetharaman A, Swanson Z, et al. Management risk incentives and the readability of corporate disclosures [J]. Financial Management, 2018, 47 (3): 583−616.

[61] Chau G K, Gray S J. Ownership structure and corporate voluntary disclosure in Hong Kong and Singapore [J]. The International journal of accounting, 2002, 37 (2): 247−265.

[62] Chen, J. L., Tang, J. J., & Tang, H. Research on cross ownership and government regulation: plus discussion on optimal proportion of state−owned shares in mixed ownership enterprises [J]. China Soft Science, 2018 (1): 171−182. In Chinese. Available at: https://d. wanfangdata. com. cn/periodical/zgrkx201801016.

[63] Chen P F, He S, Ma Z, et al. The information role of audit opinions in debt contracting [J]. Journal of Accounting and Economics, 2016, 61 (1): 121−144.

[64] Chen T, Dong H, Lin C. Institutional shareholders and corporate social responsibility [J]. Journal of Financial Economics, 2020, 135 (2): 483−504.

[65] Chen Y, Li Q, Ng J, et al. Corporate financing of investment opportunities in a world of institutional cross−ownership [J]. Journal of Corporate Finance, 2021, 69: 102041.

[66] Cheng C, Schwienbacher A. Venture capital investors and foreign listing choices of Chinese companies [J]. Emerging Markets Review, 2016, 29: 42−67.

［67］ Cheng Q, Luo S, Zhang J. Common Ownership and Analyst Forecasts ［J］. European Accounting Review, 2022: 1-27.

［68］ Chen J , Tang H , Liu J. Duopoly, Optimal proportion of state-owned shares and international cross-ownership ［J］. Revista De Cercetare Si Interventie Sociala, 2019, 64: 352-365.

［69］ Chiao C-H, Qiu B, Wang B. Corporate innovation in a world of common ownership ［J］. Managerial Finance, 2020, 47 (2): 145-166.

［70］ Chung R, Firth M, Kim J-B. Institutional monitoring and opportunistic earnings management ［J］. Journal of corporate finance, 2002, 8 (1): 29-48.

［71］ Coffee Jr J C, Palia D. The wolf at the door: The impact of hedge fund activism on corporate governance ［J］. Annals of Corporate Governance, 2016, 1 (1): 1-94.

［72］ Cohen L, Frazzini A, Malloy C. Sell-side school ties ［J］. The Journal of Finance, 2010, 65 (4): 1409-1437.

［73］ Danthine J-P, Donaldson J B. Executive compensation: The view from general equilibrium ［J］. Swiss Finance Institute Research Paper, 2007, (07-33).

［74］ Darrough M N. Disclosure policy and competition: Cournot vs. Bertrand ［J］. Accounting review, 1993: 534-561.

［75］ Darrough M N, Stoughton N M. Financial disclosure policy in an entry game ［J］. Journal of accounting and economics, 1990, 12 (1-3): 219-243.

［76］ Dechow P M, Dichev I D. The quality of accruals and earnings: The role of accrual estimation errors ［J］. The accounting review, 2002, 77 (s-1): 35-59.

［77］ DeFond M L, Jiambalvo J. Debt covenant violation and manipulation of accruals ［J］. Journal of accounting and economics, 1994, 17 (1-2): 145-176.

［78］ Del Guercio D, Hawkins J. The motivation and impact of pension fund activism ［J］. Journal of financial economics, 1999, 52 (3): 293-340.

［79］ Doyle M P, Snyder C M. Information sharing and competition in the motor vehicle industry [J]. Journal of political Economy, 1999, 107 (6): 1326–1364.

[80] Drake M S, Myers J N, Myers L A. Disclosure quality and the mispricing of accruals and cash flow [J]. Journal of Accounting, Auditing & Finance, 2009, 24 (3): 357–384.

[81] Dye R A. Disclosure of nonproprietary information [J]. Journal of accounting research, 1985: 123–145.

[82] Dye R A. Proprietary and nonproprietary disclosures [J]. Journal of business, 1986: 331–366.

[83] Dye R A. An evaluation of "essays on disclosure" and the disclosure literature in accounting [J]. Journal of accounting and economics, 2001, 32 (1–3): 181–235.

[84] DuCharme L L, Malatesta P H, Sefcik S E. Earnings management, stock issues, and shareholder lawsuits [J]. Journal of financial economics, 2004, 71 (1): 27–49.

[85] Duggal R, Millar J A. Institutional ownership and firm performance: The case of bidder returns [J]. Journal of Corporate Finance, 1999, 5 (2): 103–117.

[86] Edmans A, Levit D, Reilly D. Governance under common ownership [J]. The Review of Financial Studies, 2019, 32 (7): 2673–2719.

[87] Edmans A, Manso G. Governance through trading and intervention: A theory of multiple blockholders [J]. The Review of Financial Studies, 2011, 24 (7): 2395–2428.

[88] El-Gazzar S M, Fornaro J M. The influences of monitoring mechanisms and firm specific factors on management's voluntary disclosure of responsibilities for financial information [J]. Journal of Accounting & Finance Research, 2004, 12 (6).

[89] Elhauge E. How horizontal shareholding harms our economy—and why antitrust law can fix it [J]. HARv Bus L REv, 2020, 10: 207.

[90] Farrell J. Owner consumers and efficiency [J]. 1985, 19 (4).

[91] Farrell J, Shapiro C. Horizontal mergers: An equilibrium analysis [J]. The American Economic Review, 1990: 107–126.

[92] Francis J, Schipper K, Vincent L. The relative and incremental explanatory power of earnings and alternative (to earnings) performance measures for returns [J]. Contemporary Accounting Research, 2003, 20 (1): 121-164.

[93] Gajewski J - F, Li L. Can Internet - based disclosure reduce information asymmetry? [J]. Advances in accounting, 2015, 31 (1): 115-124.

[94] Gallagher D R, Gardner P A, Swan P L. Governance through trading: Institutional swing trades and subsequent firm performance [J]. Journal of Financial and Quantitative Analysis, 2013, 48 (2): 427-458.

[95] Gilje E P, Gormley T A, Levit D. Who's paying attention? Measuring common ownership and its impact on managerial incentives [J]. Journal of Financial Economics, 2020, 137 (1): 152-178.

[96] Gilo D, Moshe Y, Spiegel Y. Partial cross ownership and tacit collusion [J]. The Rand journal of economics, 2006, 37 (1): 81-99.

[97] Gordon R H. Do publicly traded corporations act in the public interest? [Z]. National Bureau of Economic Research Cambridge, Mass, USA. 1990.

[98] Gramlich J, Grundl S. Gramlich J and Grundl S, Estimating the Competitive Effects of Common Ownership [DB/OL]. (2017-02-01) [2022-12-01]. SSRN: https://ssrn.com/abstract=2940137.

[99] Gutiérrez G, Philippon T. Investment-less growth: An empirical investigation [DB/OL]. [2022 - 12 - 01]. SSRN: http://www.nber.org/papers/w22897.

[100] Hadlock C J, Pierce J R. New evidence on measuring financial constraints: Moving beyond the KZ index [J]. The review of financial studies, 2010, 23 (5): 1909-1940.

[101] Hansen R G, Lott J R. Externalities and corporate objectives in a world with diversified shareholder/consumers [J]. Journal of Financial and Quantitative Analysis, 1996, 31 (1): 43-68.

[102] Hassan Y M, Naser K, Hijazi R H. The influence of corporate governance on corporate performance: evidence from Palestine [J]. Afro - Asian Journal of Finance and Accounting, 2016, 6 (3): 269-287.

[103] He J, Huang J. Product market competition in a world of cross-own-

ership: Evidence from institutional blockholdings [J]. The Review of Financial Studies, 2017, 30 (8): 2674-2718.

[104] He J, Li L, Yeung P E. Two tales of monitoring: Effects of institutional cross-blockholding on accruals [J]. Available at SSRN 3152044, 2020.

[105] He J J, Huang J, Zhao S. Internalizing governance externalities: The role of institutional cross-ownership [J]. Journal of Financial Economics, 2019, 134 (2): 400-418.

[106] Healey J, Mintz O. What if your owners also own other firms in your industry? The relationship between institutional common ownership, marketing, and firm performance [J]. International Journal of Research in Marketing, 2021, 38 (4): 838-856.

[107] Hennig J C, Oehmichen J, Steinberg P J, et al. Determinants of common ownership: Exploring an information-based and a competition-based perspective in a global context [J]. Journal of Business Research, 2022, 144: 690-702.

[108] Huang W. The use of management forecasts to dampen analysts' expectations by Chinese listed firms [J]. International Review of Financial Analysis, 2016, 45: 263-272.

[109] Hutton A P, Marcus A J, Tehranian H. Opaque financial reports, R2, and crash risk [J]. Journal of Financial Economics, 2009, 94 (1): 67-86.

[110] Hwang B-H, Kim H H. It pays to write well [J]. Journal of Financial Economics, 2017, 124 (2): 373-394.

[111] Jang I J, Kang N, Yezegel A. Common ownership, price informativeness, and corporate investment [J]. Journal of Banking & Finance, 2022, 135: 106373.

[112] Jiang P, Ma Y, Shi B. Common ownership and stock price crash risk: Evidence from China [J]. Australian Economic Papers, 2022, 61 (4): 876-912.

[113] Jung M J. Investor overlap and diffusion of disclosure practices [J]. Review of Accounting Studies, 2013, 18: 167-206.

[114] Kacperczyk M, Sialm C, Zheng L. On the industry concentration of actively managed equity mutual funds [J]. The Journal of Finance, 2005, 60

（4）：1983-2011.

［115］Kadan O, Madureira L, Wang R, et al. Analysts' industry expertise ［J］. Journal of accounting and economics, 2012, 54（2-3）：95-120.

［116］Kang J-K, Li Y, Oh S. Venture capital coordination in syndicates, corporate monitoring, and firm performance ［J］. Journal of Financial Intermediation, 2022, 50：100948.

［117］Kang J-K, Luo J, Na H S. Are institutional investors with multiple blockholdings effective monitors? ［J］. Journal of Financial Economics, 2018, 128（3）：576-602.

［118］Kempf E, Manconi A, Spalt O. Distracted shareholders and corporate actions ［J］. The Review of Financial Studies, 2017, 30（5）：1660-1695.

［119］Kennedy P, O'Brien D P, Song M, et al. The competitive effects of common ownership：Economic foundations and empirical evidence ［J］. Available at SSRN 3008331, 2017.

［120］Kim J W, Shi Y. Voluntary disclosure and the cost of equity capital：Evidence from management earnings forecasts ［J］. Journal of Accounting and Public Policy, 2011, 30（4）：348-366.

［121］Kim O, Verrecchia R E. Trading volume and price reactions to public announcements ［J］. Journal of accounting research, 1991, 29（2）：302-321.

［122］King R, Pownall G, Waymire G. Expectations adjustment via timely management forecasts：Review, synthesis, and suggestions for future research ［J］. Journal of accounting Literature, 1990, 9（1）：113-144.

［123］Knyazeva A, Knyazeva D, Kostovetsky L. Investor heterogeneity and trading ［J］. European Financial Management, 2018, 24（4）：680-718.

［124］Koch A, Panayides M, Thomas S. Common ownership and competition in product markets ［J］. Journal of Financial Economics, 2021, 139（1）：109-137.

［125］Krishnamurti C, Šević A, Šević Ž. Voluntary disclosure, transparency, and market quality：Evidence from emerging market ADRs ［J］. Journal of Multinational Financial Management, 2005, 15（4）：435-454.

[126] Li F. Annual report readability, current earnings, and earnings persistence [J]. Journal of Accounting and economics, 2008, 45 (2-3): 221-247.

[127] Li K, Liu T, Wu J. Vote avoidance and shareholder voting in mergers and acquisitions [J]. The Review of Financial Studies, 2018, 31 (8): 3176-3211.

[128] Lo K, Ramos F, Rogo R. Earnings management and annual report readability [J]. Journal of accounting and Economics, 2017, 63 (1): 1-25.

[129] López Á L, Vives X. Overlapping ownership, R&D spillovers, and antitrust policy [J]. Journal of Political Economy, 2019, 127 (5): 2394-2437.

[130] Loughran T, McDonald B. Measuring readability in financial disclosures [J]. The Journal of Finance, 2014, 69 (4): 1643-1671.

[131] Luong A-V, Nguyen D, Dinh D, et al. Assessing Vietnamese Text Readability using Multi-Level Linguistic Features [J]. International Journal of Advanced Computer Science and Applications, 2020, 11 (8).

[132] Maffett M. Financial reporting opacity and informed trading by international institutional investors [J]. Journal of Accounting and Economics, 2012, 54 (2-3): 201-220.

[133] Margotta D. Adolf Berle and the new modern corporation [J]. Journal of American Academy of Business, Cambridge, 2016, 22.

[134] Maroun W. Reportable irregularities and audit quality: Insights from South Africa; proceedings of the Accounting Forum, F, 2015 [C]. Elsevier.

[135] Marschak J. Economics of language [J]. Behavioral Science, 1965, 10 (2): 135-140.

[136] Massa M, Žaldokas A. Information transfers among co-owned firms [J]. Journal of Financial Intermediation, 2017, 31: 77-92.

[137] Mazumdar S C, Sarin A, Sengupta P. To tell or not to tell: The value of corporate disclosure [R]: Citeseer, 2000.

[138] McCahery J A, Sautner Z, Starks L T. Behind the scenes: The corporate governance preferences of institutional investors [J]. The Journal of Finance, 2016, 71 (6): 2905-2932.

[139] McVay S E. Earnings management using classification shifting: An

examination of core earnings and special items [J]. The accounting review, 2006, 81 (3): 501-531.

[140] Meckfessel M D. Determinants and Consequences of Earnings Disclosure Readability [D]. Virginia, USA: Virginia Tech, 2012.

[141] Mikolov T, Chen K, Corrado G, et al. Efficient estimation of word representations in vector space [J]. arXiv preprint arXiv: 13013781, 2013.

[142] Morton F S, Hovenkamp H. Horizontal Shareholding and Antitrust Policy [J]. The Yale Law Journal, 2018, 127 (7): 2026-2047.

[143] O'Brien D P, Waehrer K. The competitive effects of common ownership: We know less than we think [J]. Antitrust LJ, 2016, 81: 729-.

[144] O'brien D P, Salop S C. Competitive effects of partial ownership: Financial interest and corporate control [J]. Antitrust LJ, 1999, 67: 559-.

[145] Ogneva, M. What Do Management Earnings Forecasts Convey About the Macroeconomy? [J]. Journal of Accounting Research, 51 (2): 267-279.

[146] Park J, Sani J, Shroff N, et al. Disclosure incentives when competing firms have common ownership [J]. Journal of Accounting and Economics, 2019, 67 (2): 387-415.

[147] Pawliczek A, Skinner A N, Zechman S L. Facilitating tacit collusion: a new perspective on common ownership and voluntary disclosure [J]. Available at SSRN 3382324, 2019. Doi: https://dx. doi. org/10. 2139/ssrn.3382324.

[148] Polat B, Kim Y. Dynamics of complexity and accuracy: A longitudinal case study of advanced untutored development [J]. Applied linguistics, 2014, 35 (2): 184-207.

[149] Porta R L, Lopez-de-Silanes F, Shleifer A, et al. Law and finance [J]. Journal of political economy, 1998, 106 (6): 1113-1155.

[150] Posner E A. Policy Implications of the common ownership debate [J]. The Antitrust Bulletin, 2021, 66 (1): 140-149.

[151] Posner R A. Antitrust in the new economy [J]. Antitrust Law Journal, 2001, 68 (3): 925-943.

[152] Pound J. Proxy contests and the efficiency of shareholder oversight [J]. Journal of financial economics, 1988, 20: 237-265.

[153] Pownall G, Wasley C, Waymire G. The stock price effects of alternative types of management earnings forecasts [J]. Accounting Review, 1993: 896-912.

[154] Ramalingegowda S, Utke S, Yu Y. Common institutional ownership and earnings management [J]. Contemporary Accounting Research, 2021, 38 (1): 208-241.

[155] Reynolds R J, Snapp B R. The competitive effects of partial equity interests and joint ventures [J]. International Journal of Industrial Organization, 1986, 4 (2): 141-153.

[156] Rogers J L, Schrand C M, Zechman S L. Do managers tacitly collude to withhold industry-wide bad news? [J]. Chicago booth research paper, 2014, (13-12).

[157] Roychowdhury S. Earnings management through real activities manipulation [J]. Journal of accounting and economics, 2006, 42 (3): 335-370.

[158] Rubin A. Diversification and corporate decisions [J]. Corporate Ownership and Control, 2006, 3 (3): 209-212.

[159] Saleh M W, Eleyan D, Maigoshi Z S. Moderating effect of CEO power on institutional ownership and performance [J]. EuroMed Journal of Business, 2022, (ahead-of-print).

[160] Saleh M W, Shurafa R, Shukeri S N, et al. The effect of board multiple directorships and CEO characteristics on firm performance: Evidence from Palestine [J]. Journal of Accounting in Emerging Economies, 2020, 10 (4): 637-654.

[161] Salterio S E, Webb A. Honesty in accounting and control: A discussion of "The Effect of information systems on Honesty in managerial reporting: A Behavioral perspective" [J]. Contemporary Accounting Research, 2006, 23 (4): 919-932.

[162] Satta G, Parola F, Profumo G, et al. Corporate governance and the quality of voluntary disclosure: Evidence from medium-sized listed firms [J]. International Journal of Disclosure and Governance, 2015, 12: 144-166.

[163] Schmalz, M. C. Common-ownership concentration and corporate conduct [DB/OL]. [2022-12-30]. https://doi. org/10. 1146/annurev-

financial-110217-022747.

[164] Schmalz M C. Recent studies on common ownership, firm behavior, and market outcomes [J]. The Antitrust Bulletin, 2021, 66 (1): 12-38.

[165] Schmalz, M. Martin Schmalz: How passive funds prevent competition [EB/OL]. [2022-12-30]. http://ericposner.com/martin-schmalz-how-passive-funds-prevent-competition/.

[166] Schoenfeld J. The effect of voluntary disclosure on stock liquidity: New evidence from index funds [J]. Journal of Accounting and Economics, 2017, 63 (1): 51-74.

[167] Shin D, He S, Lee G M, et al. Enhancing social media analysis with visual data analytics: A deep learning approach [M]. SSRN, 2020.

[168] Semov S. Common ownership, firm financial policy and product market strategy [D]. Boston , USA: Boston University, 2017.

[169] Shin D, He S, Lee G M, et al. Enhancing social media analysis with visual data analytics: A deep learning approach [M]. SSRN, 2020.

[170] Shleifer A, Vishny R W. Large shareholders and corporate control [J]. Journal of political economy, 1986, 94 (3, Part 1): 461-488.

[171] Shroff N, Verdi R S, Yost B P. When does the peer information environment matter? [J]. Journal of Accounting and Economics, 2017, 64 (2-3): 183-214.

[172] Shroff N, Verdi R S, Yu G. Information environment and the investment decisions of multinational corporations [J]. The Accounting Review, 2014, 89 (2): 759-790.

[173] Sukotjo C, Soenarno Y N. Tax aggressiveness, accounting fraud, and annual report readability [J]. Journal of Finance and Economics, 2018, 6 (2): 38-42.

[174] Verrecchia R E. Discretionary disclosure [J]. Journal of Accounting and Economics, 1983, 5: 179-194.

[175] Verrecchia R E. Essays on disclosure [J]. Journal of Accounting and Economics, 2001, 32 (1): 97-180.

[176] Vives X. Common ownership, market power, and innovation [J]. International Journal of Industrial Organization, 2020, 70: 102528.

[177] Wang Q, Zhou K. Common ownership and the spillover effect of market reaction: Evidence from stock exchange comment letters [J]. Pacific-Basin Finance Journal, 2022, 73: 101729.

[178] Wang Z, Wang C, Fang Z. Common institutional ownership and corporate misconduct [J]. Managerial and Decision Economics, 2023, 44 (1): 102-136.

[179] Watts R L, Zimmerman J L. Positive accounting theory: A ten year perspective [J]. The Accounting Review, 1990, 65 (1): 131-156.

[180] Westreich D, Greenland S. The table 2 fallacy: presenting and interpreting confounder and modifier coefficients [J]. American journal of epidemiology, 2013, 177 (4): 292-298.

[181] Wynn J P. Legal liability coverage and voluntary disclosure [J]. The Accounting Review, 2008, 83 (6): 1639-1669.

[182] Xie J, Gerakos J. The anticompetitive effects of common ownership: the case of paragraph IV generic entry; proceedings of the AEA Papers and Proceedings, F, 2020 [C]. American Economic Association 2014 Broadway, Suite 305, Nashville, TN 37203.

中文参考文献

[1] 毕鹏, 王丽丽. 机构投资者网络与资产误定价: 激浊扬清抑或推波助澜 [J]. 金融发展研究, 2022 (5): 39-48.

[2] 蔡春, 谢柳芳, 马可哪呐. 高管审计背景、盈余管理与异常审计收费 [J]. 会计研究, 2015 (3): 72-78, 95.

[3] 蔡卫星, 曾诚. 公司多元化对证券分析师关注度的影响: 基于证券分析师决策行为视角的经验分析 [J]. 南开管理评论, 2010, 13 (4): 125-133.

[4] 曹琼, 卜华, 杨玉凤, 等. 盈余管理、审计费用与审计意见 [J]. 审计研究, 2013 (6): 76-83.

[5] 曾三云, 刘文军, 龙君. 制度环境、CEO 背景特征与现金持有量 [J]. 山西财经大学学报, 2015, 37 (4): 57-66.

[6] 常利民. 控股股东股权质押与公司业绩预告行为 [J]. 财经论丛, 2020 (9): 74-83.

［7］常利民. 商誉减值与公司业绩预告行为［J］. 证券市场导报，2022（1）：62-71.

［8］常利民. 商誉减值与公司业绩预告行为［J］. 证券市场导报，2022（1）：62-71.

［9］陈冬华，梁上坤. 在职消费、股权制衡及其经济后果：来自中国上市公司的经验证据［J］. 上海立信会计学院学报，2010，24（1）：19-27，97.

［10］陈华，包也，孙汉. 高管薪酬与社会责任报告的印象管理［J］. 上海财经大学学报，2021，23（4）：76-90.

［11］陈丽蓉，邓利彬，郑国洪，等. 资本市场开放、产品市场竞争与审计师选择：基于双重制度压力视角的实证研究［J］. 审计研究，2021（1）：83-93.

［12］陈胜蓝，王可心. 经济政策不确定性和公司业绩预告［J］. 投资研究，2017，36（5）：103-119.

［13］陈银娥，江媛. 管理层权力、制度环境与董事会报告可读性：来自我国上市公司的经验证据［Z］. 珞珈管理评论，2017：84-99.

［14］陈运森，邓祎璐，李哲. 证券交易所一线监管的有效性研究：基于财务报告问询函的证据［J］. 管理世界，2019，35（3）：169-185，208.

［15］程新生，刘建梅，程悦. 相得益彰抑或掩人耳目：盈余操纵与MD&A 中非财务信息披露［J］. 会计研究，2015（8）：11-18，96.

［16］仇莹，张志宏. 存货异常增加与盈利预测相关性研究：基于"管理层讨论与分析"存货信息披露［J］. 湖南师范大学社会科学学报，2016，45（4）：110-116.

［17］崔学刚. 公司治理机制对公司透明度的影响：来自中国上市公司的经验数据［J］. 会计研究，2004（8）：72-80，97.

［18］谢志华，崔学刚. 信息披露水平：市场推动与政府监管：基于中国上市公司数据的研究［J］. 审计研究，2005（4）：39-45.

［19］代彬，彭程，郝颖. 国企高管控制权、审计监督与会计信息透明度［J］. 财经研究，2011，37（11）：113-123.

［20］翟光宇，武力超，唐大鹏. 中国上市银行董事会秘书持股降低了信息披露质量吗？：基于 2007-2012 年季度数据的实证分析［J］. 经济评论，2014（2）：127-138.

[21] 翟淑萍,王敏,张晓琳.财务问询函对审计联结公司的监管溢出效应:来自年报可读性的经验证据 [J].审计与经济研究,2020,35(5):18-30.

[22] 丁亚楠,王建新."浑水摸鱼"还是"自证清白":经济政策不确定性与信息披露:基于年报可读性的探究 [J].外国经济与管理,2021,43(11):70-85.

[23] 董江春,陈智,孙维章.《财务信息与非财务信息互连》述评及对ESG标准制定的启示 [J].财会月刊,2022(14):104-109.

[24] 董砚青.高管薪酬与企业业绩预告精确度相关性研究:基于自媒体信息披露的视角 [J].财会通讯,2019(12):39-43,72.

[25] 杜威.基于财务信息元素视角的XBRL分类标准微观结构标准化与质量评价研究 [D].上海:上海交通大学,2016.

[26] 杜兴强,肖亮,张乙祺."一带一路"沿线国中国企业外部审计治理与公司信息披露质量 [J].中央财经大学学报,2022(5):59-71.

[27] 杜兴强,张颖.董事会存在最优规模吗?:基于大股东资金占用的证据 [J].安徽大学学报(哲学社会科学版),2022,46(2):87-98.

[28] 杜勇,胡红燕.机构共同持股与企业财务重述 [J].证券市场导报,2022(2):67-79.

[29] 杜勇,马文龙.机构共同持股与企业全要素生产率 [J].上海财经大学学报,2021,23(5):81-95.

[30] 杜勇,孙帆,邓旭.共同机构所有权与企业盈余管理 [J].中国工业经济,2021(6):155-173.

[31] 杜勇,孙帆,胡红燕.共同机构所有权与企业产能利用率 [J].财经研究,2022,48(10):49-63,168.

[32] 范周乐,何任.融资约束、机构投资者与企业创新:基于新三板制造业挂牌公司的证据 [J].中国注册会计师,2018(9):32-36.

[33] 傅传锐,陈鑫,陈奋强,等.高管薪酬激励能促进智力资本自愿信息披露吗?:基于我国上市公司智力资本信息披露指数的分析 [J].福州大学学报(哲学社会科学版),2021,35(1):31-38.

[34] 傅传锐,洪运超.公司治理、产品市场竞争与智力资本自愿信息披露:基于我国A股高科技行业的实证研究 [J].中国软科学,2018(5):123-134.

[35] 傅传锐, 杨涵, 潘静珍, 等. 高管背景特征、产品市场竞争与智力资本信息披露: 来自我国 A 股高科技行业的经验证据 [J]. 财经理论与实践, 2018, 39 (5): 80-87.

[36] 富兰克林·艾伦, 钱军, 方寅. 中国如何利用金融体系推进经济转型? [J]. 金融市场研究, 2013 (5): 23-27.

[37] 高凤莲, 王志强. "董秘" 社会资本对信息披露质量的影响研究 [J]. 南开管理评论, 2015, 18 (4): 60-71.

[38] 高敬忠, 周晓苏. 管理层盈余预告消息性质与预告方式操控性选择 [J]. 商业经济与管理, 2009 (11): 89-96.

[39] 高敬忠, 周晓苏. 信息不对称、董事会特征与管理层盈余预告披露选择: 基于我国 A 股上市公司 2004—2007 年数据的实证检验 [J]. 财经论丛, 2009 (5): 74-80.

[40] 葛家澍, 张金若. FASB 与 IASB 联合趋同框架 (初步意见) 的评介 [J]. 会计研究, 2007 (2): 3-10, 91.

[41] 郭晓冬, 柯艳蓉, 吴晓晖. 坏消息的掩盖与揭露: 机构投资者网络中心性与股价崩盘风险 [J]. 经济管理, 2018, 40 (4): 152-169.

[42] 韩传模, 杨世鉴. 自愿披露能提高上市公司信息披露质量吗: 基于我国上市公司业绩预告的分析 [J]. 山西财经大学学报, 2012, 34 (7): 67-74.

[43] 韩光强, 李多. 上市公司管理层盈利预测乐观偏差影响因素研究 [J]. 商业经济研究, 2017 (23): 105-106.

[44] 韩晴, 王华. 独立董事责任险、机构投资者与公司治理 [J]. 南开管理评论, 2014, 17 (5): 54-62.

[45] 何慧华, 方军雄. 监管型小股东的治理效应: 基于财务重述的证据 [J]. 管理世界, 2021, 37 (12): 176-195.

[46] 何威风. 高管团队垂直对特征与企业盈余管理行为研究 [J]. 南开管理评论, 2015, 18 (1): 141-151.

[47] 胡楠, 薛付婧, 王昊楠. 管理者短视主义影响企业长期投资吗?: 基于文本分析和机器学习 [J]. 管理世界, 2021, 37 (5): 139-156, 11, 19-21.

[48] 胡威. 管理层盈利预测精确度影响因素及其经济后果研究: 来自中国 A 股市场的经验证据 [J]. 财经问题研究, 2011 (11): 67-74.

[49] 胡元木，谭有超.非财务信息披露：文献综述以及未来展望 [J].会计研究，2013（3）：20-26，95.

[50] 黄珺，周春娜.股权结构、管理层行为对环境信息披露影响的实证研究：来自沪市重污染行业的经验证据 [J].中国软科学，2012（1）：133-143.

[51] 黄立新，程新生，张可.大股东股权质押对股价波动的影响：基于非财务信息披露视角 [J].系统工程，2021，39（4）：139-150.

[52] 蒋松，钱燕.基金网络中机构投资者抱团对股票市场的影响研究 [J].金融与经济，2021（10）：82-90.

[53] 焦健，刘银国，刘想.股权制衡、董事会异质性与大股东掏空 [J].经济学动态，2017（8）：62-73.

[54] 金宪宽.美国股东积极主义的兴起与对我国的启示 [J].法制博览，2019（15）：76-77，80.

[55] 金智.新会计准则、会计信息质量与股价同步性 [J].会计研究，2010（7）：19-26，95.

[56] 李春涛，刘贝贝，周鹏.卖空与信息披露：融券准自然实验的证据 [J].金融研究，2017（9）：130-145.

[57] 李桂子.盈余管理、无形资产信息披露与企业融资约束 [J].财会通讯，2020（18）：39-42.

[58] 李梦雨.中国股票市场操纵行为及预警机制研究 [J].中央财经大学学报，2015（10）：32-42.

[59] 李明辉.社会信任对审计师变更的影响：基于CGSS调查数据的研究 [J].审计研究，2019（1）：110-119.

[60] 李维安，李滨.机构投资者介入公司治理效果的实证研究：基于CCGI~（NK）的经验研究 [J].南开管理评论，2008（1）：4-14.

[61] 李翔，冯峥.会计信息披露需求：来自证券研究机构的分析 [J].会计研究，2006（3）：63-68，10，95.

[62] 李晓溪，饶品贵，岳衡.年报问询函与管理层业绩预告 [J].管理世界，2019，35（8）：173-188，192.

[63] 李燕媛.上市公司管理层讨论与分析信息披露问题研究 [M]：北京：中国社会科学出版社，2018.

[64] 李增福，郑友环，连玉君.股权再融资、盈余管理与上市公司业

绩滑坡：基于应计项目操控与真实活动操控方式下的研究 [J]. 中国管理科学, 2011, 19 (2): 49-56.

[65] 李哲, 黄静, 简泽. 突破式创新对自愿性管理层业绩预告的影响 [J]. 金融评论, 2021, 13 (3): 56-78, 125.

[66] 李志生, 李好, 马伟力, 等. 融资融券交易的信息治理效应 [J]. 经济研究, 2017, 52 (11): 150-164.

[67] 廖冠民, 沈红波. 国有企业的政策性负担：动因、后果及治理 [J]. 中国工业经济, 2014 (6): 96-108.

[68] 廖佳, 苏冬蔚. 上市公司负面声誉与分析师关注："趋之若鹜" 抑或 "避之若浼" [J]. 会计研究, 2021 (8): 38-53.

[69] 廖义刚, 邓贤琨. 业绩预告偏离度、内部控制质量与审计收费 [J]. 审计研究, 2017 (4): 56-64.

[70] 廖义刚, 李玉昊, 杨雨馨. 机构投资者实地调研有助于提升业绩预告精确度吗?：基于盈余管理与市场化进程视角的经验证据 [J]. 财务研究, 2021 (2): 40-50.

[71] 林乐, 谢德仁. 投资者会听话听音吗?：基于管理层语调视角的实证研究 [J]. 财经研究, 2016, 42 (7): 28-39.

[72] 林长泉, 毛新述, 刘凯璇. 董秘性别与信息披露质量：来自沪深 A 股市场的经验证据 [J]. 金融研究, 2016 (9): 193-206.

[73] 林志帆, 杜金岷, 龙晓旋. 股票流动性与中国企业创新策略：流水不腐还是洪水猛兽? [J]. 金融研究, 2021 (3): 188-206.

[74] 林钟高, 赵孝颖. 供应商集中度影响管理层业绩预告行为吗?：基于业绩预告精确性及其预告态度的视角 [J]. 财经理论与实践, 2020, 41 (4): 52-61.

[75] 刘柏, 卢家锐. "好公民" 还是 "好演员"：企业社会责任行为异象研究：基于企业业绩预告视角 [J]. 财经研究, 2018, 44 (5): 97-108.

[76] 刘放, 杨筝, 杨曦. 制度环境、税收激励与企业创新投入 [J]. 管理评论, 2016, 28 (2): 61-73.

[77] 刘慧芬, 王华. 竞争环境、政策不确定性与自愿性信息披露 [J]. 经济管理, 2015, 37 (11): 145-155.

[78] 刘新争, 高闯. 机构投资者抱团能抑制控股股东私利行为吗：基

于社会网络视角的分析［J］.南开管理评论，2021，24（4）：141-154.

［79］卢太平，张东旭.融资需求、融资约束与盈余管理［J］.会计研究，2014（1）：35-41，94.

［80］鲁桂华，张静，刘保良.中国上市公司自愿性积极业绩预告：利公还是利私：基于大股东减持的经验证据［J］.南开管理评论，2017，20（2）：133-143.

［81］鲁清仿，杨雪晴.管理层能力对信息披露质量的影响研究［J］.科研管理，2020，41（7）：210-220.

［82］陆宇建，吴祖光.我国上市公司管理层讨论与分析披露质量研究［J］.科学经济社会，2010，28（3）：43-48.

［83］陆正飞，祝继高，孙便霞.盈余管理、会计信息与银行债务契约［J］.管理世界，2008（3）：152-158.

［84］逯东，宋昕倍，龚祎.控股股东股权质押与年报文本信息可读性［J］.财贸研究，2020，31（5）：77-96.

［85］逯东，孙岩，杨丹.会计信息与资源配置效率研究述评［J］.会计研究，2012（6）：19-24，92.

［86］路军.董事的会计师事务所工作背景与企业业绩预告质量：来自中国资本市场的经验证据［J］.山西财经大学学报，2016，38（5）：101-112.

［87］罗进辉，黄泽悦，朱军.独立董事地理距离对公司代理成本的影响［J］.中国工业经济，2017（8）：100-119.

［88］罗进辉，黄泽悦，林小靖.年报可读性与盈余反应系数［J］.财务研究，2019（6）：15-30.

［90］罗琦，高雪峰，伍敬侗.盈余管理、股权再融资与公司业绩表现［J］.经济理论与经济管理，2018（4）：75-85.

［90］罗炜，朱春艳.代理成本与公司自愿性披露［J］.经济研究，2010，45（10）：143-155.

［91］马黎.金融业高管薪酬与内部控制信息披露质量的相关性研究：来自2009-2014年沪深两市金融业上市公司的经验数据［J］.东岳论丛，2017，38（6）：101-108.

［92］孟庆斌，杨俊华，鲁冰.管理层讨论与分析的信息含量能够降低股价同步性吗？：基于文本向量化方法的经验证据［Z］.中国会计评论，

2020：549-574.

[93] 牛建波，吴超，李胜楠.机构投资者类型、股权特征和自愿性信息披露 [J].管理评论，2013，25（3）：48-59.

[94] 潘越，宁博，纪翔阁，等.民营资本的宗族烙印：来自融资约束视角的证据 [J].经济研究，2019，54（7）：94-110.

[95] 潘越，汤旭东，宁博，等.连锁股东与企业投资效率：治理协同还是竞争合谋 [J].中国工业经济，2020（2）：136-164.

[96] 阮姗，尹烁，袁明哲.大股东股权质押、内部控制与信息披露质量 [J].财会通讯，2021（5）：62-65.

[97] 申景奇，伊志宏.产品市场竞争与机构投资者的治理效应：基于盈余管理的视角 [J].山西财经大学学报，2010，32（11）：50-59.

[98] 宋琛，张俊瑞，程子健.持续经营不确定性审计意见与管理层业绩预告行为 [J].山西财经大学学报，2012，34（11）：106-114.

[99] 宋云玲，吕佳宁，黄晓蓓.业绩预告历史、经济政策不确定性与企业投资 [J].北京工商大学学报（社会科学版），2018，33（3）：70-80.

[100] 宋云玲，吕佳宁，黄晓蓓，等.管理者动态过度乐观与业绩预告质量 [J].管理评论，2022，34（5）：188-201.

[101] 宋云玲，宋衍蘅.业绩预告及时性与可靠性的权衡：基于经济政策不确定性视角 [J].管理评论，2022，34（1）：268-282.

[102] 苏坤.国有金字塔层级对公司风险承担的影响：基于政府控制级别差异的分析 [J].中国工业经济，2016（6）：127-143.

[103] 孙芳城，俞潇敏.不同类别债权人治理对盈余质量的影响研究 [J].会计之友，2013（29）：21-25.

[104] 谭劲松，林雨晨.机构投资者对信息披露的治理效应：基于机构调研行为的证据 [J].南开管理评论，2016，19（5）：115-126，138.

[105] 田高良，贝成成，施诺.控股股东股权质押与公司自愿性披露 [J].西安交通大学学报（社会科学版），2021，41（2）：33-41.

[106] 王斌，梁欣欣.公司治理、财务状况与信息披露质量：来自深交所的经验证据 [J].会计研究，2008（2）：31-38，95.

[107] 王春燕，张玉明，朱磊.卖空真的会促进企业的创新投资吗?：基于双重差分模型的检验 [J].证券市场导报，2018（5）：52-61.

[108] 王冬梅，林旭锋，刘云.对2014年以来若干会计准则修订的反

思 [J]. 财会月刊, 2020 (9): 74-78.

[109] 王浩, 向显湖. 高管权力、内部薪酬差距与公司业绩预告行为: 基于中国证券市场的经验证据 [J]. 投资研究, 2015, 34 (10): 124-141.

[110] 王浩, 向显湖, 许毅. 高管经验、高管持股与公司业绩预告行为 [J]. 现代财经 (天津财经大学学报), 2015, 35 (9): 52-66.

[111] 王浩, 向显湖, 尹飘扬. 高管权力、外部薪酬差距与公司业绩预告行为: 基于中国证券市场的经验证据 [J]. 华中科技大学学报 (社会科学版), 2015, 29 (6): 92-104.

[112] 王华杰, 王克敏. 应计操纵与年报文本信息语气操纵研究 [J]. 会计研究, 2018 (4): 45-51.

[113] 王嘉鑫, 陈今, 史亚雅. 年报非财务信息的文本披露语言特征会影响股价崩盘风险吗?[J]. 北京工商大学学报 (社会科学版), 2022, 37 (3): 98-112.

[114] 王俊秋, 花贵如, 姚美云. 投资者情绪与管理层业绩预告策略 [J]. 财经研究, 2013, 39 (10): 76-90.

[115] 王凯, 薛坤坤, 张昊旻. 金字塔层级如何影响慈善捐赠?: 来自地方国有上市公司的证据 [Z]. 当代会计评论, 2017: 1-22.

[116] 王啸. 美国"管理层讨论与分析"及对我国的借鉴 [J]. 证券市场导报, 2002 (8): 24-28.

[117] 王雄元, 刘焱, 全怡. 产品市场竞争、信息透明度与公司价值: 来自 2005 年深市上市公司的经验数据 [J]. 财贸经济, 2009 (10): 30-36.

[118] 王雄元, 喻长秋. 专有化成本与公司自愿性信息披露: 基于客户信息披露的分析 [J]. 财经研究, 2014, 40 (12): 27-38.

[119] 王亚平, 刘慧龙, 吴联生. 信息透明度、机构投资者与股价同步性 [J]. 金融研究, 2009 (12): 162-174.

[120] 王玉涛, 韦程元. 会计准则性质、变革特征与投资者市场反应 [J]. 会计研究, 2020 (10): 31-49.

[121] 王运陈, 陈玉梅, 罗华伟. 中小企业信息披露质量的治理机制 [J]. 财经科学, 2018 (9): 86-94.

[122] 王运陈, 陈玉梅, 唐曼萍. 制度环境、信息披露质量与投资者保护 [J]. 北京工商大学学报 (社会科学版), 2017, 32 (5): 59-67.

[123] 王运陈, 贺康, 万丽梅. MD&A 语言真诚性能够提高资本市场

定价效率吗?:基于股价同步性的分析[J].北京工商大学学报(社会科学版),2020,35(3):99-112.

[124]王运陈,贺康,万丽梅,等.年报可读性与股票流动性研究:基于文本挖掘的视角[J].证券市场导报,2020(7):61-71.

[125]王治,邱妍,谭欢,等.管理层利用董事会报告可读性配合盈余管理了吗[J].财经理论与实践,2020,41(6):72-78.

[126]王智灏,徐慢.自愿性信息披露的动机及经济后果研究综述[J].国际商务财会,2022(15):85-91.

[127]魏明海.会计信息质量经验研究的完善与运用[J].会计研究,2005(3):28-35,93.

[128]温军,冯根福.异质机构、企业性质与自主创新[J].经济研究,2012,47(3):53-64.

[129]吴晓晖,郭晓冬,乔政.机构投资者抱团与股价崩盘风险[J].中国工业经济,2019(2):117-135.

[130]夏立军,方轶强.政府控制、治理环境与公司价值:来自中国证券市场的经验证据[J].经济研究,2005(5):40-51.

[131]肖欣荣,刘健,赵海健.机构投资者行为的传染:基于投资者网络视角[J].管理世界,2012(12):35-45.

[132]徐光华,卓瑶瑶,张艺萌,等.ESG信息披露会提高企业价值吗?[J].财会通讯,2022(4):33-37.

[133]徐寿福.信息披露、公司治理与现金股利政策:来自深市A股上市公司的经验证据[J].证券市场导报,2013(1):29-36.

[134]徐寿福,徐龙炳.信息披露质量与资本市场估值偏误[J].会计研究,2015(1):40-47,96.

[135]徐巍,姚振晔,陈冬华.中文年报可读性:衡量与检验[J].会计研究,2021(3):28-44.

[136]严苏艳.共有股东与企业创新投入[J].审计与经济研究,2019,34(5):85-95.

[137]严苏艳.共有股东与盈余持续性[J].当代财经,2021(12):137-148.

[138]严由亮,李烨.高管薪酬激励、股权制衡与企业绩效[J].财会通讯,2018(6):46-50.

[139] 杨海燕, 韦德洪, 孙健. 机构投资者持股能提高上市公司会计信息质量吗?: 兼论不同类型机构投资者的差异 [J]. 会计研究, 2012 (9): 16-23, 96.

[140] 杨棉之, 刘洋. 盈余质量、外部监督与股价崩盘风险: 来自中国上市公司的经验证据 [J]. 财贸研究, 2016, 27 (5): 147-156.

[141] 杨青, 吉赟. 被动机构投资者损害了公司绩效吗?: 基于指数断点的证据 [J]. 世界经济文汇, 2019 (4): 35-50.

[142] 杨秋平, 刘红忠. 外资持股、知情交易与股票流动性 [J]. 世界经济研究, 2022 (5): 14-32, 135.

[143] 杨兴全, 张记元. 连锁股东与企业多元化经营: 加速扩张还是聚焦主业 [J]. 现代财经 (天津财经大学学报), 2022, 42 (5): 36-55.

[144] 杨兴全, 张记元. 连锁股东与企业金融化: 抑制还是促进 [J]. 中南财经政法大学学报, 2022 (2): 27-40.

[145] 杨兴全, 赵锐. 连锁股东如何影响企业现金持有? [J]. 会计与经济研究, 2022, 36 (2): 3-21.

[146] 杨志强, 唐松, 李增泉. 资本市场信息披露、关系型合约与供需长鞭效应: 基于供应链信息外溢的经验证据 [J]. 管理世界, 2020, 36 (7): 89-105, 217-218.

[147] 伊志宏, 姜付秀, 秦义虎. 产品市场竞争、公司治理与信息披露质量 [J]. 管理世界, 2010 (1): 133-141, 161, 188.

[148] 易志高, 张烨. 企业自愿性信息披露行为的"同伴效应"研究: 来自管理层业绩预告的实证证据 [J]. 技术经济, 2022, 41 (1): 136-147.

[149] 袁振超, 岳衡, 谈文峰. 代理成本、所有权性质与业绩预告精确度 [J]. 南开管理评论, 2014, 17 (3): 49-61.

[150] 袁振超, 张路, 岳衡. 分析师现金流预测能够提高盈余预测准确性吗: 来自我国 A 股市场的经验证据 [J]. 金融研究, 2014 (5): 162-177.

[151] 张会丽, 陆正飞. 现金分布、公司治理与过度投资: 基于我国上市公司及其子公司的现金持有状况的考察 [J]. 管理世界, 2012 (3): 141-150, 188.

[152] 张然, 张鹏. 中国上市公司自愿业绩预告动机研究 [Z]. 中国

会计评论，2011：3-20.

[153] 张娆，薛翰玉，赵健宏.管理层自利、外部监督与盈利预测偏差 [J].会计研究，2017（1）：32-38，95.

[154] 张硕，赵蔚雷，傅绍正.业绩预告的类型会影响其准确性吗？：基于盈余管理动机视角 [J].科学决策，2021（7）：91-111.

[155] 张秀敏，高云霞，高洁.企业年报阅读难易程度的衡量与影响因素研究：基于管理者操纵视角 [J].审计与经济研究，2021，36（1）：79-89.

[156] 张秀敏，刘星辰，汪瑾.阅读难易程度与信息披露质量：基于易读衡量和关联因素视角的分析 [J].当代经济管理，2017，39（6）：64-69.

[157] 张学勇，廖理.股权分置改革、自愿性信息披露与公司治理 [J].经济研究，2010，45（4）：28-39，53.

[158] 张璋，汪猛.融券卖空能提高公司管理层讨论与分析的披露质量吗 [J].财会月刊，2021（6）：85-93.

[159] 张志红，李红梅，宋艺.审计委员会财务专长对管理层策略性披露行为的治理效应：基于"管理层讨论与分析"的证据 [J].审计与经济研究，2022，37（2）：34-45.

[160] 张宗新，杨飞，袁庆海.上市公司信息披露质量提升能否改进公司绩效？：基于2002—2005年深市上市公司的经验证据 [J].会计研究，2007（10）：16-23，95.

[161] 张宗新，朱炜.证券分析师"异常关注"能否创造投资价值？：基于2010~2017年A股市场的经验证据 [J].证券市场导报，2019（6）：40-51.

[162] 赵璨，陈仕华，曹伟."互联网+"信息披露：实质性陈述还是策略性炒作：基于股价崩盘风险的证据 [J].中国工业经济，2020（3）：174-192.

[163] 郑艳秋，曹静娴.上市公司管理层讨论与分析信息披露质量影响因素分析：基于食品行业上市公司2006—2009年经验数据的研究 [J].财会通讯，2012（20）：41-42.

[164] 周冬华，黄沁雪.共同所有权与会计信息可比性：来自中国资本市场的经验证据 [J].会计与经济研究，2021，35（4）：3-22.

[165] 周冬华, 周思阳. 共有股东有利于稳定资本市场吗?: 基于股价崩盘风险的视角 [J]. 安徽大学学报 (哲学社会科学版), 2022, 46 (2): 99-111.

[166] 周开国, 李涛, 张燕. 董事会秘书与信息披露质量 [J]. 金融研究, 2011 (7): 167-181.

[167] 周楷唐, 姜舒舒, 麻志明. 政治不确定性与管理层自愿业绩预测 [J]. 会计研究, 2017 (10): 65-70, 97.

[168] 周茜, 许晓芳, 陆正飞. 去杠杆, 究竟谁更积极与稳妥? [J]. 管理世界, 2020, 36 (8): 127-148.

[169] 周夏飞, 周强龙. 产品市场势力、行业竞争与公司盈余管理: 基于中国上市公司的经验证据 [J]. 会计研究, 2014 (8): 60-66, 97.

[170] 朱杰. 企业国际化战略与管理层业绩预告 [D]. 武汉: 中南财经政法大学, 2020.

[171] 朱武祥. 股权结构与公司治理: 对 "一股独大" 与股权多元化观点的评析 [J]. 证券市场导报, 2002 (1): 56-62.

[172] 朱武祥. 一股独大与股权多元化 [J]. 科学决策, 2002 (3): 16-22.